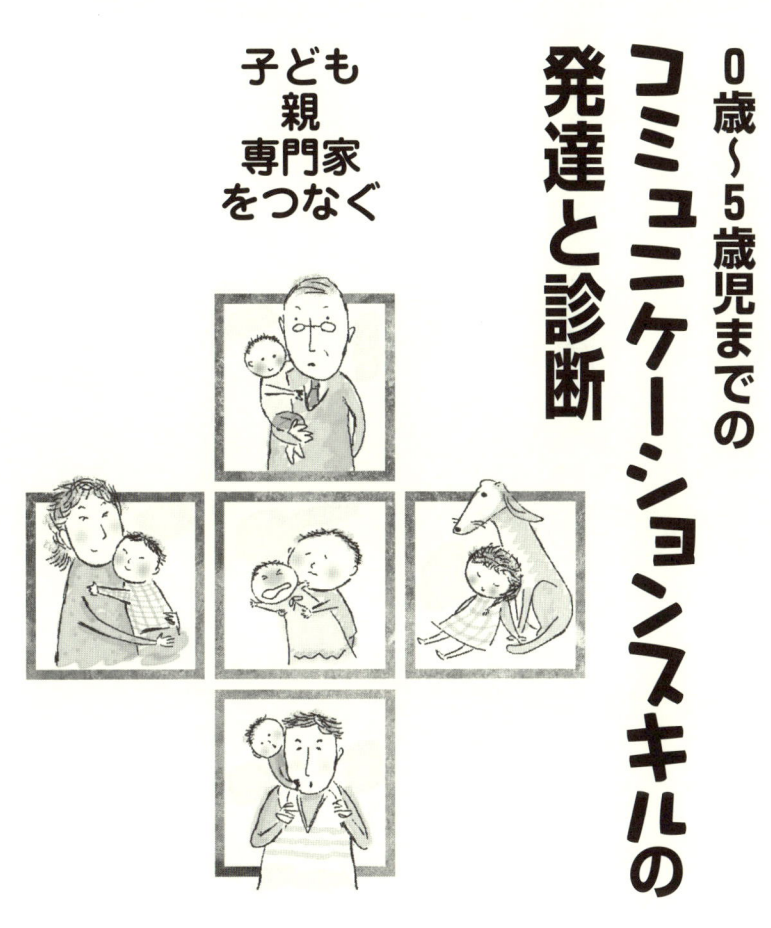

0歳〜5歳児までの
コミュニケーションスキルの発達と診断

子ども
親
専門家
をつなぐ

B.バックレイ 著
丸野 俊一 監訳

北大路書房

CHILDREN'S COMMUNICATION SKILLS by Belinda Buckley
Copyright © 2003 by Belinda Buckley
All Rights Reserved, Authorised translation from English language edition published by
Routledge, a member of the Taylor & Francis Group.
Japanese translation published by arrangement with Taylor & Francis
Books Ltd through The English Agency (Japan) Ltd.

はじめに

1.コミュニケーションの「何が？」と「どのように？」

　人間のコミュニケーションはどのような要素から成り立っており，また生後5年間でどのようなコミュニケーションスキルが獲得されるのであろうか。本書の目的は，これらの問題に対して，乳児や幼児に関わる専門家の認識を喚起することである。より多くの知識の裏付けがあれば，言葉やコミュニケーションの発達に問題を抱えている子どもを，専門家は自信をもって識別できるようになるであろう。コミュニケーションに問題のある乳児や幼児に対して早期に介入を行なうことを支持する証拠は多い。大切なことは，子どものコミュニケーションスキルの発達について専門家と親とが話し合うにあたって，言葉が出るまで待つ必要はないということである。

　本来，非言語および言語コミュニケーションスキルを発達させるための要素は，すべての子どもに生まれつき備わっていると考えられている。コミュニケーションについて考える場合，ふたつの問いを発してみることが有効であろう。ひとつは「何がコミュニケーションなのか？」という問い，もうひとつは「コミュニケーションはどのように用いられるか？」という問いである。前者に対する答えには，微笑やアイコンタクト，ジェスチャー，言語などが含まれるであろうし，後者に対する答えには，喜びを表わす，他者に話の終了の合図をおくる，他者の注意をおもしろいオモチャにひきつける，物語を話す，などが含まれるであろう。「何」にあたるコミュニケーションスキルはすべての子どもに共通して出現する。

　しかし，それらのスキルが「どのように」用いられるのか，という点は子どもが育つ社会文化的環境や言語的環境に左右されるところが大きい。何が大人と子どもとの間の「凝視」の適切な運用だと考えられているか，どのように「笑顔」は用いられているか，またどの「ジェスチャー」が適切だと考えられているか，という点に関して，文化間での認識には大きな隔たりがある。同じ文化内においても，適切だとみなされる行為は文脈によるところが大きい。同

様に，コミュニケーションスキルがどのように使われるかは，相互作用の文脈によって決定されることがある。コミュニケーションの運用という点から見て，何が適切であり何が適切でないかを決定づけるルールが文化内には存在している。これらのルールを発達の過程の中で子どもは自然に獲得しているのである。

本書では，乳児や幼児のコミュニケーションスキルの発達とは「何」かということについて述べていく。喃語や，微笑，指さし，発声，単語の使用，単語を組み合わせること，状況の理解，そして言葉の理解などはすべてコミュニケーションスキルであり，それらはすべての人間に共通する普遍的なものである。これらのスキルの多くが出現する時期は健常な発達を示す子どもでは共通している（Bates et al., in press）。すべての乳児は同じ時期に喃語を話し始める。しかし，その発音は，周りの人々が話す発音に影響される。微笑もほぼ同じ時期に出現するが，子どもは微笑を用いる文化的なルールを他者との相互作用の中で学ぶことになる。しかしながら非言語および言語コミュニケーションスキルの発生率について，異文化間・異言語間で広範囲にわたって比較した研究はまだない。

本書では，西洋文化の，主に英語圏の立場から，コミュニケーションスキルが「どのように」発達するかという点についても述べていく。もちろん西洋の英語を話す子どもであっても，どのようにコミュニケーションスキルを運用するかという点に関して様々な違いがある。というのも，文化や社会はけっして静的なものではなく，多くの西洋社会はますます多文化・多言語になりつつあるからである。コミュニケーションの「何」と「どのように」との間には複雑な関係がある。したがって本書の記述を文化的に特殊な子どもに適用するにあたっては，注意深く取り扱う必要がある。

2.コミュニケーションの分析

人がコミュニケーションする時には，スキル（言語など）や心的処理（誰かが言ったことについて考えることなど），また身体運動（手のジェスチャーや顔の表情など）が複雑に影響しあう。たとえば，このページを読んでいる時，外を通り過ぎる車や誰かのくしゃみなど，周りの環境音にあなたは気づくかも

しれない。あなたの耳はそれらの音を感知し，信号を脳におくるかもしれないが，あなたはその環境音を知覚しつつ（もちろん一定の範囲内で），同時に自分の意識を読書に向けることができる。読書にとって中核をなすスキルと処理（注意を本に向け，活字から意味を引き出すこと）が同時に行なわれているのである。

　コミュニケーションをよりよく理解するためには，まず，それを構成するスキルと処理と行動という観点から分析することが有効である。子どものコミュニケーションスキルの発達を考える時，関連する発達領域，たとえば遊びや注意などとの関連を明らかにすることも有効である。コミュニケーションに含まれる様々なスキルの発達は，発達段階に沿ってほとんどの子どもに同時に起こる。コミュニケーションの各側面（たとえば言語理解，言語の使用，ジェスチャーの使用）は，それぞれを明確にするために，第1章から4章で独立して取り上げる。これらの章の形式は共通しており，そこではコミュニケーションに含まれるスキル，また重要な関連するスキルの範囲について述べてある。しかしながら，様々なコミュニケーションの側面を，それ自体だけでなく関連する発達領域と結びつけられるよう最大限努力した。コミュニケーションスキルの発達は，他の領域における子どもの発達と密接に関わっているということを，心にとめておくことが大切である。子どものコミュニケーションを理解することは，子どものすべてを理解するための第一歩なのである。

3.事例の使用

　本書には，コミュニケーション行動や子どもの言語の様々な事例が記述されている。大部分は，ローワンという女の子の幼児期を観察したものである。しかし他の子どもの事例もあり，そのうち何人かはローワンの友達である。

4.重要な大人への言及

　子どものコミュニケーションスキルの発達について記述するうえで，子どもの生活において重要な大人からの話は不可欠である。「重要な大人」とは両親

やその他の世話をする人たちのことをさす。ほとんどの子どもには生活の中でひとりないしそれ以上の重要な大人がいる。子どものコミュニケーションスキルを含む全体的な発達にとって，これらの大人が寄与する重要性や価値の大きさははいうまでもない。本書は，一方の性が他方よりも価値があるとか，子どもが片方の親もしくは主に世話をしてくれる人と形成する関係が他との関係よりも重要で価値があるということを，直接的もしくは間接的に示唆するものではない。読みやすさを求めるために，そして大人と子どもとの間のコミュニケーションの事例を議論するために，「母」「父」「両親」「介護者（caregiver）」という言葉を用いた。第1章では母親と乳児の相互作用について多くのことが述べられている。その理由は，母親と親密な関係をとることが多い生後数週間から数か月の期間を扱っているからである。

5.子どもへの言及

いくつかの事例では男の子であることを特定して記述したが，それ以外で子どもに言及するときは「彼女」という言葉を用いた。これは，明快さと一貫性を保つためである。

6.各年齢で達成されるコミュニケーションスキルを概観した表について

これらの表は子どもに関わる専門家のみが使用することを想定している。

第1章から4章の末尾に，各年齢で顕著に表われるコミュニケーションスキルを概観した「key skills☆（基本的スキル）」の表がある。乳児や幼児のコミュニケーションスキルの獲得の速度や，発達全般の速度には個人差がある。したがって「key skills☆」の表は，研究結果に基づいたものではあるが，各年齢段階で何が期待されるかという大まかな目安として扱っていただきたい。いかなる子ども集団に対しても標準化された表ではない。言語聴覚士が子どもの言語を評価する際には，詳細で標準化されたテストを用いている。

7.各年齢における可能な留意事項を概観した表について

再度確認しておきたいのは，これらの表は子どもに関わる専門家のみが使用することを意図して作成されたということである。

第1章から4章の末尾に「*Warning signs!*（警告サイン）」表がある。これらの表は，各年齢で，「子どもの発達が遅れているのではないか」という可能性を示すいくつかの手がかりサインを提示したものである。時として，乳児や幼児のコミュニケーションスキルが，期待されたように発達しない時がある。発達の速度は子どもによって個人差があるけれども，親や専門家が抱いた懸念に対処することは重要である。子どものコミュニケーションスキルの発達に対して専門家が何らかの懸念を抱いた時には，いかなる場合でも行動を起こす前に両親と話し合わなければならないし，親のいかなる心配にも耳を傾け，真剣に受けとめなければならない。もし「留意事項」表の記述に子どもの状況が当てはまるならば，コミュニケーションスキルについて言語聴覚士による検査を受けることをお勧めする。子どもの発達に関してさらに心配なことがある場合は，両親と相談のうえ，より適切な検査を行なうために専門機関へ紹介する必要がある。

8.用語解説

本書の最後に掲載している用語解説では，読者になじみがないと思われる用語を説明している。

Contents

はじめに

序章　人間のコミュニケーション　　1

1. コミュニケーション，言語，スピーチ ……………………………………… 1
   ①コミュニケーション　②言語　③スピーチ
2. 多くの要因からなる人間のコミュニケーションの特性 …………………… 11
   ①コミュニケーションにはどのような要因が含まれているか？　②メッセージの交換
3. コミュニケーション，言語，スピーチを発達させるのに，子どもたちは
   何を必要としているか？ …………………………………………………… 21
   ①内的要因　②環境的要因
4. さらなる環境の影響 ………………………………………………………… 23
   ①方言となまり　②早期言語発達における言語的環境の役割

   序章の要約 ……………………………………………………………………… 28

第1章　0歳から1歳までの間（生後1年目）　　31

1. 聞き取り，注意，注意して聞くこと ……………………………………… 31
   ①声を聞いて「興奮する」　②生後1年をとおした聞き取り，注意，注意して聞くことの発達
2. 初期の言語理解に向けて …………………………………………………… 34
   ①認知発達　②初期の状況理解　③経験や遊びをとおした学習
3. 0歳から1歳までのコミュニケーションスキルと表現スキル
   ：なぜ赤ちゃんはコミュニケートするのか？ …………………………… 37
   ①前意図的コミュニケーションと意図的コミュニケーション　②コミュニケーションに向かう動機
   ③赤ちゃんのコミュニケーションスキルが発達する文脈としての楽しい会話
4. どのように赤ちゃんはコミュニケートするのか？
   ：注視，運動，ジェスチャーなど …………………………………………… 43
   ①共同注意の発達　②コミュニケーションを目的のための手段として使用すること
5. 生後1年以内に生じる構音 ………………………………………………… 49
   ①泣き叫び　②特別な泣き叫び　③空腹と不快，痛み，疲労，イライラ，退屈　④恐れ
6. 1歳を過ぎて泣き叫ぶこと ………………………………………………… 52
7. 発声から喃語へ ……………………………………………………………… 52
   ①構音に解剖学的特徴の変化が及ぼす影響　②自立神経性の音声
   ③クーイングとガーグリング　④笑いと発声遊び
8. 喃語から初期の単語へ ……………………………………………………… 55
   ①喃語の機能　②目的をもって音を使用するまでの移行　③ジャーゴン　④音の模倣ゲーム
   ⑤原言語　⑥単語の発現　⑦音の生成段階と非言語コミュニケーションの継続性との重複

   第1章の要約 …………………………………………………………………… 58

第2章　1歳から2歳までの間（生後2年目）　　63

1. 注意と言語学習 ……………………………………………………………… 63
2. 遊びとシンボル理解 ………………………………………………………… 65
3. 意味理解 ……………………………………………………………………… 68
   ①言語の内容　②シンボルとしての単語　③文脈の役割　④事物，概念，単語

　　　　⑤単語の意味の過小外延と過剰外延　　⑥同じ単語を異なった意味で用いる
　　　　⑦同じ単語を関連した意味で用いる
　4. 初期の言語理解 ··· 77
　　　　①12〜18か月　　②18〜24か月
　5. 生後2年目におけるコミュニケーションスキルと表出スキル
　　　: なぜ子どもはコミュニケーションを行なうのか？ ······································· 80
　　　　①知的な道具としての言語　　②社会的相互作用　　③生後2年目の会話スキルの発達
　6. 初期の言語使用 ··· 88
　　　　①12〜18か月　　②18〜24か月　　③語の結合　　④初期の文法的発達
　7. 初期の発語 ·· 95
　　　　①初期音素のパターン単純化　　②よく見られる初期の音素　　③一貫した構音の獲得
　　　　④イントネーション
　　　第2章の要約 ··· 99

第3章　2歳から3歳までの間（生後3年目）　　105

　1. 注意のコントロール ·· 105
　2. 遊びと言語の関連 ··· 106
　　　　①シンボル想像遊び　　②役割遊びと社会的遊び
　3. 概念，意味，語彙の発達 ·· 112
　　　　①語彙の成長　　②語カテゴリー　　③基本概念を表わす語　　④語と文の理解
　　　　⑤生後3年目に使われる理解方略　　⑥24か月から30か月までの言語理解発達
　　　　⑦30か月から36か月までの言語理解発達
　4. 生後3年目におけるコミュニケーションスキルと表出スキル ····················· 118
　　　　①コミュニケーションと言語の発達に影響を及ぼす社会発達と認知発達　　②会話スキルの発達
　　　　③生後3年目における言の他の使い方　　④表出言語構造の発達
　　　　⑤子どもの犯す間違いは言語学習過程について何を物語っているか
　5. 話し言葉の発達 ··· 137
　　　　①話し言葉に起こる主要な変化　　②生後3年目におけるパターン単純化
　　　　③3歳児に共通して見られる産出音の範囲　　④3年目における発達的な非流暢性
　　　第3章の要約 ··· 141

第4章　3歳から4歳までの間（生後4年目）と4歳から5歳までの間（生後5年目）　147

　1. 注意のコントロール ·· 147
　　　　①生後4年目の注意のコントロール　　②生後5年目における注意のコントロール
　2. 遊びと言葉とのつながり ·· 148
　　　　①就学前におけるごっこ遊びの構成要素　　②遊びにおけるコミュニケーションスキルの役割
　　　　③ごっこ遊び，物語と学業成績　　④遊びと言語発達におけるメディア文化の影響
　3. 意味と語彙の発達 ··· 157
　4. 単語と文の理解 ··· 159
　　　　①理解方略の利用　　②言葉の理解の発達　　③教室での言葉の理解
　5. コミュニケーションスキルと表現スキルにおけるさらなる発達 ··············· 163
　　　　①言語習得における会話の役割　　②会話技能の発達　　③言葉の使用　　④言葉の知的使用
　　　　⑤語りの技能の発達　　⑥表現言語構造の発達　　⑦3〜4歳児期における子どもの誤り
　6. 話し方の発達 ··· 176
　　　　①話し方の発達の主な要素　　②発達途上での非流暢性
　7. 読み書き技能の芽生え ·· 178
　　　　①読み書き技能の出現に影響する要因　　②読み書き技能の特徴

　　　　③話し言葉と書き言葉のつながり
　　第4章の要約 …………………………………………………………………… 181

第5章　幼児期における複数言語の習得　187

1. 2か国語使用 …………………………………………………………… 187
　　　①定義　　②バイリンガルの地域社会と言語使用のパターン
2. バイリンガルの発話の特徴と2言語獲得のパターンと発達 ………… 191
　　　①バイリンガルの発話の特徴　　②2言語同時獲得　　③2言語連続獲得
　　　④バイリンガリズムと発達的言語学習障害
3. バイリンガリズム，認知，そして読み書き能力の発達 ……………… 206
　　　①バイリンガリズムと認知発達　　②バイリンガリズムと読み書き能力の発達
4. 2言語獲得に影響を与える環境的要因 ………………………………… 210
　　　①言語インプットの質と量　　②社会的要因と文化的要因
　　　③幼児のバイリンガル習得を支援するための提案
　　第5章の要約 …………………………………………………………………… 213

第6章　会話と言語とコミュニケーションの発達に関する諸問題　217

1. コミュニケーションの難しさの特徴 …………………………………… 217
　　　①多要因からなるコミュニケーションの困難　　②幼時期のコミュニケーションの難しさの記述
2. コミュニケーションの難しさに関与している環境的要因と内的要因 …… 219
　　　①環境的要因　　②内的要因　　③コミュニケーションの難しさと連動する危険因子
　　第6章の要約 …………………………………………………………………… 238

第7章　コミュニケーションに困難を抱えた子どもたちの親とどう関わるか　241

1. どの専門家が関わるのか？ ……………………………………………… 241
2. コミュニケーションに困難を抱える子どもの親を理解する ………… 242
　　　①親が感じていること　　②コミュニケーション困難の見えにくさ　　③他の人々の反応
　　　④その他の問題
3. 親と専門家との間の関係 ………………………………………………… 253
　　　①親とは？　専門家とは？　　②親と専門家との関係についての漸進的モデル
　　　③効果的な関わりのために
4. それぞれ異なる段階で子どものケアをしている親と関わる時に
　　　考慮すべきこと ………………………………………………………… 259
　　　①コミュニケーション障害を識別する　　②コミュニケーション障害の診断
　　　③診断がなされた後のこと
5. 最後に ……………………………………………………………………… 272
　　第7章の要約 …………………………………………………………………… 273

用語一覧　275／参考文献　288／事項索引　299
あとがき

序章 人間のコミュニケーション

ポイント

- コミュニケーション，言語，スピーチという用語は何を意味しているのか。
- メッセージを発し，理解するうえで，コミュニケーション，言語，スピーチはどのように関わっているのか。
- コミュニケーション，言語，スピーチの発達に影響を及ぼす外的，内的要因について。
- 重要事項のまとめ。

1 コミュニケーション，言語，スピーチ

① コミュニケーション

■ コミュニケーションとは何か？

　ある辞典によると，「コミュニケーションすること（to communicate）」という言葉は，「自分の意図を他者に正しく伝えられること」であると定義されている。人が発するメッセージは，時に意図的であり，時に無意図的である。たとえば，生まれたばかりの新生児はコミュニケーションの目的をまだ学習していないが，泣いたり身体を動かしたりすることで他者にメッセージを伝えることができる。一連の発達の過程で，コミュニケーションは異なる目的（たとえば，飲み物を手に入れる，快適さを求める，物語を話す）を達成するために用いられるのだということを，子どもは学習していく。子どもは様々なメッセ

ージを伝えたり，また解釈したりする成功体験を積み重ねながら次第に優れたコミュニケーターへと成長し，また適切な反応の仕方についての理解を深めていく。あるメッセージを，非言語的手段と言語的手段とを組み合わせて異なった方法で伝えることができるのだということを，子どもは学ぶのである。

もしコミュニケーションが意味（もしくはメッセージ）を伝えるということであれば，そこには必ず，以下の要素が含まれている。

①メッセージを送る人（例：話し手，作家，歌手）
②メッセージ（例：手を振ること，うなずき，笑い，「ハロー」といった単語，または完成された小説）
③メッセージを受け取る人（例：視覚によって，聴覚によって，触覚によって）

図1　コミュニケーションの要因：ひとりがメッセージを送り，もうひとりがそれを受け取る

■ なぜ人間はコミュニケーションするのか？

人間は基本的に社会的な動物であり，コミュニケーションスキルは社会的相互作用を行なううえで最も重要な役割を果たすものである。コミュニケーションスキルを発達させることによって，子どもは周囲の社会的世界や感情的世界をコントロールし，他者と関わることができるようになる。子どもがコミュニケーションスキル発達のどの段階に達しているかは，その後の人生において上手にコミュニケーションできるか否かの基礎となる。コミュニケーションは教育の基礎である。大人へと成長するにつれ，仕事や余暇や他者との関係といっ

た様々な人生の領域へと踏み込むために，人はコミュニケーションスキルを必要とするのである。

■ 人はどのようにコミュニケーションするのか？

人は，他者へ自分の意図を伝えるために，非言語的チャンネルと言語的チャンネルの両方のコミュニケーション手段を用いる。非言語コミュニケーションとは，見つめることや顔の表情，物理的な距離，ジェスチャー，発声，ボディ・ランゲージなどである。言語コミュニケーションとは，言語を用いること，つまり話したり書いたりすることを示している。メッセージは他の視覚的手段，たとえばシンボルや絵，サインなどによっても伝えられる。人は聴覚をとおして聴覚的メッセージを受け取り，視覚をとおして視覚的メッセージを受け取り，触覚をとおして触覚的メッセージを受け取っている。われわれの，対面する相手との相互作用のほとんどは非言語メッセージ，言語メッセージの組み合わせである。それには視覚的なもの，聴覚的なもの，そして触覚的なものがある。メッセージを受け取る人が，もしメッセージの意味をすべて理解しようとするなら，入ってくるすべての異なる感覚情報を統合できなければならない。

② 言　語

■ 言語とは何か？

言語の定義は，19世紀から20世紀にかけて，文法（言葉を組み合わせる決まり）と同一なものからコミュニケーションの文脈や機能の側面を含めたものへと進化してきた。モグフォードとビショップ（Mogford & Bishop, 1993a）は言語を「規則的で予測可能な形で統合されたシステムであり，システムの規則性は一連のルールによって記述可能なものでなければならない」と述べている。もし言語の目的がコミュニケーションならば，言語はルールに支配されたコミュニケーションシステムである。システムは意味のある要素（音，言葉，サインなど）で構成されており，ルールに従って組み合わせることで無限の意味を表現することができる。各要素は，とくに話し言葉においては恣意的なものであり，言及するものと直接の関係はない。つまり言語は象徴的なものである。このことが，同じものを言及するのに，異なる言語によって用いられる単語が

異なるという理由のひとつである。たとえば，英語の'hat'とフランス語の'chapeau'はともに頭にかぶる帽子を意味するために使われる。時計の音を表わす「チクタク」のような擬声語が言語の中に存在するが，それらは早くから理解されやすいので，幼児が言語コードを解読するきっかけのひとつになる（Myers Pease et al., 1989）。話し手の間で，または手話を使う人々の間でルールにのっとったコミュニケーションシステムがいったん作動しはじめると，相互に理解できるコミュニケーションが可能になる。カムヒ（Kamhi, 1989）は，1983年のアメリカスピーチ言語聴力協会（the American Speech-Language-Hearing Association : ASHA）によって書かれた言語についての定義を引用している。

> 言語は，考えやコミュニケーションのために様々な形態で使われる因習的なシンボルの複雑でかつダイナミックなシステムである。人間の言語についての現在の見解は次のようなものである。(A) 言語は歴史的，社会的，文化的文脈の中で進化している。(B) ルールに沿った行動として，言語は少なくとも5つの変数で述べられる——音韻論，形態論，統語論，意味論，語用論。(C) 言語学習と言語使用は，生物学的要因，認知的要因，心理社会的要因，環境的要因によって決定される。(D) コミュニケーションのための効果的な言語使用は，非言語的手がかりや動機，社会文化的な役割といった関連要因を含む人間の相互作用に対する広い理解を必要とする。(Kamhi, 1989, p.69-70)

言語の進化は，本書の範囲を超える内容である。本章の目的は，ルールに沿った多重な性質をもつ言語と，人間のコミュニケーションの多重な過程において言語が果たす役割について，読者の認識を深めることにある。

言語は以下にあげる各レベルで構成されると考えられている（言葉の内的構造や文章の構造に関わる文法は，モグフォードとビショップ（1993a）やその他の言語学者によって，統語論と形態論の両方に言及するために用いられている）。

1) 音韻論

音韻論は，言語における音（子音と母音）が，意味の違いを示すためにどの

ように対照的に用いられるかという問題を取り扱う。それぞれの言語は，その言語固有の異なったサウンドシステムをもつ。たとえば，英語では 'r' と 'l' の音を区別して用いる。その結果，'rake' と 'lake' は異なる意味をもつ。しかし，日本語にはこれらふたつの音の区別が存在しない。そのため，日本人の英語学習者は 'r' と 'l' を識別しながら認知し発声するのにたいへん苦労している。音韻論は，言語の音が言葉を形づくるためにどのように組織され結びつけられているかについても言及している。たとえば，'measure' に含まれる 'zh' という音は，英単語の語頭にはあらわれない。しかし，フランス語ではたとえば 'je'（I）や 'jour'（day）のように語頭に用いられる。また英語では 'spy' のように単語の最初に 's' と 'p' の音を連続させることが可能であるが，'kpy' のように 'k' と 'p' を連続させることはできない。

2) 形態論

形態論は言語における語や屈折（拘束形態素）を取り扱う。それらは文章の意味や語用のルールを巧みに修正する。形態素は意味をもつ最小の言語単位である。英語には，それだけで意味を表わす自由な形態素（たとえば 'cat'）と拘束形態素がある。拘束形態素には，'cats' に見られるような複数形の 's'（'the cat sleep by the fire'，'the cats sleep by the fire'），あるできごとが過去に起こったことを表わすために単語の最後につける過去形の 'ed'（'my dad cooks dinner'，'my dad cooked dinner'）が含まれる。括弧の中のふたつの文章は，意味の主要素は類似しているが，文法形態素によって区別されるのである。

3) 統語論

統語論は異なる語を意味の通る句や文として結合させるルールについて取り扱う。英語では，'Dad cooks in the kitchen' は意味が通じるが 'kitchen the Dad in cooks' は通じない。これらのルールは，人，行動，物，またそれらの特性といった要素間の関係を規定する。「誰が誰に何をする」「それは誰の物？」「なぜ彼女はそれをしたの？」「どのように彼はそれをしたの？」「それはどこ？」などである。'Dad cooks in the kitchen' という文の中で，'dad' は動詞 'cooks' の主語であり，'in the kitchen' はどこでその行動が行なわれたのか（位置を示す言葉 'in' によって示されている）に言及している。それぞ

れの言語は異なる統語のルールをもつ。たとえば，言葉の順番を決めるルールは，英語よりもスペイン語のほうがずっと柔軟性に富んでいる。なぜならばスペイン語では，疑問文も肯定文も同じ言葉の順序を用いるからである。たとえば，'esta en la cocina' は「彼は台所にいる」と「彼は台所にいますか？」のどちらの意味にもなる。この場合，意味の違いを決定するためにイントネーションが用いられる。

4）意味論

意味論は，単語の意味や単語の組み合わせによる意味を取り扱う。'house'（家）という単語の意味は，外見や機能などの特徴（れんがや石や木などの建築材で作られている，いくつかの部屋に分けられている，ドアなどの入り口がある，壁や床，天井がある，一階建てもしくはそれ以上である，住むために使われる）を定義することに言及する。'dad's house'（父の家）という句の意味は，構成要素をなす単語間の関係に依拠している。これらのふたつの単語を組み合わせることによって「家」は特定され意味づけられる。そして'grandma's house'（おばあさんの家）という句とは異なる意味をもつ。

5）語用論

語用論は，ある文脈において，目的を満たすために言語がどのように用いられているかという問題を取り扱う。語用論は，他の言語レベルのように一連のルールによって拘束されている。たとえば，会話をどのように開始し，統制し，終結させるかについてのルールがある。ベイツ（Bates, 1976）は「語用論」という言葉を以下のことに言及するために用いた。

・意味の範囲（たとえば要求や説得，情報提供など）を伝えるために言語とコミュニケーションがどのように使われているか。
・人は，聞き手のニーズ（たとえば銀行の支店長とは対照的な赤ちゃんなど）にどのように適合しているか。
・人は会話を続けるために言語やコミュニケーションをどのように使っているか。

10代の子どもが先生に向かって 'Oi, missus ……' と話しかけることは適切ではないだろう。その10代の子どもの行動は，ほとんどの状況において，無礼だと解釈されるだろう。場合によっては，たとえば無礼さやユーモアを表わす

ために，わざと語用論のルールを破ることが可能である。しかしながら，自分がそうしていると気づかないで，これらのルールを破っている人（自閉症スペクトル障害と診断された人も含まれる）もいる。

以上のように，言語を異なるレベルに分離することは可能であるが，通常の発達においては，これらのレベルが孤立して発達するのではなく，互いに関連しながら発達していることを忘れてはならない。言語，コミュニケーション，スピーチシステムの発達は，互いに依存し合っており，子どもの全般的な発達の中で分離できないほど絡み合っている。子どもは言語の効果的な使い方だけでなく，他者によって使われた言語を理解する方法についても学ぶ必要がある。スピーチ，言語，コミュニケーションに存在するルールについての知識は，言語を習得途中の子どもや，成熟した話し手の中に暗黙のうちに刷り込まれている。そのために会話言語として英語を用いる大部分の大人は，言語的訓練を積まなくても，'kitchen the dad in cooks' という組み合わせが意味をなさないことをあらかじめ知っているが，なぜ意味をなさないかという理由を説明するだけの明白な言語的知識には欠けていることもある。

■ なぜ，言語は存在するのか？

これまで述べてきたように，言語はコミュニケーションのために用いられるが，それに加えて知識を発達させるためにも用いられる。具体的には，考えたり，問題を推論したり，解決したり，覚えたりするためである。言語は子どもが世界について学ぶのを助ける。言語は関心をそそるものや関連するものに名前を与え，子どもが世界についての知識を作り上げていくのを手助けする。新しい言葉は学習した新しい概念を表わす。このようにして世界についての知識はふえていく。そうして，猫や猿やハムスターや牛は「動物」としてのカテゴリーにまとめられ，ボタンやボールや太陽や臍は「丸いもの」のカテゴリーにまとめられる。さらに今この場に存在するものに言及するだけでなく，直接見えないもの，つまり未来や過去や想像上のできごとについて言及するためにも言語は使われるようになる。言語は，発達すればするほど，ますます思考や記憶の道具として用いられるようになるのである。

❸ スピーチ

■ スピーチとは何か？

スピーチは言語を表現するために音声を用いることを含んでいる。スピーチは言語を表現する一形態である（別の形態としては書き言葉や手話などのサイン言語がある）。スピーチが発達しなくても読んだり書いたりできる人もいれば，手話，もしくは他の視覚的なコミュニケーションシステムを用いたコミュニケーションの仕方を学ぶ人もいる。

スピーチとは，ある筋肉によって口の異なる部分で行なわれる一連の複雑な筋肉運動の結果生じる音のことである（図2）。「調音器官」は，スピーチを生み出す時に使われる口や筋肉の部分の唇，舌，軟口蓋（息を吸う時に開き，スピーチの際には鼻腔を閉じるはたらきをもつ，口の奥にあるやわらかな筋肉の蓋），口蓋，咽頭（のど）そしてあごである。成熟したスピーチでの調音器官は，学習され貯蔵されている発音パターンに従って，単語ごとに自動化された特定の方法で動く（Hewlett, 1990; Crary, 1993; Stackhouse & Wells, 1997）。

成熟した話し手が発するひとつひとつの単語は，それぞれ特有の調音パターンをもっている。スピーチの発達のひとつの側面は，自動的で誤りのないスピーチに必要な，単語発音に関するそのような心的パターンを発達させることである。これらのパターンのある部分は，他者が話す単語を子どもが知覚することによって獲得される。そのため，子どもが発話を学習する時，関わっている相手が使うアクセントをも同時に学習しているのである。したがって，正確な発音を身につけるためには，単語の確実な調音パターンを確立する必要がある。子どもは，'boy' と 'bee'，'boy' と 'toy' といった単語のペアを実際に区別して発音できるようになる前に，まずそれらの音がどのように異なっているのかを認識できる必要が

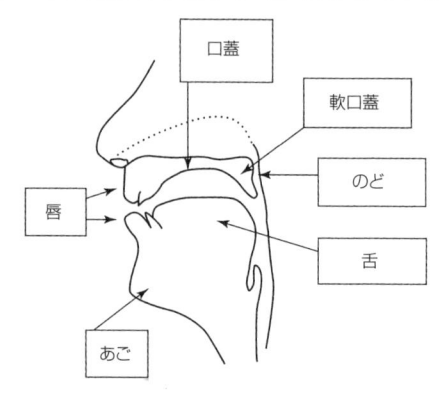

図2　スピーチの発音に関係する身体器官—調音器官

ある。スピーチの発達については第1章から4章で，さらに関連する議論が展開されている。

■ どのようにスピーチは生成されるか？

　スピーチは声道器官の中で，急速で，統合された一連の筋肉運動として遂行される（Borden & Harris, 1984）。声道器官とはスピーチ生成に必要な気道を構成する各部分の総称であり，喉頭からのどや口腔そして鼻腔などの部分が含まれる（図3）。'boy'という単語を発声する際の，基本的な筋肉運動は，以下のように行なわれる。

①横隔膜と胸郭の筋肉がゆるみ，空気が肺から吐き出される。
②唇が閉じ，軟口蓋によってのどから鼻の気道が閉じられる。その結果，空気が口の中にたまる。
③唇が開き，喉頭にある声帯が振動し，肺を出た空気が口から吐き出される（'b'の音が発音される）。
④声帯は振動しつづけ，下あごが下がり，舌が下方や前方に動く（'oy'が発音される）。

　スピーチが流暢に聞こえる理由のひとつは，精密なタイミングと高レベルな調音によってそのスピーチが生成されるからである（Borden & Harris, 1984）。その結果，'b' + 'oy'（boy）という音はなめらかで統合されたひとかたまりの単語として発音されるのである。

　スピーチは肺から息を吐き出すことによって行なわれる（息を吸い込むことによっても可能だが，あまり効率的ではない）。その際，

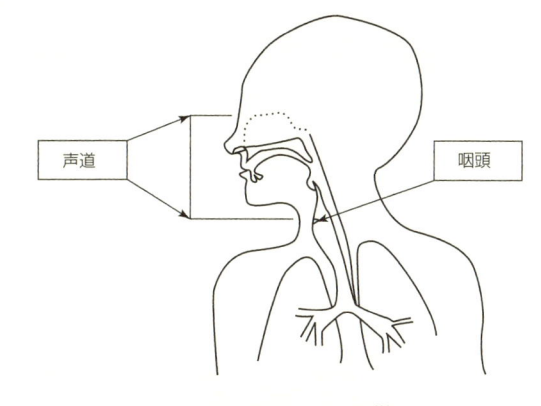

図3　声道（咽頭から上の気道）

呼吸とスピーチの生成は同時に行なわれている。肺から出た空気がのどの声帯を通る時，声が生じる。のど，口，鼻腔と鼻の湾曲部は，共鳴する空洞として働き，声にその人独自の個性的な特徴を与える。しかしながら，他の筋肉運動も，声を聞き取り可能なスピーチに変換するのに必要である。聞き取り可能なスピーチは，聞き手の聴覚の知覚パターンに合致した，特定の連続した子音と母音からなるスピーチサウンドの結果である。's'，'k'，'f' のような英語のスピーチサウンドは，声帯を振動させずに空気を吐き出すことによって作られる。聞き取れる形で 'far' という言葉を発するためには，話し手は，'f' から母音への移行時に，正しいタイミングで声帯を調整しなければならない。'z'，'g'，'v' の音は，それぞれ 's'，'k'，'f' と同じ場所で調音される。両者の違いは声帯を振動させるかどうかの違いである（有声化とよばれる）。

スピーチに含まれる筋肉運動が，いかに込み入った，複雑で精密な性質を有しているかを説明するもうひとつの方法は，未知の外国語の音を考えてみることである（Borden & Harris, 1984）。話される言葉は，まるで途切れることのない複雑で変化しつづける音の流れの噴出のように聞こえるだろう。その言語を知らない者にとって，言葉の最初と終わりを認識することはきわめて難しい。そして，外国語は，母語よりも速いスピードでしゃべっているように聞こえるようである。これらの印象は，スピーチそのもののさらに正確な描写である。話し手は，自分のスピーチを自然な行為だとみなしている。しかし，それは，幼い子どもにとって，36もの異なる筋肉を動かす非常に複雑な運動課題なのである（Borden & Harris, 1984）。

声はそれ自体が，コード化されたスピーチサウンドの意味に新たな情報を付け加える役割を担っている。声は聞き手に話し手の感情を伝える。大きな声は怒りを示し，ふるえた声はショックや恐怖感や，不安を示唆する。また，平淡な声は憂うつを意味するかもしれない。実際の言葉と声の組み合わせが，聞き手にメッセージの種類を伝達する。たとえば，'I'm sorry' という言葉が謝罪を示しているのか，もう一度言ってほしいという要求なのか，それとも軽蔑を表わしているのかなど。この情報の種類は，音の大きさや音程の変化，さらには休止や発話の速度といった要素によって伝達される。

2 多くの要因からなる人間のコミュニケーションの特性

❶ コミュニケーションにはどのような要因が含まれているか？

次のような要因が人間のコミュニケーションにおいて重要な役割を果たしている。

①コミュニケーションを促進する動機。
②コミュニケーションが起こる状況（仕事のオフィス，家の浴室，保育園の遊び場，医者の診療所，祖母の食卓）。
③参加者の関係や，それぞれの役割（職場の同僚，夫と妻，先生と生徒，医者と患者，祖母と孫）。
④述べられるメッセージのタイプ（情報の要求，コメント，指示，答え，物の要求）。
⑤話し手と聞き手の役割を交代する能力。
⑥非言語的メッセージを理解し，使用する能力。
⑦言語的メッセージを理解し，使用する能力。
⑧聞き手からのフィードバックや，身体をとおして得られるフィードバック（たとえば，自分のスピーチの聴覚的フィードバック）を受け取り，メッセージを修正する能力。

もし，個人に，コミュニケーションする動機づけがなければ，コミュニケーションは存在しないか，ごく限られたものになるだろう。もっとも，他者とのコミュニケーションを拒否すること自体が，ある状況下ではコミュニケーションのひとつの形とみなされるかもしれない。状況，関係，そして話し手の役割は，どのようなタイプのコミュニケーションが行なわれるかを決定する。つまり，保育園の先生が子どもにたくさんの指示を与えることは予測されうるが，同じやり方で子どもが先生に対して指示を与えることは適切ではないと考えられる。また，医者が患者に対して症状を尋ねるのは容認できるし予想の範囲内

であるが，患者が医者の症状を尋ねるのは適切ではない。あるコミュニケーション状況で伝えられるメッセージのタイプは，ある部分は，何が適当で何が状況の予測に合致するかという観点から決定される。そしてある部分は，どのタイプのメッセージを述べるかという話し手の意図によって決定される。ある状況における社会的相互作用やコミュニケーションに関する予測が裏切られる時には，意図的な場合と意図的でない場合とがある（6ページ参照）。

　個人は，他者を理解し，自分自身を効果的に表現するためにメッセージを受け取ったり（見たり聞いたりすること），メッセージを発したりする両方の能力を発達させる必要がある。いずれも，双方向コミュニケーションにとって必要である。個人は他者のメッセージを最もよく理解するために，入ってくる言語情報や視覚的情報を聞いて，見て，処理して，理解する必要がある。コミュニケーションを成立させるためには，自分自身を他者へ向かって表現しようとするだけでなく，他者からのメッセージを理解し，受け取ろうとする必要がある。自分自身を表現するために，言語や非言語的手段をとおしてメッセージを練り上げ，そしてたとえば調整されたスピーチやジェスチャーを用いてそのメッセージを作成することができるように，彼らはコミュニケーションする何かをもつ必要がある。彼らはいつ，またなぜコミュニケーションが行き詰まるのかを明らかにできるだけでなく，自分が話し手か聞き手かによって，メッセージを修正したり説明を求めることをとおして，コミュニケーションの修復を試みることも必要である。

　本節ではこれまで，メッセージを送ったり受け取ったりする際のカギとなる動機や状況，コミュニケーション要因について扱ってきた。多くの要因からなる人間のコミュニケーションをさらによく理解するためには，話し手と聞き手の両方にとってスピーチを理解し生み出すときの心的処理についても注目することが必要である。図4と図5は，この心的処理を図式化したものである。グロス（Gross, 1992）は心的処理を「世界の知識が獲得され，保持され，使われる過程」と定義している。言語理解やスピーチ生成の中心をなすような処理過程について推測することは可能だが，直接見ることはできない。心的処理のどの側面に対しても，処理がほぼ瞬時に行なわれるのではないということを指摘する必要がある。つまり異なるタイプの情報処理は連続的ではなく並行的に生

2. 多くの要因からなる人間のコミュニケーションの特性　13

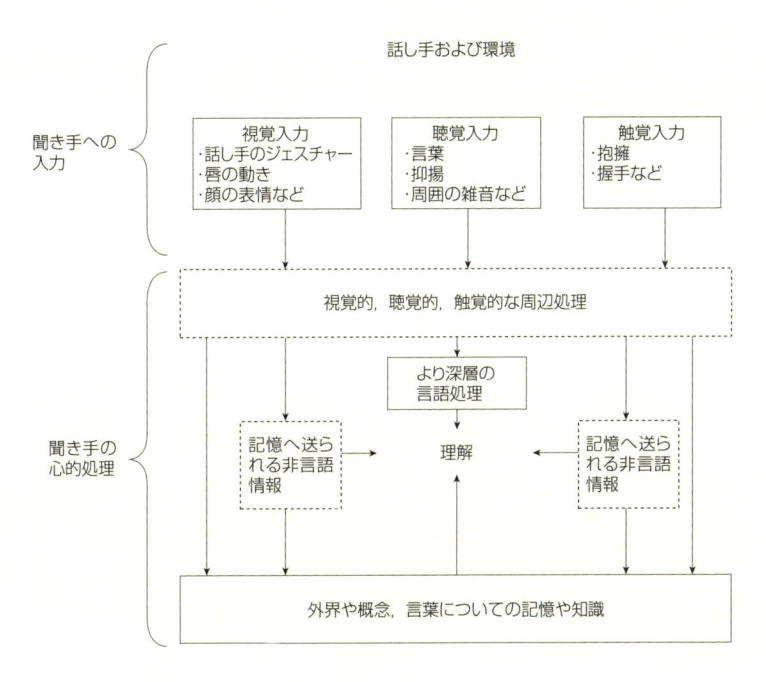

```
                       話し手および環境
          ┌         ┌──────────┐ ┌──────────┐ ┌──────────┐
          │         │  視覚入力  │ │  聴覚入力  │ │  触覚入力  │
  聞き手への│         │・話し手のジェ│ │・言葉    │ │・抱擁    │
    入力  ┤         │  スチャー  │ │・抑揚    │ │・握手など  │
          │         │・唇の動き  │ │・周囲の雑音│ │         │
          │         │・顔の表情など│ │  など    │ │         │
          └         └──────────┘ └──────────┘ └──────────┘

          ┌         ┌─────────────────────────────────────┐
          │         │    視覚的，聴覚的，触覚的な周辺処理       │
          │         └─────────────────────────────────────┘
          │                     ┌────────┐
          │                     │より深層の│
          │                     │言語処理 │
  聞き手の│                     └────────┘
  心的処理┤   ┌────────┐   ┌──────┐   ┌────────┐
          │   │記憶へ送ら│   │      │   │記憶へ送ら│
          │   │れる非言語│←─│ 理解 │─→│れる非言語│
          │   │情報    │   │      │   │情報    │
          │   └────────┘   └──────┘   └────────┘
          │   ┌─────────────────────────────────────┐
          │   │  外界や概念，言葉についての記憶や知識     │
          └   └─────────────────────────────────────┘
```

図4　スピーチ理解のプロセスの簡略化モデル（Garman, 1990をケンブリッジ大学出版局の許可により改変）

じると考えられる（German, 1990）。

■ スピーチの理解

図4に描かれているような，スピーチを理解するそれぞれの段階に含まれる要因を，さらに詳しく述べてみよう。スピーチの理解は，スピーチのシグナルを理解することのみにとどまらない。同時に起こる，または先行して起こる視覚的情報（たとえば非言語コミュニケーション，相互作用で交わされる先行メッセージ，言葉や状況の記憶に蓄えられた知識，聞き手がもつ相互作用についての予想）などの，他の可能な情報が，スピーチの理解に影響を与える（Garman, 1990）。スピーチの理解にとって必要な要因をまとめると以下のようになる。

```
                          コミュニケーションへの欲求
                                    ↓
メッセージの意図する意味の公式化    ┌─────────┐
                                │ 概念の生成 │
すなわち，アイデアが形成される    │・あいさつをする│
                                │・情報を与える │
                                └─────────┘
```

```
          ┌─────────┐  ┌─────────┐  ┌─────────┐
          │ スピーチ  │  │ 語彙貯蔵庫 │  │ 文法規則 │
          │ サウンド  │  │         │  │        │
          │ 貯蔵庫   │  │         │  │        │
          └─────────┘  └─────────┘  └─────────┘
```

文の公式化

すなわち，アイデアが
言語プログラムへ
変換される

```
          ┌─────────────────────┐
          │       文の生成        │
          └─────────────────────┘
```

メッセージの実行

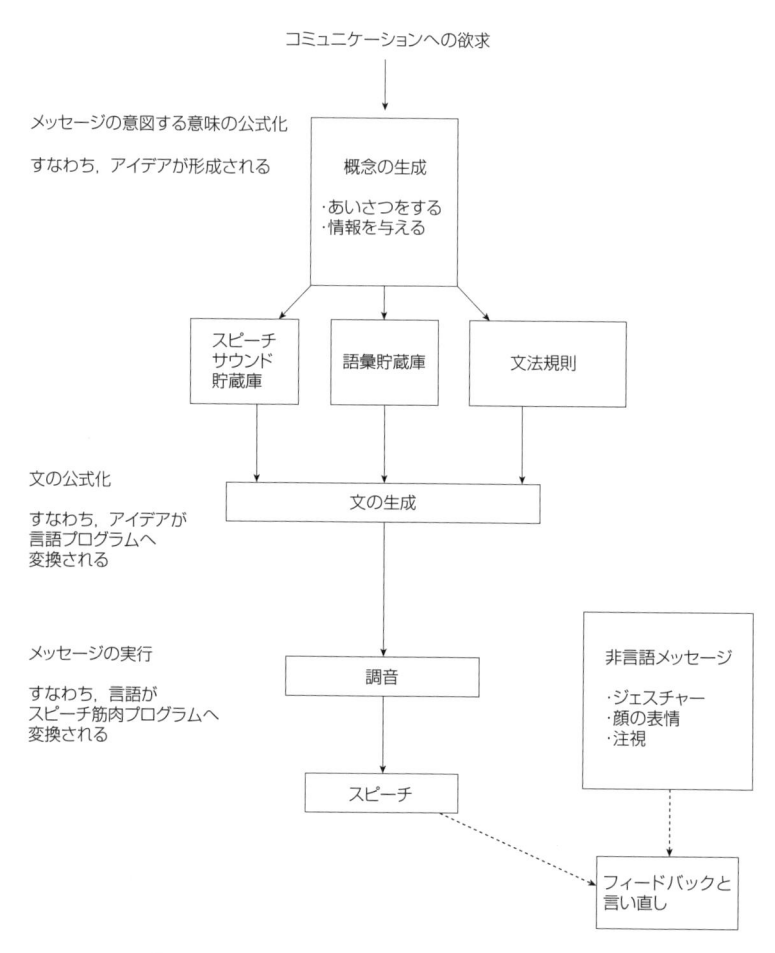

すなわち，言語が
スピーチ筋肉プログラムへ
変換される

```
          ┌─────────┐              ┌─────────────┐
          │  調音   │              │ 非言語メッセージ │
          └─────────┘              │ ・ジェスチャー │
                ↓                  │ ・顔の表情    │
          ┌─────────┐              │ ・注視       │
          │ スピーチ │              └─────────────┘
          └─────────┘                     ┆
                    ┆                     ┆
                    └──────→┌─────────────┐←──────┘
                            │ フィードバックと │
                            │ 言い直し      │
                            └─────────────┘
```

図5　スピーチ生産のプロセスの簡略化モデル（Garman, 1990）

①聞き手は，音響シグナルを聞き分ける必要がある。
②聞き手は，新たなシグナルに注意を注ぎ，それを重要な情報として扱う必要がある。
③聞き手は，健全な聴覚的処理を行なう必要がある。これはスピーチを理解する最初の過程であり，入ってくるスピーチの音を分析することを含んでいる。たとえば，聞き手は話された外国語を聞くことができ，そしてそれがどの言

語であるかがわかる（スピーチの認知）かもしれないが，必ずしもその意味を理解することができるとはかぎらないだろう。
④スピーチ入力を他の入手情報（視覚的，また状況的な要因）と統合する必要がある。これは話されたメッセージをきちんと理解するために必要である。表面的処理，すなわち入ってくる聴覚的，視覚的，また他の感覚入力情報の最初の処理は，感覚の中で統合されるが，理解を含んではいない。
⑤さらなる言語処理（たとえば理解を助ける文法規則や語の意味についての知識を応用すること）のために，聴覚的に処理された聴覚情報が伝達される必要がある。
⑥聞き手は，入ってくる情報の意味をつかむことを可能にするために，言葉や概念や知識を記憶の中に蓄えておく必要がある。
⑦聞き手は，メッセージを理解をするために，話し手や状況についての知識を使う。
⑧聞き手は，メッセージを理解するために，視覚や触覚や他の資源からの情報を使う。
⑨聞き手は，メッセージを理解するために，すべての関連情報を統合する。

これらの要因のいずれかが欠けると，受け入れるコミュニケーションに問題が生じる可能性がある。発語を理解する際に含まれる処理に関して，ガーマン（Garman, 1990）は「理解……それはたどり着く場所ではなく，また処理の集合でもなく，ダイナミックなバランスの中での，多くの相互作用の結果である」と指摘している。

■ スピーチの生成

図5に示されているスピーチの生成の中に含まれる要因をここでさらに詳しく述べてみよう。意味のあるスピーチ，または意味のあるメッセージは，コミュニケーションしたいという「何か」をもつことから始まる。意図されたメッセージの意味は，たとえば，言語にコード化され，スピーチをとおして表現される概念である。意図された意味（たとえばあいさつ）は話し手によって概念

的に組み立てられてきたものであるが，背後にある概念は言語コードに描き出される（Garman, 1990）。これは，個人の心的語彙の貯蓄から言語にアクセスすることと，スピーチサウンドの貯蓄からスピーチサウンドにアクセスすることを含んでいる。

　また，言語についての話し手の暗黙の知識の一部をなす文法的規則を適用することも含んでいる。結果的にひとつの文章が形成されるが，スピーチの場合にはメッセージは大脳から調音器官に送られ，発言となって出現する。（生成された発言の）聴覚フィードバックと視覚フィードバック（たとえば，聞き手の表情や動き）は，話し手に彼らの発言の効果や正確さに関する情報を与える。身体のどこに調音器官や他の筋肉があるかを知ることに関する自己受容フィードバックも，話し手にとって彼らの発言の効果や正確さについての重要な情報源である。これを説明するひとつの方法として，歯医者で口に麻酔をうたれた直後に話そうとすると，どのように感じるかについて考えてみるとよい。麻酔の影響で，口の自己受容を妨げられてしまう。その結果，口内のどこに舌があるかという知識が影響を受ける。このタイプの正確な情報がないと，調音は不正確になり，発音の明瞭さに影響を与えてしまう。意味のあるスピーチを生み出すのに必要な要因をまとめると以下のようになる。

①話し手は，健全な記憶，概念，言語，そしてスピーチ処理能力をもつ必要がある。
②話し手は，言うべき何か（意図された意味）をもっている必要がある。
③話し手は，意図された意味を表現できる言葉を含む豊かな語彙力を有する必要がある。
④話し手は，意図された意味を明快に述べるために，文法の用い方（単語を正しい言語目的にそって，正しい順序に並べること）を知っている必要がある。
⑤話し手は，スピーチサウンドの正確な用い方を知っている必要がある。
⑥話し手は，健全な調音の構造と機能をもっている必要がある。
⑦話し手は，コミュニケーションの非言語的チャンネルと言語的チャンネルとを調和させる必要がある。
⑧話し手は，自分のメッセージのフィードバックを受けられるように，健全な

聴覚と視覚をもつ必要がある。

　これらの要素のいずれかが欠けると，表現豊かなコミュニケーションに困難をきたす可能性がある。

❷ メッセージの交換

　次にあげるのは，4歳の幼児ジェイクと彼の父親との間で交わされるメッセージの例である。メッセージの交換の各段階に含まれている重要な動機，状況，コミュニケーション，言語，発言，注意，さらには感覚的要因が同時に明記されている。

1．夕方，ジェイクはテレビを観ながら居間に座っている。母親は台所で夕食の準備をしている。

この段階で想定される要因
① ジェイクは健全な聴覚と視覚をもっている。
② ジェイクはテレビの視覚的，聴覚的メッセージに注意を払っている。
③ ジェイクはいつもこの時間にはテレビを観ていることが多い。

図6　ジェイクがテレビを観ている

2．ジェイクの父親はいつもこの時間に帰宅する。そして，父親は居間をのぞき，ジェイクがテレビを観ているのを知る。

この段階で想定される要因
①父親は，いつもこの時間に帰宅する。
②父親は，「状況を読んでいる」。
③父親は，健全な聴覚と視覚をもっている。

図7　ジェイクの父親が帰宅する

3．ジェイクの父親が，「ただいまジェイク，今帰ったよ」と言う。

この段階で想定される要因
①父親は，ジェイクに会うことを喜んでいる。
②父親は，ジェイクにあいさつし，自分が帰宅したことを知ってほしいと思っ

ている（意図された意味）。
③父親の脳は，意図されたメッセージの意味を言語コードのうえに位置づける。
④父親の脳は，メッセージを調音器官（唇や舌など）に送り，発音しようとする。
⑤父親は，彼の意図した意味を伝達する言葉を用いて発話する。――「やあジェイク」
そしてジェイクとの相互作用を開始する。
⑥父親は，彼自身の発話の音声によるフィードバックを受け取る。そして彼が発したメッセージが正しく，彼の意図に合致していることを確かめる。

図8　父親がジェイクにあいさつする

4．ジェイクはドアに立っている父親のほうを振り向き，笑顔を見せ，立ち上がり，彼のほうへ走り寄り，抱きつき，キスし，「パパ！」と叫ぶ。

この段階で想定される要因
①ジェイクは，父親の話したメッセージを聞く。
②ジェイクは，メッセージに注意を向け，それを，大事な（新しい）音声情報として扱うことを決定する。
③ジェイクは，聴覚情報を処理する。
④ジェイクは，その場の状況から非言語情報を読み取り，理解する（家の外で車が止まる音を聞き，父親が帰ってきたことを予測する。父親がいつもこの時間に帰宅することを予測している。父親がいつもドアのところでテレビを観ているジェイクに帰宅のあいさつをする）。
⑤ジェイクは，父親の発した言葉の意味を理解し，それが自分に向けられていることもわかっている。
⑥ジェイクは，テレビから父親のほうへ向き直る。——つまり，ジェイクはテレビ番組より父親のほうに関心が向いているということを示している。
⑦ジェイクは，父親が帰宅したことを喜んでいる。
⑧ジェイクは，父親を出迎えることで，帰宅を喜んでいることを伝えようとする。
⑨ジェイクと父親は，目を合わせ，お互いに微笑み合う。

図9　ジェイクは父親を迎える

⑩ジェイクは，床から立ち上がって，父親のほうに走り寄る。
⑪父親は，ジェイクが抱きつくことを予測して，腕を広げて待っている。
⑫ジェイクと父親は，しっかりと抱き合い，身体的接触をもつ。
⑬ジェイクは，彼の意図した意味（父親を歓迎しているということ）を伝えるために「パパ！」という言葉を発する。
⑭ジェイクの父親は，聴覚的，視覚的，触覚的なフィードバックによってメッセージがきちんとジェイクに理解されたということを確認する。
⑮ジェイクは，視覚的，触覚的なフィードバックによって彼のメッセージがきちんと理解されたということを確認する。

3 コミュニケーション，言語，スピーチを発達させるのに，子どもたちは何を必要としているか？

　前節では，人間のコミュニケーションのカギとなる要素に焦点をあて，その多くの要因からなる特性について議論してきたが，ここでは，子どもがコミュニケーションスキルを発達させるために何が必要なのかを考えてみることにしよう。
　環境的要因と内的要因の複雑な組み合わせや相互作用が，子どものスピーチ，言語，そしてコミュニケーションの発達の一因となる。これらの要素のまとめが以下に示され，後の章の関連項においてさらに詳しく述べられる。これらの要因の相互作用や，その要因がスピーチ，言語，コミュニケーションの発達にどのように影響を及ぼすかは，個人によって著しく異なるということを指摘することが重要である（Lees & Urwin, 1991）。子どもが成長する環境も大きく異なる。子どものコミュニケーションの発達に最適な影響を与える便利な「レシピ（方法・秘訣）」といったものは存在しないが，コミュニケーションスキルの通常の発達にとって，それぞれの領域で最低限これだけは必要なものといった手がかりは必要である。第6章に述べられている内容は，児童期のコミュニケーションの困難さを示したものである。そこには，スピーチや言語やコミュニケーションに含まれている要因，つまり子どもの中にこれらが発達するための必須条件と，生じる困難のタイプとの間の結びつきが記述されている。図

6-1（220ページ）は，コミュニケーションスキルの発達に影響を与える内的要因と環境的要因を図式化したものである。

❶内的要因

①子どもがコミュニケーションしたいという欲求をもつ必要がある。
②子どもは社会的関心，社会的気づき，社会的相互作用についての知識をもつ必要がある。
③子どもはコミュニケーションが何のためにあるのかを知る必要がある。
④子どもは健全な感覚（とくに聴覚と視覚）を必要とする。
⑤子どもは健全な神経学的成長と発達を必要とする。
⑥子どもは健全な構造上の成長と発達，たとえば発声システム，喉頭，調音を必要とする。
⑦子どもは健全な認知発達をたどっていることが必要である。
⑧子どもはスピーチと言語と学習のための健全な感覚的そして心的処理能力をもつ必要がある。

❷環境的要因

①子どもは世話をしてくれる人との間に安全で愛情のこもった関係を必要とする。この関係によって彼らの中にコミュニケーションしようとする動機づけが行なわれ，コミュニケーションへのフィードバックも保証される。
②子どもは，文化的，社会的な習慣や，適切な社会的相互作用を学ぶために，また，異なる文脈（家，保育園，パーティー，美術館，映画館など）におけるコミュニケーションスキル（開始する，反応する，あいさつする，質問する，抗議する，交代するなど）の発達を支援するために，なじみのある，または見知らぬ大人や仲間と相互作用する機会を必要としている。
③子どもは，言葉を聞き，よく理解するようになるために，また発達しつつある表出言語を実地で試してみるために，大人との間に相互作用する機会をもつ必要がある。
④子どもは，現時点での彼らの理解レベルにあった発話を聞くことによって恩恵を被っている。具体的には，短く単純化された語彙や文法的に単純な句や

文章，誇張されたピッチやカギとなる単語の誇張された発音などを含んだ言語である。
⑤子どもは，連想される概念や言語を学習する機会を与えてくれるできごとを経験する必要がある。風呂に入ったり，着替えをしたりといった頻繁に繰り返される日常のできごとは、その状況や関連している言語の学習を統合整理したり、強化させたりする。成長するにつれて，子どもはあまりなじみのない言語を学習し使いこなさねばならないため、日常的でないできごとがより重要になってくる。
⑥子どもは，経験することによって，とくに遊ぶことをとおして，世界について学ぶ必要がある。認知や言語や社会的理解を含むすべての領域の発達を支援するために，彼らは幅広い遊びの機会や世界のいろいろなもの（動物，本，おもちゃ，日常のもの）に接近する必要がある。

4 さらなる環境の影響

❶ 方言となまり

　どの言語も，いろいろな方言（文法やイディオム，語彙に関係する）となまり（発音に関係する）をもっている。ただひとつの正しい形の言語というものが存在するという見解（標準語主義）は，長年にわたってメディアや人々の関心の的となってきた。しかし、言語システムとして比較した場合，論理的な観点からも実際的な観点からも，よりよい方言やなまりというものは存在しない（Labov, 1972; Trudgill, 1975; Edwards, 1979）。
　現在のイギリスにおける標準語は，歴史的，社会的原因により，本来は上流階級の方言であった（Labov, 1972; Trudgill, 1975; Edwards, 1979）。子どもが家族や地域の中だけでコミュニケーションするのではなく、もっと広範囲な社会や公的生活においてもコミュニケーションできるように，イギリスの学校ですべての子どもに口語標準語を教えようという提案がコックスレポート（Department of Education and Science, 1988）で出された（Paragraph 4.24）。

コックスレポートは教育や文化，産業，商業が発展した地域や専門職の多くは，非標準語使用の人々に対して閉鎖的であると主張している。

ミルロイ（Milroy, 2001）は，イギリスの社会言語学者が，すべての方言の言語的平等性を説き，子どものアクセントや方言を共用することを勧めることによって，クラス内の言語的差別をなくすことを試みたことを報告している。このことは子どもが自分の方言ではなく，別の方言の読み書きを教えられることによって実現する。

他のどの方言よりも優れた表現力をもつような方言はないけれども（Trudgill, 1975），異なる方言はより精緻化された語彙を他よりも含んでおり，特定の使用を反映している。たとえば，いくつかの地域では，標準英語の語彙が，学問や行政で使用されるために非標準英語の方言よりも精緻化されている。同様に，それぞれの非標準方言はこのように精緻化される可能性をもっている。そして，ある非標準方言の語彙は話し手の必要性に従い，他のどれよりも精緻化されている。これに関連する2言語使用の議論は，187～215ページに掲載している。

イギリスの教育社会言語学者バーンスタイン（Bernstein, 1975）は英語を話す人々のスピーチを2つのスタイルに特徴づけている。それは「精緻化されたコード」と「制限されたコード」とよばれる。精緻化されたコードは，よりめずらしい言葉，受動態（「犬が骨をしゃぶった」ではなく「骨は犬にしゃぶられた」），話し手の心的態度を示す助動詞である法助動詞（should, ought, would），そして 'I think' 'In my opinion' 'Personally' などの主格表現を含んでいる。バーンスタインは精緻化されたコードを多くの（中産階級や上流階級の）標準英語の話し手によって使われる言語スタイルであるとみなしている。ラボフ（Labov, 1972）は精緻化されたコードを使う話し手と，制限されたコードを使う話し手とを比較する中で，後者は，抽象的な考えや，効果的な話術，推論，ディベートの技術を正確には扱っていないけれども，知識は豊かであることを指摘している。この発話のスタイルは，ある意味を述べるために限定された文脈を用いるなど，より直接的な表現方法を含むものである。制限されたコードを用いた発話は，イギリスの労働者階級に特有なスタイルであるとバーンスタインはみなしている。

❷ 早期言語発達における言語的環境の役割

　バーンスタインによる制限されたコードや精緻化されたコードに関連して，子どもの言語発達において言語的環境がどのような役割を果たしているのか，という疑問がある。最も基本的な意味で，言語入力はほとんどの子どもが最終的に到達する言語モデルとして機能している。なぜなら，ほとんどの子どもが自分の身の周りで用いられている言語を話すようになるからである。したがって言語入力が必要であることは明らかである。どのように言語入力が子どもの言語習得に影響を及ぼしているかついて，ふたつの重要な疑問点が指摘されている。

①子どもが聞く言語は，子どもが言語を学ぶ性質に刺激を及ぼし，言語のルール（たとえば，英語では肯定文を疑問文に変換するためには，'John likes blue shoes' → 'Does John like blue shoes?' のように，主語と動詞をひっくり返す必要がある）を把握することを手助けする誘因としてのみ作用しているのだろうか。もしそうなら，どの程度作用しているのだろうか。
②乳児や幼い子どもに向かって発せられる多くの言葉が表わす特徴は，言語発達を促進させるのに役立っているのだろうか。もし，そうなら，どのように？

　多くの大人や青年（とくに西欧文化の）は，乳児や幼い子どもに向けて，大人同士の言葉とは区別される，単純明快で情緒的な特色のある言葉を用いる。この言葉形態は，マザリーズ 'Motherese'（Newport, 1976），育児語 'child directed talk'（Warren-Leubecker & Bohannon Ⅲ, 1989）などいろいろな名前でよばれてきた。「マザリーズ仮説（Motherese Hypothesis）」は大人（多くの場合母親）の言葉が言語発達に及ぼす影響を調べた研究から導き出されたものである。ファーガソン（Ferguson, 1977）は，マザリーズに見られる多くの単純化処理が，言語を教える手助けになっているし，その単純化の処理は言語形態の最も重要な機能であると主張している。単純化の処理は，短く簡単な語彙，制限された初歩的な文法，構造上単純な文章タイプ，より少ない音のタ

イプと言葉の組み合わせを含んでいる。ファーガソンは，単純化された言語は，子どもの言語発達につれて複雑になるが，そうした発達的な傾向と言語発達との間には因果関係が見られると結論づけている。またガーニカ（Garnica, 1977）は育児語における「声のピッチ」や「息継ぎ」，「言葉を長めに言う」ことなどの誇張表現が，子どもが言語の文法情報を獲得していくのを助けていると結論づけている。

マザリーズという言語形態の特徴が言語学習に対して，ある機能を果たしているということは確かである。しかしどの程度，言語を教える基礎になっているか，またコミュニケーションを可能にしているかについては意見が分かれている。

（構造において）制限された文が言語学習にとって必要であるというマザリーズ仮説の主張に対しては，グレイトマンら（Gleitman et al., 1984）による批判が唱えられてきた。

子どもの言語発達を促進する大人の言葉の役割に関する主張や批判の背景に対して，以下のような研究結果は特筆に値する。

① 乳児や幼児が大人と視線を合わせることは，コミュニケーションを共有する基本であるが，それは，同時に早期の言語発達の可能性を増す（Tomasello & Ferrar, 1986; Garton, 1992）。
② ささやくことによって，また，大人が発言の最後を高くするなど，声のピッチの幅を広くすることによって，子どもは返事を求められるタイミングがわかりやすくなる。このことと，子どもの名前を頻繁に呼ぶこととが組み合わされて，子どもの注意を引き出し，維持するのに役立つ（Garnica, 1977）。
③ 子どもは特定の時期には特定の言語入力を利用する（Gleitman et al., 1984）。すなわち子どもは，発達の異なる時点で異なって聞こえた言葉を，その時の言語発達段階に即して，利用する。
④「単純な」入力は，18～21か月の幼児の語彙学習課題を促進させたり，基本的目的の範囲で単純な文を作ることを促進させるだろう。一方，より複雑な入力は，24～27か月の子どもが言葉の語尾や文法的ルールを獲得する課題において必要となるだろう（Snow, 1986）。

⑤最も単純で明確な意味をもつ単語，たとえば親族，体，性質，動物，ゲームや食べ物など今ここにあるものに焦点をあてて，母親が制限された語彙の範囲内で話しかけることが，幼児が言葉の意味をつかむのを可能にさせる（Ferguson, 1977）。
⑥子どもの認知レベルに合わせたり予測したりする大人の能力は，子どもに対して使う大人の言葉の意味レベル（意味の微調整）に見られるが，それは意味論の発達に重要な役割を果たす（Myers Pease et al., 1989）。たとえば，大人はまだ初期の言語発達段階にある子どもに対して，トラックも車もどちらも「車」と言うだろう。そして，後には，「トラック，車，バス……全部車輪があるね！」というように，言葉の意味と提示された実在するものとの関係の理解を促進するような方法でそれらをラベルづけするだろう。
⑦子どもに話しかけられる言葉に複雑さが増していくことと，子どもの言語発達との間には，明らかな正の相関があることが見いだされている（Gleitman et al., 1984）。
⑧大人が文法的に訂正するよりも，明確さを求めることによって，幼児はよりしっかりと構成された文章を作るようになる（Garton, 1992）。
⑨両親は，子どもの話し方そのものよりも，子どもが発した言葉の事実的正確さをただす傾向がある（Snow, 1986）。
⑩行動を規制する命令文を多く用いる母親の子どもは，フォルジャーとチャップマン（Folger & Chapman, 1977）の記述によると，「話すよりも行動したいという気持ちにさせられ」，子どもが用いる語彙には，描写的な言葉（大きい，もっと，ぬれてる，べとべとするなど）よりも個人的で社会的な言葉（こんにちは，さようなら，やま，だめ，私のものなど）が非常に多く含まれている。
⑪環境の描写や情報を求める言葉を多く用いる母親の子どもは，たくさんの物の名前を語彙としてもっている（Della-Corte et al., 1983）。

大人がコミュニケーションを調整する方法と，それに対する乳幼児の反応についての情報は，42～45ページにさらに掲載されている。しかし，聞き手の必要性に応じて，コミュニケーションを調整するのは大人だけではない。4歳の

子どもが2歳の子どもに対して，より注意を引くような言葉を用いていることも報告されている（Hetherington & Parke, 1986）。

序章の要約

●コミュニケーション，言語，スピーチ

①人間のコミュニケーションの基本的な要素は，メッセージを発する人と，メッセージそのもの，メッセージを受け取る人である。
②ほとんどの人間のコミュニケーションには，聴覚，視覚，触覚をとおして得られる非言語および言語メッセージが含まれている。
③言語は，特定の文脈の中であらゆる目的を達成するために計り知れないほど様々な方法で結びつけられる意味ある要素からなる，象徴的でかつ規則に従うコミュニケーションシステムである。
④言語は，音韻論，形態論，統語論，意味論，語用論の観点から記述し，分析することができる。
⑤スピーチや言語やコミュニケーションについて，各個人が発達の過程で獲得する知識の大部分は暗黙の知識である。
⑥言語はコミュニケーションや学習，思考，記憶を助けるために用いられる。
⑦スピーチは，調音器官による一連の入り組んだ複雑な動きによって生じる音声信号であり，サインなどの視覚的コミュニケーション形式に加えて，言語表現のひとつの方法である。
⑧聴覚処理過程はスピーチの発達にとって，産出過程と同じくらい重要である。
⑨スピーチの生成は，人間が学習しなければならない最も込み入った，複雑で正確な運動技能である。

●多くの要因からなる人間のコミュニケーションの特性

⑩人間のコミュニケーションは多くの要因から成り立ち，動機や状況，注意，聞くこと，感覚や運動機能，言語と非言語メッセージの理解，そして言語や

非言語メッセージの生成に関連する要因を含んでいる。

●コミュニケーション，言語，スピーチを発達させるのに子どもには何が必要か？

⑪環境的要因と内的要因の巧みな相互作用と組み合わせは，子どものスピーチ，言語，コミュニケーションの発達に重要な役割を果たす。

●さらなる環境の影響

⑫それぞれの言語には多くの方言となまりが存在する。どの方言やなまりが最も言語的に優れているということはないが，それによって社会的地位が規定される場合がある。

⑬大人が子どもに適した言葉を使うことは，子どもの言語獲得を助け，異なる発達段階でコミュニケーションを可能にさせることが観察されている。これらの観察は西欧社会の話し手によって見いだされたものである。

第1章 0歳から1歳までの間（生後1年目）

> **ポイント**
> - 聞き取りと注意，認知，および理解の発達。
> - 赤ちゃんがコミュニケートする理由。
> - どのように赤ちゃんのコミュニケーションスキルは発達するのか。非言語コミュニケーションスキルと言語コミュニケーションスキルとの結びつき。
> - 発声の発達と喃語，初期の単語使用。
> - 重要事項の要約：生後1年目で達成されるコミュニケーションスキルの表，コミュニケーション障害をもった子どもを見分けるのに役立つ警告サイン表。

1 聞き取り，注意，注意して聞くこと

① 声を聞いて「興奮する」

　赤ちゃんは人間の声といった音に対して高い感受性をもち，調子を合わせる。多くの赤ちゃんが，誕生後数日の段階から，聞きなれた，友好的な声のような音に対して静かになる（Ashmead & Lipsitt, 1991）。赤ちゃんが最も聞き慣れている声とは母親の声である。20週目で胎児の内耳（音を感じ脳に伝える耳の器官）は完全に発達する。このことはつまり，出産予定日に産まれる時までに，赤ちゃんはすでに5か月くらいの間，音を聞いているということになる（Northern & Downs, 1991）。生後数日しかたたない赤ちゃんは，他の声よりも自分の母親の声を聞くことを好み，母親の声と他の女性の声とを区別することができる（De Casper & Fifer, 1980）。また，新生児が他の音よりも人間の声に反応し，

選好することを示す研究もある（Friedlander, 1970）。別の研究では新生児が音の長さや大きさ，ピッチによって異なったやり方で音に反応することが示されている。新生児は生まれながらに人間の声に耳を傾け，生まれて間もなくから，自分を取り囲む音色や談話から様々な話し言葉を弁別するとてつもなく大きな課題に取りかかり始めているように思われる。

② 生後 1 年をとおした聞き取り，注意，注意して聞くことの発達

■ 生後 6 か月：選択性の発達

　誕生時，赤ちゃんは環境の突然の変化に驚愕反応（startle response）を示す。彼らは目を大きく開けてまばたきをする，もしくは大きな音や明るい光，突然の移動に対する反応で眠りから目覚める（Northern & Downs, 1991）。みずからの注意を制御する彼らの能力は，最初の数週間はかなり限られており，おもちゃを見たり顔を向けたりできるのはほんの短い時間である。次の数週間がすぎると赤ちゃんは，自分に話しかけてくる人を見たり笑ったりすることで耳を傾けているように見える（Bzoch & League, 1991）。彼らは話者の口元に興味を示し始め，3 か月目の終わりには他者が見ている方向を見始めるようになるだろう。彼らはたとえ両親が見える範囲にいなくても自分の両親の声を聞いた時に静かになり，4 か月までに赤ちゃんは故意に自分の頭を声のするほうへ向けて，話者のあたりを見ることだろう（Bzoch & League, 1991）。6 か月になっても赤ちゃんはまだかなり気が散ったような状態だが，音に対してはより選択的になる。自分の両親の声に対して即座に頭を向け，また比較的静かな音に対しては頭の横にあってもそのおもちゃに心を奪われることはないであろう。彼らは「ママ」や「パパ」，「バイバイ」のように自分にとって意味深く頻繁に聞く名前や単語をわかっているように見えるし，「ダメ」の初期の理解を，動きを止める，もしくはためらうことで示している（Bzoch & League, 1991）。この段階の赤ちゃんは，一度にひとつの感覚器からの入力情報に注意するのに精一杯である。おもちゃを手で探索している，もしくは刺激的な動きを見ている時，彼らの音に対する反応性はなくなり，たとえていうと彼らは目が見えないかのようになってしまうのである。赤ちゃんは他者の見ている方向と同じ方向を見ることができるようになりつつあり，また，物や動きに対して他者と共

同注意（joint attention）を共有し始めつつある。共同注意の共有は，後々の言語スキルと会話スキルを支えることから，発達するうえで非常に重要なスキルである。

■ 生後7か月～12か月：話し言葉を注意して聞くこと

生後7～11か月目くらいをとおして，赤ちゃんは言葉—行為ゲームで単語を認識しだしたり，音楽や歌に注意を向け始めたりする（Bzoch & League, 1991）。赤ちゃんはスプーンやポット，おもちゃを一緒にたたいて鳴らすような，音を出す活動に熱中する。ここまでに赤ちゃんは両手それぞれに物をつかみ，両手を一緒に動かすことができる（Sheridan, 1997）。赤ちゃんはキーキーいうおもちゃで遊ぶことを楽しみ，動物や機械の音などの表象音（representational sounds：たとえば，モー，メーメー，ブロロロ，ブルブルッ）に反応し始める。8か月までに他の人々の間でとり交わされる会話を聞いて，いくらか日用品の名前を認識しているように見え，このころには「ダメ」と聞いた時には常時動きを止める（Bzoch & League, 1991）。注意の持続間隔はかなり限られたままであり，一度にひとつの感覚からしか情報に対する注意が向かないのもそのままである。この時までに，大人の人さし指を追うことや他者の凝視を追うことが難なくできるようになるが，これらはどちらも赤ちゃんと大人との間で共有される焦点の範囲や量に重要な役割を果たす（Carpenter et al., 1998）。この相互の焦点は赤ちゃんが周りの世界を理解し，他者の視点から見始めるのを助けもし，また，赤ちゃんが何に興味をもつかという情報を大人に伝えもする。この最後の指摘は，赤ちゃんに世界と意味との間の結びつきを築かせるのに非常に重要であり，後々，ますますその結びつきを築けるようになるのである。10か月ごろになると，赤ちゃんは，通常，他の人が話しているのを聞くことができ，他の音で気が散ることがなく，たびたびおもちゃ，もしくは何か他の物を要求された時に両親に渡したりする（Bzoch & League, 1991）。赤ちゃんは，一定の限られた時間の間，自分で選んだ活動や物に注目することができる。このころ，期間的には短いものであるが，視覚と聴覚の情報に同時に気を配り始めている。赤ちゃんは，体を動かして音に反応するだろうし，もしくはリズムに合わせて適切な間隔で手をたたくだろう。

1歳になるまでに赤ちゃんは，間を延ばした話し言葉に熱心な興味を示し，反応するようになる。あまり気も散らず，見て聞くことが同時にできるようになる。耳の位置から横や上下に音を正確に位置づける能力は発達し続け，16か月ぐらいで完全に発達する（Northern & Downs, 1991）。

2 初期の言語理解に向けて

① 認知発達

■ 対象物の概念の発達

　赤ちゃんは，くまさんやカップ，毛布などの物に名前を与え，そこになくてもそれらについて話をするために，それらが視界にない場合でさえも存在しているということを知る必要がある。この物の永続性（object permanence）の概念は，生後5か月くらいから発達し始め，2歳くらいで完全に発達する（Bloom, 1993）。子どもが物や人々やできごとを心的に表象する能力は，言語発達や世界の様々な物事，とくに遊びを記号で表象する方法と強く結びついている。少し年をとると子どもは，自分のお気に入りの食べ物について考えたり，それがそこにない時にそれを求めたり，会話の中でそれについて話をしたりすることができる。さらに後になると，子どもは遊びの中で，一片の厚紙もしくはひとつのおもちゃの積み木を一切れのケーキにすることができる。記号の理解は，効果的な言語使用の学習にとって非常に重要な部分である。ひとたび赤ちゃんが，物や人が見えない場合にも物や人はまだ存在していることに気づいたり，行為は記憶され予期されうる（「どこにママは私のくまちゃんを置いたの？　ここにあると思うな」）ものだと気づきだすと，そのことが原因となって，赤ちゃんは自分の思ったことや発見を興味のある人に対して表現するために言語を使おうとし始める。しかしながら，言語を効果的に使い始める前に，言語を理解する必要がある。またそうするためには，赤ちゃんは言語で表象されている世界において十分な物事を体験する必要がある（Bloom & Lahey, 1978）。

> **例1-1　初期の遊びにおける物の使用**
>
> 　10か月のとき，ローワンはブラシを軽く自分の髪にあてたり，テレビやビデオのリモコンを持ち上げてテレビに向けたり，テレビに「話しかけ」たり，遊んでいる時にスプーンから「食べ」たりすることを始めた。
> 　こういったことで，たとえ通常の状況外での軽いジェスチャーでもローワンは物の使用を理解している，もしくは使用することで意味を理解しているということがわかる。
>
> **図1-1　10か月のローワンが遊びの中で電話を使っている**

■ 対象物とカテゴリー

　経験をとおして得られる物の知覚的および機能的性質に関する情報のおかげで，赤ちゃんはカテゴリーを作り始めることができ，また，物に対してだけではなく様々な特徴に対してもラベルを結びつけ始めることができる。概念的なカテゴリーの形成は，有意味語が発生するのに必要であり（Bloom, 1993），赤ちゃんの物の概念のうえに成り立っている。たとえば，赤ちゃんは，大きいスプーンと小さいスプーン，プラスチック製のスプーン，金属製のスプーン，木製のスプーン，見せかけのスプーンと現存するスプーンをすべて同じ目的——食べること——のために使うことができるということを理解できるようになる。赤ちゃんは大きなスプーンと小さなスプーンについて話し始める前に，このようなカテゴリー的知識や概念的知識を発達させなければならないし，またたとえばフォークとスプーンを区別しなければならないのである。カテゴリーの分類は，最初はとても広いが，赤ちゃんが周りの世界にある事物についての知識をより多く獲得するにつれて，だんだんと特定化されていく（Mandler et al., 1991）。

② 初期の状況理解

　生後6〜12か月の間に，赤ちゃんの言語理解は発達し始める。赤ちゃんは

徐々に養育者の言葉に身近な状況でのジェスチャーと食事などの決まりきったこともしくは変化を結びつけ始める。たとえば，ある9〜10か月児は，「パパにあげて」という言葉を聞き，母親が父親のほうを指さすのを見て，自分が持っているおもちゃを父親にわたしたりする。その子は「手をたたいて」という言葉を聞き，母親が手をたたいているのを見て，自分の手をたたいたりする。生後12か月になると，その子は食事のような決まった状況で「あなたのコップはどこ？」と言われるのを聞いて，コップのような見慣れた物をいつもの場所から取って来る。その子は「ぽんぽん」や「あし」「はな」などの名前がよばれた時にそれらの体の部位を指さしたり，よく見ている本で名前がよばれた絵を指さしたりする。その子は「あさごはん」や「パパはここ」「あなたのくつ」などの簡単なフレーズやある範囲のとてもなじみのある語彙を理解していることを示すようになる。

❸ 経験や遊びをとおした学習

　毎日の活動や遊びをとおして，赤ちゃんは世界に存在する物について学習するようになる。彼らは物の使用や外観について，また，物どうしの類似性や相違について学習する（Bloom, 1993）。赤ちゃんは人と物との関係性を発見し，みずからの観察と経験をとおして，それらの様々な結果について学習する。たとえば，赤ちゃんはボールの形と感触を学習するようになる。その子はどのようにボールが上に投げられ，またどのように下に落ちてくるか，下で跳ね返り，再び上へ上がるのかを観察する。どのようにボールが床の上を転がるかを見て，誰かがボールを動かした時だけそうなると学習するようになる。赤ちゃんはオレンジとボールの類似性（どちらも丸くて床の上を転がる）に気づくようになる。しかしながら，オレンジは跳ね返らない。オレンジは食べるものであって，中の潤った一口を食べるためには皮をむかなければならない。赤ちゃんがボールと一緒に，またはオレンジと一緒に遊んだ経験，オレンジを食べた経験やボールを口に入れた経験で，赤ちゃんはふたつの物のいろいろな特徴を教わるのであり，ふたつの使い方の違いや同じようになぜ他の人々がふたつの物に対して違ったはたらきかけをしているのかが理解できるようになるのである。

　異なった物で遊んだり毎日経験することをとおして，赤ちゃんは物の消失や

再現，移動のような運動の一般的効果について学びやすくなる。初期の概念発達が進み，「うえ」「した」「そと」「もっと」「なくなった」などの初期の単語の発現と強く結びつくのである。同様に，ある種の物（ボールや犬，猫）は動き，別のタイプの物（家や壁，廊下）は動かないということを学び始める。この知識は初期の語彙に強く反映されているが，より典型的には，初期の語彙は潜在的に動く物の名前から成り立っているのである（Bloom, 1993）。赤ちゃんは誰か他の人の行為（揺らす，くすぐる）も含めてとくに自分に何らかの影響を与える行為（食べる，飲む，落ちる）に関する単語をより早く学ぶのである。

3 0歳から1歳までのコミュニケーションスキルと表現スキル：なぜ赤ちゃんはコミュニケートするのか？

① 前意図的コミュニケーションと意図的コミュニケーション

　最近まで発達心理学の分野では，前意図的（preintentional）コミュニケーションと意図的（intentional）コミュニケーションとの区別を明確にしてこなかった（Bruner, 1973; Bates et al., 1975; Bates, 1979）。意図をもつ前の乳児（0～9か月）でのコミュニケーションは，意図的コミュニケーション（何らかの変化を引き起こす，もしくは周りの人の何らかの反応に影響を及ぼすという子どもの意図のために起こるコミュニケーション）とは対照に，主に反射的であるとみなされており，内的もしくは外的刺激に対する反応で起こっているとみなされていた。より幼い赤ちゃんが養育者と交流する内容は，赤ちゃんと養育者自身に関してのみであり，赤ちゃんが大きくなると，徐々にじっと見ることを慣習的に行なったり，発声と単語とを可能なかぎりで結びつけたジェスチャーを行なったりしながら，自分のほしい物を示したり，他の人の注意を興味のある物やできごとに向けるよう仕向けることができるようになる。生後7～12か月の間で，赤ちゃんは第三者的対象（たとえばおもちゃ）を自分と養育者との交流に含み始める。たとえば，レディ（Reddy, 1992）は，前意図的コミュニケーションは意図的コミュニケーションと質的に違うのかどうかという問いをたて，次のように記している。

> 言語は心の内面を共有するという点で特別な位置を占めてはいるが，独自に存在しているわけではないことは明らかである。非言語的行為は，感情状態や意図，興味，考え（たとえば，驚き，戸惑い）のみではなく，それらの目標も具体化しており，表わしているのである。(Reddy, 1992, p.32)

　レディは，幼い赤ちゃんがコミュニケーションの意図をもたないという立場をとることは誤りであると指摘している。そのうえで，コミュニケーションは赤ちゃんと養育者の双方向のプロセスであるとみなすべきであると指摘している。彼女はどのように幼い赤ちゃんと養育者とがお互いに楽しくバランスのとれた交流に活発に関わっているかについて述べている。レディは，「初期の乳児のコミュニケーションは，他者の行為への反応における行為と，意図との絶え間ない入念な洞察に基づいている」と理解できると論じている。

❷ コミュニケーションに向かう動機

　単語や文章が意味をなすようにするために，幼い言語学習者は自分なりの固有の暗号を壊す努力が必要となる。そのために，とくに不可欠な要件は，他者とコミュニケートしようとする欲求である。ベイツら（Bates et al., in press）によると，この動機が基底にあるからこそ，子どもは多くの時間，言語入力に注意を向けたり，真似したり，練習したり，熟考したりすることができるのだという。

■ 解釈者としての養育者

　赤ちゃんと養育者との間でコミュニケーションが起こる状況というのは，養育者が赤ちゃんのメッセージを解釈するのに対して，有用で決定的な情報や手がかりを提供している。養育者は赤ちゃんの泣き声や音，注視やジェスチャーに反応し，これらの行動に主張や要求や拒否といったコミュニケーション機能（communicative functions）を付与する。泣き叫んでいる3か月児の母親は，その子の泣き声を「おむつをかえてほしい」のだと解釈するかもしれない。養育者が幼い赤ちゃんのコミュニケーション行動を意図的なものと解釈するとい

う事実は，トレヴァーセン（Trevarthen, 1977）によって指摘されたものであるが，それによって赤ちゃんはより広い範囲のメッセージを多様な方法でコミュニケートし始めることが可能になる。

■ 顔と声

非常に幼い赤ちゃんと母親とのやりとりの焦点は，主として相手の感情状態に向けられている（Reddy, 1999）。赤ちゃんは，人々や，とくにコミュニケーションの中心である顔と声といったような人々の特徴に興味を示す傾向を生まれながらにもっていることを示す証拠が多くある。そのうえ，非常に幼い赤ちゃんが，表情や音の模倣という形で人間のコミュニケーションに適切に反応するという証拠がある（Melzoff & Moore, 1983; Kugiumutzakis, 1993）。対面でのやりとりに関わったり，他の音よりも人間の声に対してより反応したり，また他の視覚刺激よりも人間の顔に対してよりよく反応する現象から見て，新生児に社会的動機があることは明白である（Frantz, 1963; Ashmead & Lipsitt, 1977）。

この社会的動機は，次の数週間で複雑さを増していく。赤ちゃんと養育者との間に見られる「声のテニス」というような，行ったり来たりするゲームが生後3か月までに起こり，6か月までに，赤ちゃんはひとりの大人が凝視している方向と同じ方向を見ることができるが，結果的には環境の中の同じ物やできごとに対する「共同参照（joint reference）」へと結びついていく（Butterworth, 1991）。共同参照の確立への積極的な参加は，赤ちゃんが社会的交換のひとつの形態として物を示したり，与えたり，さし示したりし始める生後8～9か月で起こる。これまでに述べたように，赤ちゃんはみずからの行為をとおして自分が他の人に何かをさせることができると気づき始めるのである（Bates, 1976）。

■ 初期の交流ゲームの役割

「いないいないバー」や「くすぐりゲーム」のような，驚きを調整する手の動作を含んだ初期の交流ゲームは，生後1年間をとおして，それらのゲームの中間段階に突入する。「いないいないバー」で遊ぶ初期の段階では，赤ちゃんの行動は主に受け身的である。赤ちゃんは言葉を聞き，たとえば母親の顔が隠

れ，再び母親の手の奥から母親の顔が現われるのを見る。ゲームが何度も繰り返されるにつれ，赤ちゃんはだんだんとゲームの中で何が起こるかを予想したり，そのゲームの変化の中でのその子の反応についての母親の抱く期待を予想することを学んでいく。赤ちゃんは，そのゲームの中で積極的な役割をより多くとることが期待される。そのゲームのパターンは，赤ちゃんの反応という点では，赤ちゃんのもつ要求の増加と調和して発達する。

　はじめ赤ちゃんは，母親の手の奥から再び現われた母親の顔を無表情で見るが，興奮して声高に笑い，そして母親が先に言う前に自分から「バー！」と言う。そして最後には様々な場面でそのゲームをいろいろと応用し始めるのである。赤ちゃんは，これらのゲーム中にどうコミュニケートするかという点でより体系的になり，ゲームをとおして赤ちゃんはより積極的な役割さえもとれるようになる。赤ちゃんは，母親の演技によってもたらされた驚きを調整するというやりがいのある要素に喜びを感じて，ゲームを行なうことに動機づけられている。初期の数か月での一般的な発声や親密な対面交流から，6か月くらいのより騒がしくてリズムにのった赤ちゃん用の歌へと，母―子単位のコミュニケーション様式に起こる変化は，大人が赤ちゃんの興味や注意を維持する必要があることを物語っている（Reddy, 1999）。この段階で，赤ちゃんは徐々に周りの環境に興味をもつようになるし，また，他の刺激に心が奪われる時には，養育者から目をそらすようになる。

■ 物への興味

　生後8〜11か月の間に，赤ちゃんはある物を他の物と交換することに興味を示し始め，養育者とのやりとりでもそのようなことが見られるようになる（Wellman, 1993）。物の例としては，おもちゃや食べ物，目に入った興味のあるものであり，たとえば電灯や鏡に映った自分の姿，道にいる犬などである。相互作用の焦点は，生後数か月の頃では相手の感情状態であったが，6か月ごろには興味をもって関わる行為となり，さらに今では第三者的対象を巻き込むことへと変化しつつある（Reddy, 1999）。この段階特有の行動に向けての動きはゆるやかなものである（Harding, 1983; Wetherby & Prizant, 1989）。これらの行動には次のことが含まれる。

①赤ちゃんは，ジェスチャーや発声する相互交流の中で相手とアイ・コンタクトを行なうが，しばしば物と相手の凝視の移動が見られる（Bates, 1979）。
②赤ちゃんの発声には，音や声の抑揚のパターンに一貫性がある。
③はじめは対象に向かって手を伸ばしていたが，その後，対象を指さすように発達する。
④発声やジェスチャーをした後に，赤ちゃんは相手からの反応を待つようになる。

養育者は，赤ちゃんが物を要求したり養育者の注意を物に向けさせる要求をする行動から，頻繁に推論を行なう。与えたり，要求したり，見せたりするように，赤ちゃんはこの段階で次の行為を導くために，見せびらかしたり，他の人の凝視を追ったり，せがんだり，養育者の表情をじっと見るのである（社会的参照：social referencing）（Reddy, 1999）。これらの行動のそれぞれは，赤ちゃんが他者の意図や感情的な反応の理解を発達させていることをさし示している。この発達についてのさらなる議論は44～45ページ（共同注意の発達）を見ていただきたい。

例1-2　焦点の共有に向けての他者の注意の引き寄せ

　生後約9か月であるローワンは，物を指さし始め「だぁ」と言い始めた。時々ローワンは自分が興味を持ったものと母親とをかわるがわる凝視した。その結果，通常母親の反応として次のような会話となった。ここでローワンは母親の注意を自分が興味を持った電灯に導くことで，相互交流を始め維持することに成功する。

ローワン：（電灯を指さしながら）だぁ。
　　　　　（母親を見ながら）だぁ。
母親　　：何？電灯？（電灯の方を見る）
ローワン：（電灯を指さしながら）だぁ。
母親　　：だぁ！

図1-2　9か月のローワンが母親の注意を興味あるものに引き寄せている

③ 赤ちゃんのコミュニケーションスキルが発達する文脈としての楽しい会話

■ 初期の役割交代

　役割交代の発達は，社会的相互作用や会話の発達の基礎となる。最も基本的には，会話とは，相互作用において2人以上の参加者の間に見られる一連の役割交代である（Snow, 1986）。その役割交代は，注視や微笑み，しかめ面，ジェスチャー，発声，単一の単語もしくはそろった文章から成り立っている。生後1年以内では，赤ちゃんは大人の養育者ひとりと役割交代を練習する機会に恵まれている。会話での役割分担の始まりは，乳児と養育者の「見つめ合うふたり」の中に見られる（Jaffe et al., 1973）。スノー（Snow, 1977）によれば，母親と非常に幼い乳児が声と言葉の役割交代をしながら関わっていることが観察されている。スノー（1977）やトレヴァーセン（1980），ロック（Lock, 1993）によれば，初期の乳児との会話における養育者の反応はとくに重要な意味があるという。すなわち，養育者はあたかも子どもが実際に単語を発したかのようにふるまったり，意味の構造を共有しているかのようにふるまっていたりする。次に示すハリデー（Halliday, 1994）のシナリオの中には，母親がひざに赤ちゃんを抱いて，子どもが注意深く見ている間，ぬいぐるみのうさぎを投げたり受け取ったりしている様子が描き出されている。

　　母親　：ほら，いった！
　　子ども：おぉ，おぉ，おぉ
　　母親　：まあ，あなたは私にうさぎをまた投げてほしいのね，そうでしょ？　わかったわ，ほうら，いった！
　　子ども：（大きな声で）ウーン
　　母親　：ダメ，それで終わり。何か他にすることを探しましょう。
　　(Halliday, 1994, p.73)

　母親がほとんど話しているのだが，母親は役割交代の儀式の中で子どもの反応を正当なものとして受け入れている。子どもが成長して，より理解しやすく発声するようになると，母親は対話をつづける責任を子どもにだんだんと移し

ていく。役割交代の儀式は，養育者が言語のひな形を作りつづけ，意味の推論を支えつづけることから，最適な学習の場を提供しているのである。

■ 声の抑揚と間に対する反応

養育者が非常に幼い赤ちゃんとやりとりする方法は，ロック（1993）によると，コミュニケーションの発達を支えているとみなされている。極端な声のピッチは赤ちゃんの注意を刺激し，維持させる（Stern et al., 1982）。養育者は，赤ちゃんに向けて話す時に質問するような声の抑揚パターンで，しばしばキーキーという，高いピッチの声を使う。そのような方法で「やあ！　赤ちゃん！こんにちは！」のようなことを言った後で，大人は通常，間をあけるであろう。その間の目的は，赤ちゃんに自分の順番をとらせるようにしているものと考えられる（Stern et al., 1982）。赤ちゃんはそれから微笑み，もしくは大人を見て，もしくはげっぷをするかもしれない。すると養育者は「まあ，笑顔ちゃん！」もしくは「気分がよいの？」などで反応するが，こうした反応の仕方は，その後につづく数か月の間に徐々にしっかりしたものになっていく会話での役割交代の基礎を築いているのである。この種の反応は，ある著者らによると，赤ちゃんのコミュニケーション能力のギャップを埋めているとみなされる（Trevarthen, 1980）。一方では，初期の乳児の会話において赤ちゃんはより同等に理解されたり，有能な参加者であると論じられている（Reddy, 1999）。いずれにしても，各段階で観察されるのに限界はある。相手との相互協力──人間に特有なコミュニケーション──が強い社会的動機の感覚と強い興味によって引きだされるものの中で，新生児や乳児がコミュニケーションに関わっているということは，避けてとおることのできないものである。

4 どのように赤ちゃんはコミュニケートするのか？：注視，運動，ジェスチャーなど

赤ちゃんと大人は，赤ちゃんの話し言葉が発達する前の長い期間，お互いとコミュニケートするために注視や体の運動，ジェスチャーを利用する。赤ちゃんが，どのように体を動かすか，凝視するか，微笑むか，泣き叫ぶか，他の音

などは，すべて相互作用を発展させたり，養育者の反応をひき起こすのに重要である。生後約4～6週間で起こる社会的微笑（social smile）は，社会的相互作用の基石であり，養育者から多くの肯定的解釈を引きだす。

① 共同注意の発達

■注　視

　他の人がじっと見る方向に気づくことと他者とのアイ・コンタクトの発達は，共同による相互作用の基礎になるものであり，後の会話スキルや他者の視点からものを見る能力の基礎になると考えられる。誕生時，赤ちゃんは対面での凝視を保つことで，他の人々への志向性を示す。生後2か月になって，赤ちゃんは自分を見ている人とじっと視線を合わせ，3か月までに他者の視線を捜し出し，コンタクトをとろうとする（Bzoch & League, 1991）。4か月になると赤ちゃんは，アイ・コンタクトをとおしたさらなる相互作用を始め，母親の凝視を追うことで母親との共同注意を発達させ始める（Ruddy & Born sterin, 1988; Prizant & Wetherby, 1992）。図1-3に例示してあるローワンの母親を見れば，どれだけ自分の赤ちゃんと共通の注意の焦点（電灯）を確立するのに敏感であるかがわかるであろう。また母親のそうした対応が，（後で丁寧に話される）話題の中心を共有することをローワンに学びやすくしていることもわかるであろう。生後6か月までの赤ちゃんは，母親が見ている物と同じものを見るだろうし，母親が指さしている物の近くを見始めるようになる（Butterworth & Jarrett, 1991）。生後9か月で赤ちゃんは，母親が指さしているより遠くの物を見るようになる。（Bzoch & League, 1991）。

■運動とジェスチャー

　このころに出現し始めるたくさんの他の行動は，他者の意図や感情の理解を深めるのに備えて同時に起こり始める。これらの行動には，たとえばバイバイと手を振る，キスをする，手をたたくといった，ジェスチャーに対してジェスチャーで答えることや，他の人のジェスチャーや，表情で動かされることなどが含まれる。生後3か月児までの初期に見られるでたらめな手の運動は，6か月児になると物をつかんだり，腕を伸ばしたりする運動へと発達する

4. どのように赤ちゃんはコミュニケートするのか？

> **例1-3　母親と乳児との相互作用**
>
> 生後2か月で，ローワンの非言語的行動とどこに注意を向けているかローワンと母親との相互作用の内容を規定している。
>
> ローワン：（微笑む）
> ママ　　：まあ，にこにこちゃん。あなたは笑顔ちゃん？　それで？　にこにこちゃん，ここ。
> ローワン：（凝視が角の電灯に動く）
> ママ　　：あなたは電灯を見ているの？　素敵なライト……ウーン。
> ローワン：（ゲップ）
> ママ　　：まあ，ゲップの赤ちゃん。今気分がよいの？

図1-3　2か月のローワンと母親がお互いを見て微笑んでいる

(Sheridan, 1997)。指さしは，他のジェスチャーとともに9か月くらいで発達し，興味をもった物の要求を伝えるために発声とともに起こるだろう。これらのジェスチャーには，手を振る，手を伸ばす，手をあげる，頭を振る，頭を引いたり振ったりすることが含まれている。

図1-4から図1-9は，赤ちゃんの発達の中で，それぞれの視点から，赤ちゃんと養育者との間の相互作用の内容と何が注意の対象になっているかの変化を描いている。

❷ コミュニケーションを目的のための手段として使用すること

赤ちゃんは，注視やジェスチャー，音，もしくは近似語（単語らしきもの）などの行動を，誰か他の人と注意の焦点を共有しようとするために組み合わせを変えながら使用したりする。それは，とくに物を見せたり，観察している物やできごとを指さしたりする時に，ある程度のコミュニケーション的機能を果

たす。赤ちゃんのメッセージが何であれ，重要な点は，9〜12か月に入るころには，コミュニケーションが自分の周りのものに影響を及ぼす効果的で楽しい方法であり，自分の環境に対して制御を行なう方法であると，赤ちゃんが適切に学んでいるということである。

図1-4　お互い相手の表情を真似ている生後6週間の赤ちゃんと父親。生後数週間は，赤ちゃんと養育者との相互作用の内容は主に相手の感情状態に焦点があてられる。片方の発声や微笑み，他の表情のような行為がたびたびもう片方の同じような行為を引きだすところには，高い水準の対面交流がある。

図1-5　「いないいないバー」で父親と遊ぶ6か月児。生後約6か月ごろに，養育者は赤ちゃんを，養育者が驚きを調整する手の動きや赤ちゃんの予想をともなった，「いないいないバー」や「3匹の子豚」のような相互交流のゲームに関わらせ始める。大部分の相互作用が対面でつづけられる一方で，相互作用の内容には繰り返しのリズムやゲームに基づいた決まりきった動作もまた含まれている。

4.どのように赤ちゃんはコミュニケートするのか？　47

図1-6　父親が生後9か月の赤ちゃんにボールを渡している。生後約8か月くらいから赤ちゃんは，養育者との交流の中で，たとえばおもちゃといった周囲の物に興味を示し始める。たとえば赤ちゃんはビスケットのかけら，もしくはボールを養育者に「見せる」ために持っているかもしれないが，そのような説明はしない。養育者もまた物を赤ちゃんに見せたりするし，この物どうしを交換しあうことが（たとえば食べ物とおもちゃなど）相互作用の中心となる。

図1-7　9か月児が自分の希望を父親に知らせている。赤ちゃんはおもちゃに発声および／もしくはジェスチャーをするだろう。それからおもちゃと養育者の顔の間を交互にじっと見ながら，養育者の顔に視線を移すだろう。その結果，養育者はおもちゃを引き寄せて，それから赤ちゃんに渡そうとするのである。

図1-8　赤ちゃんが養育者の注意を対象物に引き寄せている。赤ちゃんは対象物に発声および/もしくはジェスチャーを行なう。赤ちゃんはおもちゃと養育者との間を交互にじっと見ながら，養育者の顔に視線を移すだろう。結果として，養育者の注意は対象物に引き寄せられる。この11か月児は父親の注意をバスに引き寄せるのに成功している。

図1-9　1歳児が自分の欲しいものを求めるのに単語を使う。この子は自分の注意の焦点に関して1語（「くまさん」）もしくは近いことば（「く，く，」）を発している。それからくまさんと養育者との間を交互に見ながら，養育者の顔に視線を移す。養育者の注意は，その子が注意を向けているもの（くまさん）に引き寄せられ，結果として，養育者はくまさんをその子に手渡すかもしれない。

> 例1-4　他者に影響を及ぼすためにコミュニケーションを使用する
>
> 　生後5か月になって，ローワンは食事中に泣き叫び，食べ物のつがれたスプーンから目をそらした。ローワンはこれらの行動が何らかの変化を引き起こす原因であるとはまだ気づいていなかった——自分の満腹感もしくは食べ物への興味消失，授乳への要望に原因があったであろう。しかし，母親はこれらの行動を子どもがもう食べ物を欲しがっていないという信号だと解釈した。
> 　5か月後，もし本当にこれがローワンの伝えたいことであれば，そうするようにうまく身に付いたのである。彼女は，このように行動することでいくらかの変化を起こせると知っているため，手を振ったり，スプーンを押しやったり，抗議の音を立てることができるのである。ローワンはまた，「イヤイヤイヤ」と言うこともできる。これらの行動の結果として，ローワンは食事に対して早い決断を行ない，自分の高椅子からうまく抱き上げられることに成功するのである。

図1-10　10か月のローワンは，何も欲しくないときに効果的に異議をとなえる

5 生後1年以内に生じる構音

① 泣き叫び

　泣き叫ぶことは，両親に自分の欲求を伝える赤ちゃんの最も初期の手段である。泣き叫びは，赤ちゃんの内的な身体状況（たとえば空腹や痛み，不快など）に対する反応の現われであったり，もしくは動揺や怒り，孤独感，欲求不満を示している。赤ちゃんの運動スキルと言語スキルが発達するにつれて，欲求を両親に知らせる信号としての泣き叫びへの依存は薄れていく。とくに初めて親になったり，孤立した親で，泣き叫ぶ子どもにどのように対処したらよいかわからずに頭を悩ましている親は，全英出産協会（National Childbirth Trust）

のような組織を通じて他の親とふれ合うといいだろう。同じような状況にいる他の親に会う機会は，情報を得るうえで有益であり，支えとなりうる。

❷ 特別な泣き叫び

ある両親は，自分の赤ちゃんが空腹のような特異な状態に対する反応としての「特別」な泣き叫びを認識するようになる。他人にとっては，いろいろな泣き叫びを区別するのはより難しいに違いない。とくに新米の母親にとっては，なぜ赤ちゃんが泣いているのか，その原因を探し出すのは非常に難しいであろう。赤ちゃんは飲食後ちょうど1時間くらい経過すると，自分が空腹であることを再び信号で発する。その赤ちゃんは，養育者の敏感で応答的な努力にも関わらず，泣きつづけるかもしれない。重要なのは，私たち大人がそうであるように赤ちゃんも，一人ひとりが行動や要求という点で違うということを覚えておくことである。最初の数か月および数年間における乳児の泣き叫びの発達の医学的重要性に関する詳細な情報については，バーら（Barr et al., 2000）とレスター，ザカリアとボーキディス（Lester, Zachariah & Boukydis, 1985）を参照してほしい。次に異なったタイプの泣き声と赤ちゃんの泣き叫びに共通している理由の概要について述べていくことにする。

❸ 空腹と不快，痛み，疲労，イライラ，退屈

空腹の泣き声は，典型的にはリズミカルである。すなわち，泣き，息継ぎ，泣き，そして先立って軽くブーブーと泣いたり，鼻をすすってすすり泣いたりすることが先行する（Stark et al., 1975）。痛みに対する反応での泣き声は，高いピッチが特徴的であり，頻繁にピッチが急変する（Stark et al., 1975）。泣き始めは突然で，それぞれの泣きの間に成年で見られるような，胸を抱く様子が見られる。不快の泣き声は，痛みの泣きのように大きくもかん高くもなく，泣いている途中に息を吐く時間が他の泣きと比べて一般的に短い。

ほとんどの赤ちゃんが，冷えるのを好まない。また，着せられている物も好まず，引っ張って着るセーターなどの多くを脱いでしまう。泣くことの他の理由として，一人で食事をすることや，過剰な刺激にさらされること，過剰な疲れ，イライラなどがある。赤ちゃん，とくに小さな赤ちゃんは，養育者と身体

的ふれ合いを強く保っている必要がある。抱きかかえられるまでは，ひとりでいることで不安を感じるのである。非常に明るい光や大きな音は，赤ちゃんの感覚機能ではそのような激しい入力に対応しづらいため，赤ちゃんを動揺させる。

　過度な疲れは，よくあることではあるが，たびたび見過ごされ，泣く原因となる。ほとんどの養育者が，その信号に，とくに赤ちゃんが大きくなるにつれ，また，鼻をすすって泣くような泣き声になると気づくようになる。しかし，最初に過度に疲れた赤ちゃん，とくにたとえば成長期のように眠りたいという要求が数週間の間に大きく変わる赤ちゃんの場合には，その子の泣き声を解釈するのは養育者にとってたいへん難しいであろう。

　赤ちゃんは，動くものを持つのが好きである。空中で踊る人形を見るのが好きで，幾何学模様や顔写真にうっとりするようになる（Olson & Sherman, 1983）。その後，がらがらで音を出すといった，できごとを起こすことを好む。自分の人形が一時的に自分から遠ざけられたりすると，赤ちゃんはじらされて泣くだろう。発達しつつある，しかし限られた運動スキルのために，興味をもった物に接触しないでただ手を伸ばしているようなだけでゴールに達成できない状態であると，赤ちゃんはイライラして泣くであろう。不器用な動きや赤ちゃんが今いる場所から遠ざかる動きの遅さ，もしくは運動能力不足が，その子の望みを妨害し，イライラの涙をもたらすのである。

❹ 恐　れ

　生後7か月以上の赤ちゃんは，見知らぬ人という怖さからもまた泣くだろう（Emde et al., 1976）。恐れの発達は，重要な感情的段階および知的段階を知らせるものである。赤ちゃんは見知らぬ人の腕に抱き渡された時や，もしくは過度に熱狂した友達が心地よい状態にある赤ちゃんのところへ顔を近づけすぎると，突然激しい泣き叫び声をあげる。以前には抱き渡されることに抵抗を示すことなしに受け入れたことがあっても，10か月ごろかそれよりも少し前までには，その赤ちゃんは何が，そして誰がなじみがあり，自分の環境に属しているのか，そして何が，誰が，そうでないのかという答えを出すことができるようになる（Sroufe et al., 1974）。自分にとってなじみのある世界の一部分でない

なら、どんな物に対しても、またどんな人に対しても、疑い深くふるまうようになる。なじみの人々が誰か見知らぬ人と一緒に自分を残して立ち去ったりすると、もしくは自分がとても非常に慣れない状況にいることに気づくと、その子は不安になって泣き始めるであろう。

6 1歳を過ぎて泣き叫ぶこと

泣き叫ぶことは多くの状況で養育者とのコミュニケーションに重要な手段となるため、赤ちゃん、あるいはそれよりも大きくなった子どもであっても泣きつづけるであろう。赤ちゃんの感覚、運動、認知、社会的スキルが発達するのと同様、コミュニケーションスキルもまた発達する。これらの生後数か月での赤ちゃんの泣き声に対して、大人が耳を傾け、理解し、反応する時、大人はそれをとおして、子どもが大きくなった時に使用するであろう、より複雑なコミュニケーション手段の基礎を築いているのである。

7 発声から喃語へ

① 構音に解剖学的特徴の変化が及ぼす影響

人間が発生する音の範囲は解剖学的構造に強く関係しており、その構造は時間を経て発達する（Bosma et al., 1965）。誕生時、口の中の空間は狭く、赤ちゃんの舌でほとんど完全にすき間がうまっている（図1-11，8ページの図2も参照）。また、喉頭はのどのかなり上部にあり、そのことが声の音質に影響している。誕生後数週間および数か月にわたる頭部と頸部の急激な成長がより多様なタイプの音の生成をうながす。

② 自立神経性の音声

とても幼い赤ちゃんのほとんどは、誕生後8週間の間、もしくは今後の人生

においてもそうであるが，泣き叫ぶためだけではなく，ある範囲の音を出すために声を使用する。最初の8週間で，赤ちゃんは，とくに少し活発な時に，ため息をついたり，ブーブーと言ったりする（Stark, 1986）。赤ちゃんは，とくに快適ではない時に，騒いだり，ゲップをしたり，唇と舌で出す下品な音を出したり，短い悲鳴をあげたり，「イー」「ウー」「アー」といった母音のような音をい

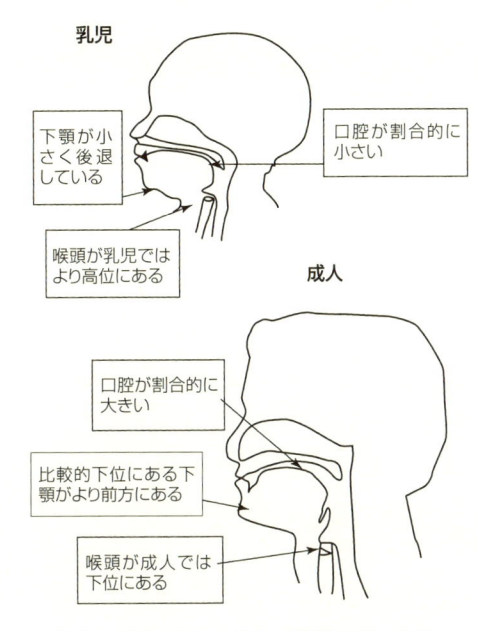

乳児
下顎が小さく後退している
口腔が割合的に小さい
喉頭が乳児ではより高位にある

成人
口腔が割合的に大きい
比較的下位にある下顎がより前方にある
喉頭が成人では下位にある

図1-11 乳児と成人の口部および咽頭の構造の相違

くらか言ったりする。このまさに最初の数週間に見られるこれらの音は，泣き叫ぶことへとつながる役割を果たす。赤ちゃんが少しずつ大きくなるにつれて，他の場面で，とくにうれしい時などにこれらの音を使うようになるが，スターク（Stark, R.E.）はこれを自立神経性の音声（vegetative sounds）と命名している。

表1-1 誕生から生後6か月までの発声発達の要約

誕生から生後6か月までの発声発達の要約	
誕 生	泣き叫びと成長する音
2か月	クックと言って喜ぶことと，ゴクゴクとのどを鳴らすこと
4か月	発声遊び——悲鳴，叫び，巻き舌の発音
6か月	喃語

❸ クーイング（クックと言って喜ぶこと）とガーグリング（ゴクゴクとのどを鳴らすこと）

　生後約8週間で，赤ちゃんはとくに知った顔や人が自分に話しかけてくるのに反応して，ゴクゴクとのどを鳴らしたりクックと言って喜んだりすることを始める（Stark, 1986）。ゴクゴクとのどを鳴らしたりクックと言って喜んだりする音は，のどにある口の裏の筋肉と軟口蓋が長い母音を発している間，舌の裏で接触を中断させた時に出る音である。'k' や 'g' の音は赤ちゃんが「クー…ガー…」とクウクウ泣いている時に聞き分けられ，この時期の発声発達として取り上げられる。生後2〜3か月の間で，赤ちゃんは話しかける人々や，もしくは他の発声音にたびたび反応し，時々一緒に2音節以上の発声 ── アー，イー，クァー を示す（Bzoch & League, 1991）。

❹ 笑いと発声遊び

　生後12週から後では，泣き叫ぶことが著しく減少し，16週くらいになると絶え間ない笑いが生じるようになる（Stark, 1986）。次の2か月の間，赤ちゃんは「発声遊び（vocal play）」に夢中になる。大きな叫びや高いピッチの悲鳴，低いピッチのうなり声，唇を音をたてて離す，唇と舌で出す下品な音を鳴らす，より広い範囲の母音と「ムムムー」「アーン」などのいくつかの子音／母音のつながりなどがこの時期を特徴づけている。引き伸ばした母音の音と一緒に 'b' や 'p' や 't' や 'd' などの音が起こる。発声遊びの中で生成される広範囲の音は，初期のころに見られた快適な時にクックと笑う音から6か月ごろに生じ始める本当の喃語の音への移行期を示している（Stark, 1986）。赤ちゃんは様々なコミュニケーション状況の中で，発声遊びの音を出す。たとえば，大人と一緒に交互に発声するゲームにおいて，それは，自分が欲しい物や人を見る時，あるいはそれに手を伸ばす時，たびたび赤ちゃんから始めるのである（Bzoch & League, 1991）。今あげた例でいうと，赤ちゃんは自分の欲しいものを要求している，もしくは自分を抱き上げてほしいとある人に要求しているというように養育者は，こうした赤ちゃんの行為を解釈する。大人は，もはや赤ちゃんが怒っているかどうかを伝えるための泣き声に頼らず，何かで喜んでいても，発せられる赤ちゃんの発声を聞くことでその要求にこたえることがで

8 喃語から初期の単語へ

① 喃語の機能

　ほとんどの人が喃語だと思うひとつづきの繰り返された子音／母音と母音のつながり ──「ママ」「ババ」「ナナナ」「ダダダ」は，生後約6か月で発生する（Locke, 1993）。ロックの示唆によれば喃語は，しっかりしてきた調音運動の制御と感覚器のフィードバック組織の機能的統合を表わしている。喃語は，初期のクックという笑いと一緒に起こるように，社会的刺激への反応で生じるだろうが，多くの赤ちゃんは，自分なりのやり方で自分にはたらきかけている時により喃語を話す（Stark, 1986）。相手からの反応だったのが，バブバブと返すことで赤ちゃんが喃語を発するようになる儀式的な喃語模倣ゲームは，その後に，赤ちゃんが話し言葉を使うようになることを手助けするものと考えられている。もっとも，赤ちゃんが自分の出した音を聴覚的にフィードバックすることは，喃語の発達をうながすのに重要な役割を果たしてはいる。赤ちゃんがこの段階で喃語の中に使用する子音の範囲は限られており，また数か月後に初期の単語として発現する中に含まれている（Locke, 1993）。これは，世界中の赤ちゃん，すなわちすべての言語に当てはまることである。ロックは，喃語で生成される音と，より年長の赤ちゃんや談話の初期段階にいる子どもたちが生成する話し言葉の音との間には，一貫性があることを実証している多くの研究について述べている。彼は，喃語の機能のひとつは，赤ちゃんにある範囲の「話し言葉のような音節と分節［音］の範囲を提供することであり，それは表現上の辞書［語彙］が発達する前に，あるいは発達している間により精緻化されると示唆する（Locke, 1993, p.208）。話し言葉はバブバブと言うことから直接に発達しないが，喃語の始まりは，話し始める準備態勢（レディネス：readiness）に神経学的発達状態がいたっていることを示すのである。赤ちゃんは喃語を楽しむ。喃語は遊びの一形態であり，そのため健康で，幸福な赤ち

ゃんの兆候であるとみなされるのである（Locke, 1993）。

❷ 目的をもって音を使用するまでの移行

　赤ちゃんは，他者とかわるがわる音を生成しつづけ，相手の反応を注意深くお互いに聞くようになる。7か月くらいになると赤ちゃんは，自分が名前でよばれた時に半分くらいの確率で声を出す（Bzoch & League, 1991）。人を見た時に赤ちゃんは，声の大きさやピッチに変化をつけながら，笑ったり，また体を動かしたりしながらある範囲の音を発する。大人はこういった赤ちゃんの行為に対して，赤ちゃんが他の人間に興味を示し認識しているのだと解釈する。

　8か月くらいになると赤ちゃんは，言葉—行為ゲームに関連するような音とジェスチャーを生成するようになる。これらのゲームとは，'Pat-a-cake'（童謡に合わせて両手をたたく子どもの遊戯）や「いないいないバー」，'Row your boat'（船こぎ遊び）などである。これらは大人の解釈では，赤ちゃんがゲームのどれかひとつか他のものかを要求しているとされている。これらは，英語を話す家族が遊ぶ，言葉—行為ゲームの例である。すなわち，同じテーマにそった変形版は世界的に見られる。赤ちゃんはもはや，他者の興味を引きつけるために自分の声を使用し始め，たとえば，大人がいる部屋とは別の部屋に自分がいるときに大声で叫んだりする（Bzoch & League, 1991）。

❸ ジャーゴン

　生後約9か月目くらいで赤ちゃんは，異なった子音や母音を喃語の中で結合させる。また，使われる子音の範囲は，'g' や 's' の音や，'loch'（湖）の中の 'ch' のように他の「シュ」というような音を含むようになる（Stark, 1986）。それらは「バブー…アマユー…ウィヨー」のように聞こえるかもしれないし，「ジャーゴン（ジャルゴンとも）（jargon）」として知られている。ジャーゴンの引き延ばしはかなり長く，ひとつの文章のようであり，近いところからだとまるで赤ちゃんが本当に文章を話しているかのように聞こえる。さらに，赤ちゃんが他の人の声や周りで聞こえる文章の抑揚パターンを真似するのに加え，赤ちゃんはジャーゴンの中に，様々な抑揚パターン（それはあたかも外国語を話しているかのように聞こえる）を使う。このころの赤ちゃんは，電話で

遊んだり一般的な遊びを行なっている時や，本の中の絵や写真を見たりしている時にジャーゴンを使用する。ジャーゴンと短い感嘆口調（オーのような）との間に大人は本当の単語を把握することができる。

❹ 音の模倣ゲーム

　大人と一緒にする儀式的な音の模倣ゲームは，この段階ではよく見られる。たとえば大人が「ムムムムム」という音を言い，それを赤ちゃんが真似をする。それを今度は大人が真似をする，などである。これらのゲームでの役割交代は，長い間つづく。また赤ちゃんは，言葉―行為ゲームで役割をとることや注視，行為，音，ジェスチャーをともなっておもちゃで遊ぶことも楽しむ（Bzoch & League, 1991）。

❺ 原言語

　複数の著者ら（Bates et al., 1975）が，この段階の赤ちゃんが心の中に目標をもちながらコミュニケーションを行なっているという観察例に焦点をあて重要性を説いている。赤ちゃんのコミュニケーションは明らかに「意図的」であり，かなり社交的になる。ある音を機能的に使ってポイベー（ギリシア・ローマの神，月の女神であるアルテミスの呼称のひとつ）の対象注視と指さしを交えた「えいっ！」という言葉が「あれを私にちょうだい」という意味で使われていたように，赤ちゃんはそれが単語であるかのように，特定の音を機能的に使用するのである。

　このような赤ちゃんの継続的な音の使用は特異なことであり，必ずしも取り囲む言語との関係を生むわけではない。これらの機能的で持続的な音のパターンは研究者らによって不定期に「原言語（protowords）」や「音感語（vocables）」とよばれている（Dore et al., 1976; Ferguson, 1978）。赤ちゃんは，尋ねるような抑揚で音を発しながら何かを指さして「あれはなに？」という問いで「質問する」だろう。

❻ 単語の発現

　生後約12か月くらいで赤ちゃんは，単語という認識できる形のいくつかの単

語をうまく発するようになる（Bloom & Lahey, 1978; Locke, 1993）。特徴としては，赤ちゃんが同じ単語を発音する方法は発音するたびにわずかに違っていることがあげられる（Stackhouse & Wells, 1997）。たとえば，11〜15か月の間に，ローワンの'Pear'の発音はたくさんの他の単語の中で，'bear'，'bah'，'buh'，'boh'，'pear'と'pah'を含んでいた。この初期の単語の発音の特徴から子どもの話し言葉の運動制御は，安定した発音が期待できる前にうまくできていることがわかる（Stackhouse & Wells, 1997）。語彙発達の割合は，子どもの間でかなりの個人差がある。それらについては次の章で述べていく。

❼ 音の生成段階と非言語コミュニケーションの継続性との重複

重要なのは，これまで概観してきた各段階にかなりの重複があることを十分に理解することである。実際，単語を使う初期段階の子どもは，突然喃語がやんだりジャーゴンを使わなくなったりするのではない。指さしのような会話的なジェスチャーが発現するのは赤ちゃんがバブバブと言い，ジャーゴンを使う生後9か月あたりである。指さしは本物の単語が確立した後でも長い間大人でも使われつづけ，話者が何を言っているのか，もしくは話している言語を補足しようとしているのかをわかりやすくしているのである。

第1章の要約

●聞き取り，注意，傾聴（注意して聞くこと）

①赤ちゃんの聴覚は，誕生の時点で（完全ではないが）よく発達している。赤ちゃんは生まれながらに人間の声，とくに母親の声に耳を傾けることを示す証拠がある。
②赤ちゃんは，生後1年間をとおして，自分が注目したい話に対してより選択的になり，また生後1年目の終わりには，話に注意深く耳を傾け聞いている。

●初期の言語理解に向けて

③赤ちゃんは，経験や遊びをとおして，自分たちの世界に存在している物やできごとや人々についての概念を発達させる。子どもは，それらの対象に言葉のラベルを結びつける前に，対象の概念をもつ必要がある。

④言語が話されている状況の諸側面が，赤ちゃんの言語理解の発達を支える非常に重要な情報を与えている。

●生後1年目のコミュニケーションスキルと表現スキル：なぜ赤ちゃんはコミュニケートするのか？

⑤生後間もなくから，赤ちゃんは社会的動機を表わす。これはコミュニケーションスキルを発達させる文脈を提供する。

⑥赤ちゃんは，顔と声で伝達される人間特有のコミュニケーションの側面に特別な興味を示す。

⑦生後1年の間に，赤ちゃんと母親とのやりとりにおける焦点は，相手の感情状態から交流ゲームの活動，興味のあるおもちゃや食べ物などの対象へと次第に移っていく。

⑧生後1年の終わりに向けて赤ちゃんは，自分の環境に変化を引き起こすために，楽しみながら意図的に自分のコミュニケーションスキルを使用できるようになる。

●どのように赤ちゃんはコミュニケートするのか？：注視，運動，ジェスチャー

⑨赤ちゃんは，次第に他の人々が感情をもっていることやあるものに注意を向けていることを学び，徐々に他者と注意の焦点を共有する能力を高めていく。

⑩注視や運動，ジェスチャー，声を出すことの様々な組み合わせは，他者の注意を自分の興味があるほうへ向けさせようとするのに役立つが，赤ちゃんはそれを生後1年の終わりにはできるようになる。

●生後1年以内に見られる構音

⑪泣くことは，何かがよくないということを母親に対して伝える赤ちゃんの初

⑫音の生成は，時に赤ちゃんの発達しつつある体の解剖学的構造に影響を受ける。
⑬自立神経性の音声は，生後8週間のうちに作られ，その後クーイングやガーグリングがつづき，生後12週ごろにはさらに声を出して遊び，笑うようになる。
⑭生後7か月前あたりで，赤ちゃんは喃語と合わせて音を出している。原言語の発現につづいて，ジャーゴンが出現し，生後1年の終わりに向けて正式な単語が出現する。

Key skills☆ 1-1　通常 3か月 までに達成されるコミュニケーションスキル

・泣き叫ぶ。
・人やおもちゃを見て笑う。
・人やおもちゃを注視する
・アイ・コンタクトを行なう。
・手の中にあるものを軽く握る。
・母音様式の音を出す。
・クックと笑ったり，のどをゴクゴクと鳴らしたりする。
・突然の大きな音にビックリした反応をする。
・話者の顔を見て話に反応する。

Key skills☆ 1-2　通常 6か月 までに達成されるコミュニケーションスキル

・声に表われる警告や怒り，親和の音調理解が現われる。
・家族のそれぞれの名前を認識しているようである。
・自分の名前を認識している。
・大人と行ったり来たりする声のゲームの役回りをとる。
・いくつかの子音もしくは組み合わせ（たとえば b, p, t, dと母音の範囲）が初期の喃語の中に含まれている。
・ひとりの大人が見ているものを見る。
・童謡に合わせて両手をたたく遊び（pat a cake）のような交代するゲームに参加する。
・見たり触ったりすることで物を探索する。
・人々がしていることを見るのに非常に興味を示す。

Key skills ☆ 1-3　通常 9か月 までに達成されるコミュニケーションスキル

・自分の名前が呼ばれたら動きを止める。
・自分の名前を呼んでいる人のほうを見る。
・「ダメ」に対する反応として動きを止める。
・子音の範囲で調整された喃語が出る。
・ジェスチャー（通常は指さし）や発声でものを要求する。
・他者が指さした対象を見る。
・他者が要求したものを与える。
・決まった行為を要求に応じて行なう（たとえば「バイバイ」と手を振る）。
・自分の環境の中で，少ないが非常になじみのある物の名前を理解する。

Key skills ☆ 1-4　通常 12か月 までに達成されるコミュニケーションスキル

・いくつかの物の名前を理解する。
・ある言葉での要求に適切に反応する。
・ある要求（たとえば「バイバイと言って」）に対して適切な言葉の反応を行なう。
・長く調子よく引き伸ばすように人やおもちゃに「話しかける」。
・1語から3語，もしくはある程度一貫性のある近似した言葉を使用する。
・話しかけられたことに反応して声を出す。
・要求したり，何かについて述べたり，抵抗を示すために，注視やジェスチャー，発声，単語もしくは近似の単語を組み合わせて使用する。
・特有な，しかもはかないやり方でおもちゃや物の使用を実演する（たとえば，くしの歯を髪にあてておめかしをする。子どもベッドでブランケットを人形にかけるが人形の顔にはかけないなど）。

Warning signs! 1-1　3か月児 の発達遅退の可能性を示唆する警告サイン

・笑わない。
・声を出さない。
・空腹や痛みの信号として泣き叫ばない。
・頭を音のするほうへ向けることがない。
・両親が関わろうとした時，心配になる，もしくは不安になる。

Warning signs! 1-2 6か月児の発達遅滞の可能性を示唆する警告サイン

・話者のほうを見ない。
・動く物を目で後追いしない。
・子音や母音を使った喃語を発しない（たとえば「マ」「バ」「グゥ」）。
・泣き叫ぶのとはかけ離れて，静かである。
・両親が関わろうとした時，心配になる，もしくは不安になる。

Warning signs! 1-3 9か月児の発達遅滞の可能性を示唆する警告サイン

・社会的なやりとりをするゲームに興味がない（たとえば，いないいないバー）。
・自分の名前を認識していない。
・たくさんの音を出せない。
・喃語をつなげて発せない（たとえば「マママママ」「ババババ」「ガガガガガ」）。
・音を出すおもちゃに興味がない。
・両親が関わろうとした時，心配になる，もしくは不安になる。

Warning signs! 1-4 12か月児の発達遅滞の可能性を示唆する警告サイン

・なじみのあるものの名前があげられた時に，そのものだと認識していない。
・自分の名前が呼ばれた時に頭を話者のほうに向けない。
・多くの調律できた喃語を発さない。
・人さし指の方向を見ない。
・両親が関わろうとした時，心配になる，もしくは不安になる。

第2章 1歳から2歳までの間（生後2年目）

> **ポイント**
> - 言語発達において重要な発達段階と，遊び，認知，注意，傾聴における諸発達との結びつき。
> - 生後2年目のコミュニケーションスキルの発達とコミュニケートする理由。
> - 重要事項の要約：生後2年目で一般的に達成されるコミュニケーションスキルの表，コミュニケーション障害の有無を識別する手助けとなる警告サイン表。

1 注意と言語学習

　生後2年目の間は，パズルなど子どもが注意を向けた行為であっても，取り組むことができる時間は状況によってバラバラである（Reynell, 1980）。時として非常に長い間集中することができるが，別の状況においては，非常に短い時間しか集中することができない。生後2年目の初めのころは，ひとつの課題に集中する子どもの能力は非常に不安定である。というのも，その課題に関係のない刺激を無視する必要がある時に，子どもの注意能力に柔軟性がなく，それを無視することができないためである。この段階の子どもは，他者からの視覚的ないしは言語的介入に反応することが難しく，また子どもの課題を他者が変更しようとしてもそれに柔軟に対応できない。したがって，「このころの子どもは扱いにくい」と言われたり，時として難聴を疑われることさえある。それは，子どもの注意が「単一チャンネル状態（single channeled nature）」の

ためである（Reynell, 1980）。

　彼らがある行動に取り組んでいる間，自分たちに話しかけられる言葉に対して注意を払ったり，その言葉に反応する能力は，その言葉が取り組んでいる行動に本質的に関係しているか否かに影響される。これは，この段階の注意が，単一チャンネル状態であるということと関係しており，視覚，聴覚，触覚情報の統合は，より後の段階になって見られるようになる。

　生後2年目の子どもは，表出する言葉の量やタイプの両面において，非常に個人差があるということが多く報告されている。トマセロと共同研究者たち（Tomasello & Todd, 1983; Tomasello & Farrar, 1986）の研究は，この事実を説明するのに貢献している。これらの研究は，母親の関わり方と子どもの注意の要素，および事物名称の学習との間の相互作用に注目している。トマセロとトッド（Tomasello & Todd, 1983）は，母子が分かちもつ，共同注意の確立や維持に関する能力の差異が，子どものその後の言語発達に関係していることを見いだした。また，トマセロとファーラー（Tomasello & Farrar, 1986）は，15か月における共同注意を含むエピソードを母子が共有する時間量は，21か月における語彙量と正の相関が認められるとする，マンルとクルーガー（Mannle & Kruger, 1986）の知見を引用している。これにともなって，注意の対象を共有することを中心とした，非言語的な相互作用を早期から共有することは，子どもの言語的な相互作用にとって支援となることが見いだされてきている（Tomasello & Farrar, 1986）。また，この効果は生後2年目の後半までつづくことがわかっている。

　トマセロとトッド（1983）によると，21か月になると言語発達が進んでくるため，子どもの注意が向いているものの名前を母親が言うと，子どもは事物の名前と自分が参照しているもの（reference）とを結びつけやすいという。このようにして子どもたちに言葉を紹介する時に，子どもを中心にすえた相互作用のやり方をとる母親の子どもは，より多くの言葉を学習する。母親の相互作用のスタイルに関する要因は，言葉をどのように紹介するかといった他の要因というよりはむしろ，その後に，子ども自身がどのように言葉を学習するかに関する強い決定因子になることがわかっている。自分の子どもが何か新しいものに注意を払っている最中に話しかける母親は，子どもとの間に言葉を学習す

るのに必要な注意の共有を図ろうとしない。母親が事物の名前を言う時に，子どもの注意をあらためてそちらに向けさせようとすると，事物の名前とその事物を一致させるためには，子どもは大人の注意と共同させるために，自分の注意をその方向に移す必要がある。前の段落で概略したように，この段階の子どもたちにとって，このように注意を移すことは非常に難しい。さらに，大人が言語的であれ非言語的であれ，子どもの注意や行動をある方向に向けさせようとすることと，21か月における全語彙量における事物の名前が占める割合との間には，負の相関が認められることが示されている（Tomasello & Todd, 1983）。

2 遊びとシンボル理解

　生後2年目の子どもの遊びは，彼らの世界についての理解の発達，すなわちシンボル理解（symbolic understanding）と概念的なカテゴリー化（conceptual categorization）を反映している。認知的なスキルが言語発達にとって必ずしも前提条件ではない（Paul, 1995）とされる一方で，ある種の遊び行動は，特定のコミュニケーションの発達に随伴して頻繁に観察される。表象遊び（representational play）とは，ある事物をその機能やそれが表わすもの（表象）どおりに扱いながら行なう遊びである。ベイツら（Bates, Bretherton, Snyder, Shore & Volterra, 1980）の研究は，1語期において，ラベルとしての言葉の使用と，ある事物を日常生活の文脈の外ではある（遊びの中でくしやスプーンを適切に扱うように）が，通常の目的で用いる初期の表象遊びとの間には，密接な関連があることを明らかにした（Paul, 1995より引用）。1歳において，子どもは事物を区別して扱い始める。スプーンは口に持っていき，おもちゃの車は押して遊び，人形は抱っこする。このような区別した取り扱いができるということは，事物を分類する能力が発達しつつあることを物語っている。どのように，子どもたちが事物をカテゴリー化しているかにあわせて，多くの親が，事物をラベリングする方法を変えているという結果が見いだされている。このことは，どのように言葉が事物と関連しているかを部分的に物語っている。

例2-1 大人の事物へのラベルづけは，子どものカテゴリー化に影響を与える

　生後14か月のルビーは母親にブタのおもちゃを見せ，本当のブタを見た時やブタのおもちゃで遊ぶ時，ブタの絵を見た時と同じように，「ブーブー」と鼻を鳴らす。母親は，「そうね，ブタさんね，ブーブー」と声をかける。この言葉を話しかけるに際して，ルビーの中で発達途上にあるカテゴリー化の能力と「共同（collude）」し，彼女が現時点でもっているカテゴリー化の枠組みに従っておもちゃに名前を与えている。

図2-1　14か月のルビーが母親にブタのおもちゃを見せる様子

（吹き出し：そうね、ブタさんね。ブーブー。／ブーブー）

　生後2年目の半ばになると子どもは，ヒトや動物，食べ物といった大まかなカテゴリーにおもちゃなどの事物を分類するようになる。また，ほぼ同年齢で，色による分類も行なうようになる。表象遊びが発達することで，14か月までに，髪をとかしたり電話で話をするといったような簡単な行動のふりをし始める。これに引きつづいて，お茶をコップに入れたり，スプーンでボウルの中の食べ物をきれいにかき集めて，人形にそれを与えるといった簡単な一連のふり遊び（pretend play）を行なうようになる。もちろん遊びの中にその他にもたくさんの発達が見られるが，ここに含まれるものは言語理解と密接に結びついた遊びの側面である。さらにそのすぐ後に語連鎖（combine words）が始まると，子どもは遊びの中でも人形に食事を与えてお風呂に入れるふりをするといった行為の連鎖を生み出すようになる。象徴機能の発達が，生後2年目をとおして徐々に見られる。シンボルとは，何かを「表わす（stand for）」ものである。たとえばおもちゃのコップや絵のコップは，コップの概念を表わしうるものである。シンボルの理解は段階的に増加していくため，子どもは増加していく事物やできごとに関する任意の表象とそれに関連する概念を結びつけることができる（Cooper et al., 1978）。生後2年目をとおして発達するシンボル理解，それに関連した遊び行動の発達段階については，表2-1にまとめて示してある（この表は，Paul, 1995とCooper et al., 1978をもとに作成したものである）。

2. 遊びとシンボル理解

表2-1 生後2年目におけるシンボル理解の発達段階

年齢範囲	シンボル理解の段階	遊び行動
12～14か月	もの（事物）の認識：ものの概念は，特定の状況を超え，知覚的に似ているすべての事物に対して脱文脈化する。したがって，子どもが入浴時に使う自分のスポンジに関する概念は，すべての状況における，どの実物大のスポンジに対しても一般化される。この段階は，早期のシンボル理解の直前に生じる。	短時間ながらも，くしやコップ，ブラシ，スプーンのような日用品を日常的な文脈とは離れたところで適切に使用する。たとえば，くしを手に取り，髪にあてたり傍らに置いておく，受話器を取り，耳にあて，その後下ろすなど。
15～18か月	大きな人形を使った遊び：子どものものに関する概念が発達していくうえで，大きな人形を使った遊びは，日常生活や表象する事物と密接な関連がある。この水準での表象遊びでは，現実の事物と非常に似ている簡単なシンボルを用いる。	行為をとおして，主題が関連したふたつのおもちゃを結びつける。初期の演劇的な連続性（役の連続性・ひとこま）が演じられる。たとえば，人形の髪をとかす，人形にご飯を食べさせる，お皿の上にコップをのせ，そのコップの中にスプーンを入れるなど。遊びの連続性は，徐々に量がふえるとともに複雑になっていく。
18～21か月	小さな人形を使った遊び：この水準の表象遊びでは，より難しいシンボルが用いられる。小さな人形を使った遊びは，彼らが表象するもの（事物）と，知覚的には結びつきが少ない。	行為をとおして，ふたつ以上の主題が関連したおもちゃを結びつける。後半になると，行為のひとまとまり（ひとこま）を最後まで演じきるようになる。たとえば，人形に食事をさせ，お風呂に入れ，ベッドで寝かせる。
18～24か月	2次元のシンボル：絵や写真を認識する。絵や写真は，子どもたちが表象する事物と知覚的な類似点が少なく，この段階の子どもにとっては，最も難しいシンボル理解の段階を内包している。白黒の写真や線画よりも，カラーのシンプルな写真のほうが，参照する事物とより密接な類似点をもっており，理解できる。	前半は，現実の事物と絵や写真を一致させる。後半においては，おもちゃと絵を一致させる。

3 意味理解

　発達の初期においては，子どもは特定の文脈において話されたり，身振りがともなう場合において特定の言葉や熟語を理解するだけである。ところが生後2年目になると，発話の理解はますます発達しつづけるが，その多くは文脈に強く結びついた（context-bound）状態のままである（Myers Pease et al., 1989）。この段階では，子どもはまだ真の意味で言語理解を獲得したとはいえない。真の意味で言語理解を獲得したといえるのは，文脈の助けがなくても事物やできごとを言語的ラベルで同定できる能力が獲得された時である。この段階の子どもは，その状況を把握したり，自分が聞いた言葉を理解するために非言語的方略（nonlinguistic strategies）を用いることで，多くの言葉を理解しているかのように見える。たとえば，子どもにとって家庭のような自然な状況においては，例 2-2 に示すとおり，「ゴミ箱に入れて」といった教示に対して適切な反応を示すが，この場合，子どもはまったく言語理解を示さなくとも，その教示に従うことができる。

① 言語の内容

　言語の内容，言い換えるならば，人々があることについて話していることや相手の言ったことを理解することは，世界の事物やできごとや自分が知っていることに対する考えや感情や態度と関連している（Bloom & Lahey, 1978）。子どもが，話をしたり他者が話したことを理解することは，少しずつ記憶に貯蔵されていく知識から引き出される。子どもの知識は，周囲の環境にある事物やできごとについて考えたり感じたりする能力の変化によって影響を受ける（Bloom & Lahey, 1978）。さらに幼児期における言語理解や言語表現に関する能力は，その子どもがもつ利用可能な知識と置かれた状況や文脈によって規定される。つまりそうした能力の発達は，言語の内容を提供する知識と文脈の相互作用によるものである。子どもは，言葉を意味あるものにするために内容のひとつひとつを表わす言葉を学習する必要がある。言葉の意味を学習することによって，子どもは自分の内面（心）について他者に表現することができるよ

> **例2-2　非言語的方略の使用**
>
> 　生後 2 年目のはじめのころ，ローワンは父親の「お手伝い」でキッチンの床を拭いていた。彼女は床に落ちたパンの切れ端を見つけ父親に見せると，父親はゴミ箱を指さしながら，「わー，ばっちいねー，ゴミ箱にポイしよう」と声をかけた。ローワンは，すぐにそれをゴミ箱に入れた。彼女は，床に落ちているものを拾ってゴミ箱に捨てるということをすでに学習していたこと，父親が話しかけながらゴミ箱を指さしていたこと，彼女が父親とやりとりを始めた時にパンの切れ端を持っていたことがきっかけとなり，父親の指示に従うことができたのである。つまり，床に落ちているものを拾ってゴミ箱に捨てるという状況に関して，ローワンがもっている非言語的な知識やこうした状況下でこの段階の子どもがよく用いる「日ごろやっていることをする」方略（Paul, 1995），および父親の身振りによる手がかり，非言語的な知識と手に持ったパンの切れ端との関連づけなどが一緒にはたらいたことで，彼女が父親の指示に適切に反応することができたのである。

図2-2　2 歳初期のローワンが父親の指示に従う様子

うになる。

② シンボルとしての単語

　しかし，単語（word）とは何だろうか。まずは，'teddy' という単語の意味を学習している子どもの例を取り上げてみよう。子どもが持つおもちゃのクマ（teddy bear）が 'teddy' という単語に対する指示対象物（もしくは，参照されるもの）である。このおもちゃをさし示すのに，「テディベア（teddy）」以外により適切な名前（単語の音や文字）がないわけではない。異なった言語体系においては，異なった長さと音節（音域も含む）をもった言葉が同じおもちゃを表わすのに用いられている。つまり，単語とその指示対象との関係は一定ではなく象徴的である。同一言語の話者は，暗黙のうちに異なった事物やできごとや行為に対して，特定の名称を与えることを了解している。したがって，

英語においては，小さく，柔らかい毛で覆われクマに似た手や足や頭をもつ，かわいいおもちゃを「テディベア（teddy）」という。しかし，すべての単語が象徴的であるわけではなく，「バシャバシャ（splash）」のような擬音（オノマトペ）も英語には存在する。たとえば，よく車が「ブルンブルン」，牛が「モーモー」，犬が「ワンワン」とよばれるように，多くの子どもが早期に学習する単語は，指示対象とまったく関係なく任意に結びついているわけではない。指示対象と結びついている単語であれば，幼児にとって学習が容易であるのはそのためである。

ここで問題となるのは，生後2年目の子どもはどのようにしてシンボルとしての単語を理解したり，あるいは使用したり，またその言葉を最初に聞いた文脈から切り離し，ある範囲の中でそれらを創造的に用いることができるようになるのか，ということである。このような，単語の意味理解の発達に関連する言語発達の領域は，意味論的発達とよばれているものである。

❸ 文脈の役割

いろいろな要因が，単語の意味に関する初期の発達に影響を及ぼすと考えられている。これまで述べてきたように，文脈は重要である。子どもが多くの経験をすればするほど，周囲の世界を観察する機会が多くなる。子どもがある経験をしている時に，それらについて保護者が子どもに話しかけたとする。その時，子どもの側に受け入れる準備（レディネス）ができていれば，繰り返し経験し何度も観察したことをとおして発達させてきているその状況に関する理解のうえに，さらに新しく聞いた言葉を位置づけることができる。たとえば，「お風呂の時間（bath time）」という言葉の意味がわかる幼児は，言語理解の初期段階においては，いろいろな状況手がかりに対して反応するかもしれない。つまり「お風呂の時間」とは，その子にとって一日の中でお風呂に入る時間のことであったり，蛇口からバスタブに流れ出る水を見たり，お風呂を連想するもの（スポンジやタオル，アヒルのおもちゃ）を抱えている母親の様子を目にすることであるかもしれない。

しかし幼い子どもが，ある言語的な概念（「お風呂の時間」）をある意味をもったできごと（スポンジやアヒルのおもちゃ，せっけんで泡だったお湯につか

ったり体を洗うという体験）に，あるいはいろいろな文脈に結びつけることができるようになるには，ずいぶんと時間がかかる（Bloom & Lahey, 1978）。できごとに関連した言葉を保護者から繰り返しかけてもらうことで，幼児は言葉の意味と指示対象との間を結びつけることができるようになる。

④ 事物，概念，単語

　子どもが大人と同じ単語の意味（および単語の概念）を獲得するためには，まず大人の概念と一致する事物やできごとや，これらの間の関係性に関する概念を発達させなければならない。生後2年目をとおして起こる概念の発達過程は，ある点では子どもがもつ自分自身や周囲の世界に関する知識の飛躍的な分化と明確化の過程に対応している。34～35ページに戻り，事物と関連する概念の発達に関する導入部の記述を参照してもらいたい。

　この段階の子どもがどのように事物や人物，およびそれらの関係について学習しているかについては，単語を用いるときに時々生じる誤りの中にその特徴を見ることができる。また，これらの誤りは，子どもが単語についてどのように学習しているかについての情報をも提供してくれる。子どもは，いくつかの発達段階を経過する中で，同一言語の成人話者と矛盾なく一致するようになるまで，単語の概念や意味について自分がもっている考えを確認（仮説検証：hypothesis testing）しつづける（Bloom & Lahey, 1978）。

■ 単語に関する知識の発達

　生後2年目の子どもは，いろいろな状況で単語を使う。また大人の単語の使い方とは必ずしも一致しないやり方ではあるが，自分たちをとりまく世界をさし示すために単語を使用するということがよく報告されている。

　ただ幼児がひとつの単語を口にしたからといって，その子がその単語を理解していると仮定することはできない。たとえば，「テディベア（teddy）」という言葉を理解しているということがらの中には，以下のことが含まれている。

①その単語が，柔らかく，毛に覆われて，クマに似た顔をもつおもちゃをさし示すことを知っている。

②状況や文脈が若干異なったとしても，その単語が，その子が持っているテディベアだけでなく，世界中の他のテディベアをもさし示すことを知っている。
③他の単語と組み合わさった時にも，その単語の意味を知っている。たとえば，大きなテディベア（big teddy），小さなテディベア（small teddy），私のテディベア（my teddy），フォーベのテディベア（Phoebe's teddy）などの違いを理解している。
④テディベアという単語は，共通した特徴（この例の場合，子どもが遊ぶ時に用いる事物という機能）からおもちゃ（toy）とよばれる単語のカテゴリーに分類されているということを知っている。

　上記のような単語に関する知識の発達は，子どもの中では意識されないものである。すなわち子どもは，自分が単語について知っていることがあるということを知らず，そのためにそれを支えている事物や関連する概念についても気づいていない。また，もうひとつ重要なことは，ある子どもがある単語をある文脈の中で適切に用いることができるからといって，その子どもがその他の異なった文脈においても適切に単語を用いることができるわけではない。単語理解の発達はゆるやかであり，12か月ごろから始まり，就学ごろまでつづく（Bloom & Lahey, 1978）。
　子どもは，ひとたび単語と経験の要素を結びつけると，それを様々な文脈で用いることで，単語の意味に関する理解を確かめ始める。子どもは，自分がもつ単語の意味に関する概念が安定するまで，その理解を調整する必要がある。たとえば，子どもが話したことに対して周囲の環境から大人が応答するなどのフィードバックがあれば，子どもがそうした調整をするのに重要な手助けとなる。子どもがもつ単語の概念と大人の概念が，一致するようになるのはこの時である。単語について安定した理解を獲得するまで子どもは，以下に示すような様々な方略を組み合わせながら用いるだろう。

❺ 単語の意味の過小外延と過剰外延

　初期の1語期においては，多くの子どもの単語の使用が特定の文脈に限定されているのが特徴的である。特定の文脈とは，最初にその事物をある指示対象

物に結びつけた文脈と非常に類似した文脈である。たとえば，自分のボールをさし示す場合のみに「ボール（ball）」という単語を用いる子どもは，この事象の好例といえる。大人が用いる単語の意味を基準にした場合には，これは，単語の意味の「過小外延（underextension）」ということになる。それに対して子どもが，すでに学習した単語の意味を様々な文脈において試しながら，最も「適合する（fit）」意味を見つけようとする場合を「過剰外延（overextention）」という（Bloom & Lahey, 1978）。この場合の例としては，子どもが自分の母親も含めたすべての女性を見て「ママ（mammy）」という単語を用いるような場合が考えられる。

⑥ 同じ単語を異なった意味で用いる

生後2年目の前半においては，子どもは自分をとりまく世界に存在する事物に関して仮の概念をもっている。これは，この段階の子どもが事物の名前を言う時に生じる誤りの中に見られる。子どもが単語を聞いた最初の文脈が，その単語の意味を学習するための基本となる（Bloom & Lahey, 1978）。たとえば，ある子どもが母親に靴を履かせてもらいながら，母親から「さあ，おくつをはきましょうね」と言われたとしよう。おそらくその子どもは，同じような状況で見せられる可能性がある他のもの（靴下やコート，帽子，バッグなど）と靴を区別していないだろう。したがって，「くつ（shoe）」という単語とそれらのある対象とが連合しており，近い将来それらの対象を誤って「くつ」と言う可能性がある。

結果的には，大人からフィードバックされることによって，「くつ」という単語とそれがさし示す適切な対象とを正確に結びつけることができるようになる。たとえば先ほどの子どもが，後になってコートをさしながら「おくつ」と言ったとすると，母親はその子どものくつを差し出して，「いい，こっちがおくつよ。お・く・つ」と言ってフィードバックするだろう。また，その子どもと母親が靴屋の前を通りかかり，ショーウィンドーにたくさんの靴が並んでいるのを見た時にも，同じような連合が起こりうる。子どもがショーウィンドーを指さして「おくつ」と言うと，母親は喜んで，「そう，おくつだね，よくわかったね」などとほめるだろう。しかし，次に別の店のショーウィンドーを見

た時，またその子どもはショーウィンドーを指さし「おくつ」と言うかもしれない。

「くつ」とは異なる別のショーウィンドーの中に見るこうした事物は，以前に子どもが「くつ」にまつわる経験をした時に，同時に存在していたものであるだけに誤ってしまうのである。つまりまだ子どもは，「くつ」という言葉の意味をそれらの事物と十分に区別していないということである。

このようなタイプの結びつきは，「他の点では異なっている事物とできごとが，表象的，機能的，情緒的な特徴において関連をもつようになる」（Bloom & Lahey, 1978, p.122）典型的な例であり，単語を支えている事物や単語の関連概念を学習している子どもによく共通して報告されるものである。

⑦ 同じ単語を関連した意味で用いる

生後2年目の後半までに，子どもの言葉の意味は，その子どもが表象する事物の特性によってより明確に定義されるようになる。とくに発達初期においては，子どもは事物の名称よりも概念をかなり多く理解している。この段階で子どもたちは，ある基準に従って似た事物と物の間をつなげていく。ブルームとローエイ（Bloom & Lahey, 1978）は，クラーク（Clark, 1973）の研究を引用している。それによればこれらのつながりには，動き，はだざわり，4本足の有無や本数，形や大きさなどが関係している。「イヌ」「クマ」「ネコ」「ライオン」などの言葉は，すべて生き物で，4本足で歩き，毛で覆われているものをさしている。

生後2年目の前半においては，子どもは異なった事物（たとえば上述した動物）を区別することができないために，先にあげた事物すべてに対して，「イヌ」というひとつの名前だけを使うだろう。ところが生後2年目の後半になると，子どもの事物に関する概念はより安定し，別のカテゴリーに属する事物との間をより正確に区別できるようになる。

しかしまだこの段階では，語彙数に制限がある。使用できる適切な語彙をもっていない，あるいは別の対象概念にその語彙が結びついているために，子どもたちはいくつかの事物のまとまりをひとつの言葉で表わそうとする（Bloom & Lahey, 1978）。親にとって自分の幼い子どもが見知らぬ男性を「パパ」と

よぶのはめずらしいことではない。この場合，子どもは「パパ」という概念的なカテゴリーを他の男性にまで過剰外延している（過剰に広げすぎている）ことになる（例2-3のローワンのように，他の男性が本当のパパに似ている場合も含む）。

例2-3　概念的なカテゴリーの過剰外延

17か月をすぎたころ，ローワンは母親と買い物に出かけたが，突然彼女は坊主頭にした男性をさして「パパ（Daddy）」と言った。彼女の父親はちょうど先週，その男性と同じように頭を刈り上げたばかりだった。ローワンの行動は，彼女がその男性を本当に父親だと思ったということを示しているわけではなく，むしろ彼女はその男性が父親と幾分似ているといいたかっただけのようである。

図2-3　17か月になったローワンが知らない男性を「パパ（Daddy）」とよぶ

　例2-4は，ローワンが，「ワンワン」や「メーメー」という言葉が何を意味するかという，みずからのもつ仮説を確かめている様子を示している。しかしながら，ローワンがクマやプードルの名前を誤って命名している様子からは，彼女の中でまったくランダムに名付けがなされているわけではないことがうかがえる。それぞれの場合，ローワンには「ワンワン」や「メーメー」の意味についての予備的な情報（事前にその単語を聞いたり，用いた際の体験から引き出された情報）があり，それぞれの単語は新しい状況にも適しているという理にかなった判断のもとに命名がなされている。語彙の発達が進むにつれて，また自分が使用した言葉に対する周囲からのフィードバックについて考えるようになり，次第に子どもは言葉の意味についての自分自身の理解を再び組み直していく。

この段階の子どもが事物やできごとの名前を言う時に犯す誤りは，彼らが周囲の世界について獲得した知識をどのように概念的にカテゴリー化（分類）しているかという情報を私たちに与えてくれる。生後2年目の後半の間に，子どもの事物やできごとに関する概念は徐々に安定性を増してくる（Bloom & Lahey, 1978）。例2-4には，ローワンが自分のもっているイヌとクマ，ヒツジとプードルの概念を結びつけている様子が示されている（例2-4には，ローワンが初めてプードルを見た時のできごとが書かれている）。クマとイヌとの間には，ヒツジとプードルがそうであるように4本足で歩き，毛で覆われ，鼻がぬれているという共通点がある。このような関係性をもとにこれらの動物を結びつけることは，子どもにとってはもっともなことである。おそらくローワンが見たクマの絵は，イヌを含むカテゴリーについて彼女がもつ最新の基準に適合し，プードルはヒツジを含むカテゴリーの基準に適合していたのだろう。

　幼児の概念の発達とカテゴリーについての認識は，ある点で結びつけられる単語どうしを関係づけるのに役立つ。「ヒツジ」「イヌ」「クマ」のようにひとつのグループにまとめられる言葉の学習が容易であるのは，そうしたはたらきによるものである。またもう少し大きくなると，より高次のカテゴリー化の水準を表象する言葉（たとえば「動物」「衣服」「食物」など）を学習するようになる（Bancroft, 1995）。

例2-4　誤った命名は，はやく発話が見られた子どもがどのように世界を分類しているかを示す

　14か月の時，ローワンはイヌと結びつけて「ワンワン」という言葉を学習した。ある日，店の中で彼女はグリズリーの絵を見た。それを指さし「ワンワン」と言う。このすぐ後，彼女はヒツジと結びつけて「メーメー（baabaa）」という言葉を覚えた。公園に散歩に行った時，大きく毛がフサフサした白いプードルが彼女の乗った手押し車の横を走りすぎていった。彼女はプードルを指で追いながら，「メーメー」と言った。

図2-4　14か月のローワンはプードルを「メーメー（baabaa）」と呼んだ

4 初期の言語理解

　子どもの言語理解の発達段階は，普通きちんと一貫した全般的なパターンに従って進んでいく（Cooper et al., 1978）。言語理解の発達段階と表出言語の発達段階とは類似しているが，言語理解の発達段階が表出言語の発達段階に先行する。

① 12〜18か月

■ 語句の状況的理解

　第1章でも概説したように，12か月までに子どもの語句についての状況的理解は非常によく発達する。子どもは，ルーチン化の一部としてよく聞く語句については理解しており適切に反応する。たとえばゲーム遊びの一部として「手をたたきましょう（clap hands）」という語句とあわせて，母親とよく手をたたいて遊んでいる子どもは，その一連のできごとの中でその役割を果たすことができるし，そうした特定の文脈と結びついた理解が進んでいるように見える。子どもの反応は，適切な人が適切な状況において，適切なイントネーションとリズムで語句を発することに手助けされているものであり，個々の言葉の意味としてはまだ理解されていない。

■ 語句に含まれている言葉に関する状況的理解

　生後2年目に入ってまもなく，子どもはなじみのあるルーチンを表わす短い語句に対して適切な行為を示すようになる（Cooper et al., 1978）。たとえば，「お風呂の時間よ。お風呂までかけっこよ」という語句は，子どもに（現在その子どもが）していることをやめさせ，お風呂まで行かせるきっかけとなりうる。子どもは，慣用句の中で語られている個々の言葉の意味（ここでは「お風呂（bath）」）を理解し始めている。しかしその理解はまだ特定の状況の中で語られる慣用句に依存している。「お人形さんはどこ？」というような質問は，子どもを適切な方向へと頭を切り換えさせることにはなるが，おそらくそれができるのは，その子どもが自分の人形を見せてもらえると予測できるような状

況においてのみである。他の人形を含んだ「人形」という言葉の意味に一般化するまでにはいたっていない。

■ 本当の言語理解

おおよそ12〜15か月の間に，子どもは事物が示されればいつでもその名前を言うことができるようになる。また特定の文脈，イントネーション，リズムから切り離された理解が可能になる（Cooper et al., 1978）。いまや子どもは，真の意味での言語理解を獲得しつつあり，言われた名称に対してひとつの事物を特定（指示）することができるようになる。たとえば子どもは「お人形見せて」とか「お人形はどこ」という語句を聞いた場合に自分の物でなくても，目の前に置かれた事物の中から正しく人形を選ぶことができる。語彙の爆発的増加が，15〜18か月において見られる（Bates et al., in press）。ベイツら（Bates et al.）は，フェンソンら（Fenson et al., 1994）の研究を引用している。その研究によると北米の1,800人の保護者は，自分の子どもが10か月で平均67語，12か月で86語，14か月で156語，16か月で191語を理解していると評価している。16か月をすぎるころには，子どもは「目」「鼻」「手」「足」などのいくつかの身体部位を特定し，「中（in）」「上（on）」といった事物や行為以外の言葉をいくつか理解できる。18か月までに子どもは「ビンを取って赤ちゃんにあげて」などのふたつの指示に従うことができる。また4つ以上，あるいはなじみのある事物の場合にはそれ以上の数が並んだ事物の中からふたつのモノを特定することができるようになる（Bzoch & League, 1991）。

② 18〜24か月

■ 複雑な文の理解に向かって

生後2年目の後半までに，子どもは徐々に長い文を理解できるようになる。そして，まもなく「キッチンに行って，テーブルからコップを持ってきて」などの，2〜3の要素からなる非常に簡単ではあるが互いに関連しあった命令に従うことができるようになる。子どもは，言葉についての知識を補うために，非言語的情報についての理解を併用する。したがって，時としてより精巧な言語理解を獲得しているかのように見えることもある。子どもは，身振りや表情

から得られる情報を結びつけるための理解方略を用いる（Paul, 1995）。その方略は，日ごろ言葉の意味を理解するのにしばしば見られる方略である。少なくとも，上記の指示をきちんと実行するためには，「キッチン」と「コップ」の言葉の意味を理解しておく必要がある。この年齢の子どもは，しばしば何か大人から頼まれることを知っている。たとえば上の指示を受けた子どもであれば，おそらくキッチンを日ごろ自分のコップを置いている場所として連想し，キッチンに入るとすぐにテーブルの上にコップを見つけることができる。そのために，個々の言葉の意味を理解していなくても指示に従うことができる。

　子どもの日常的なルーチン（習慣）の中での一連のできごとについての理解は，徐々に増加していく。その理解は，朝食時など一日の限定された時点のことだけでなく，イスに座る，前掛けをする，食べる，前掛けをはずす，手を洗う，イスから降りるといった，一連の予想される指示に対する反応として現われることを知るところまで拡大する。この理解は，新しい言葉を学習するうえで非常に役立ち，新しい単語の意味をそれ以前に日常的なルーチンの中で学習した単語の意味と結びつけることができる。たとえば，新しい食べ物の名前は，食事や買い物の時に，知っている食べ物と並べて置かれているのを見た時，その既知の食べ物と結びつけて覚えるかもしれない。

　この段階での子どもは，名称（名詞）によって非常に多くの日常的な具体物を特定することができたり，描かれた絵の中にその名称がさし示すものを認識することができる（Bzoch & League, 1991）。また，彼らは事物の名称だけでなく，「来る（come）」「座る（sit）」「飲む（drink）」など行動に関する言葉（述語）や，「あなた（you）」「わたし（me）」「わたしのもの（mine）」など，事物や人について話す時に具体的な名前を言わずに示す言葉（代名詞）についても理解を示すようになる。2歳になる前の数か月間で，複雑な文についての幼児の理解は飛躍的にのびる（Bzoch & League, 1991）。「お買い物に行った時にチョコレートを買ってあげるね」とか「お外が雨だから，ブーツを履こうね」といった文を理解するためには，実際に用いられる言葉の理解に加えて，様々な動機や世界に関する知識，さらには時間概念を理解できることが必要である。

5 生後2年目におけるコミュニケーションスキルと表出スキル：なぜ子どもはコミュニケーションを行なうのか？

❶ 知的な道具としての言語

　子どもが言語を用いて事物の名称を学習し始めると，事物を取り扱う際にそのものに名前をつけることで，それらに関する概念がより強化されることを学ぶ（Cooper et al., 1978）。子どもは，遊ぶ時にそれに合わせた音（たとえば動物の声や乗り物の音など）をたてる。その少し後になると，遊んでいる時に，自分が考えているアイデアを強化するために，自分で絶えず解説を加える。生後2年目の間に子どもの言語的スキルが発達し始めようとする際には，子どもはその時に取り組んでいる課題が何であろうと，それに完全に注意を払う必要がある。この注意を払うことによって，今調べようとしている概念を整理統合する機会が与えられることになる。

　その後，幼児の言語的スキルがだんだんと精緻化されてくるに従って子どもたちは，考えを補ったり，経験したことを意味づけたり，行動を調整したり，記憶を促進したり，情動を修正したりするのに言語を使用するようになる（Hetherington & Parke, 1986）。

❷ 社会的相互作用

　保護者との相互作用は，言語を含むコミュニケーションスキルの発達において中心的な役割を果たす。生後1年目に見られたように，2年目の幼児は他者と社会的なやりとりをするといった社会的動機に基づいてコミュニケーションを行なう。言語の発達は，他者の行動を制御したり社会的相互作用に関わったり，共同注意を引き起こすなどの広範な機能に役立っているように見える（Westby, 1998）。表2-2は，10～18か月において見られるコミュニケーションの動機（もしくはコミュニケーションの機能）について整理したものである（Halliday, 1975; Westby, 1998, p.184より引用）。他者の行動を制御する機能（行為や事物を要求する，抗議する）は，後の段階において見られる（a）社会的な目的のために自分のほうに他者の注意を引きつける機能（社会的相互作用）

表2-2 10〜18か月の間に発達するコミュニケーション能力

機能	例
行為の制御	
物の要求	コップを指さす／声を出す／「ジュース」と言う
行為の要求	手をあげる／「たかいたかい」と言う
行為に対する抗議	母親が子どもの顔を拭く／子どもが「イヤー」と言う
物に対する拒否	気に入らない人形を床に放る／「お人形ない」と言う
社会的相互作用	
あいさつをしたり，やりとりを始めるために，他者の注意を引く	母親を見る／笑う／ひっぱる／手を振る／「バイバイ」と言う／大きな声を出す／「ママ」と言う
感情や興味を表現する	微笑む／泣く／笑う／むずがる／「うまうま」「おいしい」「おいちい」などと言う
社会的ルーチンを要求する	両親の手をつかんで〜をしようとせがむ／「ランランラン」と言う
注意を引こうとする	不思議そうな表情をする／無邪気な声を示す
共同注意の確立	
物を他者に渡す	母親にテディベアを渡す／「どうぞ」と言う
物を他者に見せる	父親に向かってつま先を指さす／「わたしのあんよ」と言う
物について言及する	イヌを指さす／「イヌさん」と言う
行為／できごとについて言及する	ネコが食べているところを指さす／「ネコさん，食べてる」と言う
情報を要求する	いぶかしげな表情をする／声の抑揚をあげる／「あれなに？」と言う
目の前にないものについて言及する	何も目の前にない時に「ヨーグルトちょうだい」と言う

出典：Lippincott Williams & Wilkins社の許可を得て，Westby, 1998を改変

や，(b) 目の前にある物やできごとへの注意を共有するために他者の注意を引きつける機能（共同注意）よりも，社会的動機づけに関しては低い（Wetherby & Prizant, 1993）。

　子どもは，広範な動機に基づいてコミュニケーションを行ない，非言語的スキルと言語的スキルの両方を使用する。生後2年目の後半をとおして，子どもは（主に情報を得るために）質問するようになり，知識を蓄えて答えを出すようになる。また，見えないものに対する言及（表出の際に言語を必要とする最初の機能）が見られるようになるのは，通常24か月前後である（Halliday,

1975; Westby, 1998より引用)。

　生後2年目に入るとすぐに子どもは自他の区別についての感覚を身につけ (Hetherington & Parke, 1986)、しばしば身振りや音や言葉を用いてやりとりを始める。この時期の前後で、子どもは大人を試したりいたずらをするようになる (Reddy, 1999)。また、まさかするとは思っていないだろうことをわざとしたり、どれだけ遠くに行けるかをやってみせて、大人の反応を確かめるために顔をうかがう。さらに子どもは、一般的な関わりというよりは、むしろ特定のゲームや歌を大人に要求するようになる (例2-5参照)。

　この時期、他児との相互作用も発達する。1歳になると、遊びの中で他児の真似をしたり、ボールを転がしたり、トラックを押すなどの簡単なルーチンを一緒に行なうようになる。その数か月後、子どもは、さわったり、抱きしめたり、押したり、たたいたり、おもちゃを取り合ったりしながら、他の子どもとやりとりをする。子どもは、「いないいないバー」など簡単なルーチンを実行したりすることで、他児との役割交代（ターンテイキング）を発達させる。また16か月前後までに、適切なアイ・コンタクトや身振り、おもちゃなどへの注意の共有、少ない有意味語とあわせて発せられる喃語のやりとりをともないながら、会話を継続できるようになる。

　他児に対する興味が徐々に増してくるにもかかわらず、仲間を楽しく社会的

例2-5　社会的な楽しみを得るためのコミュニケーション

　初めての誕生日を迎えてすぐ、ローワンは「いたずらっ子」になり始めた。まず、おもしろいおもちゃや食べ物を、愛嬌よく笑いながら母親や父親に差し出す。両親が、それを取ろうと手を伸ばすと、彼女は急いで手を引っ込め、満足げにくすくす笑う。親が「もういたずらっ子だな」と言うと一緒に遊び始める。

図2-5　12か月のローワンはビスケットで父親をからかっている

な相互作用に引き込むまでには，幼児は多くのことを学ばなければならない (Garvey, 1977)。またとくに，より社会的に融通がきくようになるためには，コミュニケーションスキルを発達させる必要がある（例2-6と例2-7を参照）。

❸ 生後2年目の会話スキルの発達

社会的なやりとりを望む幼児は，最も効率よく周囲の言語を習得したり，やりとりを統制するルールを学習しようとするだろう。これは，会話スキルの発達の中に含まれている本質的なことである。生後1年目から発達し始めるコミュニケーション上のやりとり（見つめ合いや微笑，語彙のやりとり，いないいないバーのような相互作用的なゲームなど）は，その他のやりとりと同様にルールによって統制されている（Lee & Urwin, 1991）。これらのルールに含まれている学習は，会話スキルの学習に関係している。

例2-6　仲間どうしのやりとり――ターンテイキング（役割交代）といたずら

ローワンと友達のルビーは両方とも15か月児である。ふたりは自然にお互いにやりとりしながらゲームを始める。ルビーはテーブルの下に座り，テーブルクロスで顔と体を部分的に隠す。ルビーが突然笑うとふたりはお互いに顔を見合わせた。ルビーは，テーブルクロスを自分の前のほうに引っ張り完全に隠れる。ローワンは，すぐにそれがルビーによって始められたおもしろそうなゲームであることを理解した。そしてふたりは，その後しばらくお互いに「いないいないバー」に興じた。

このゲームのすぐ後，ルビーはおもしろい音を出すおもちゃで遊んでいる。ローワンは，ルビーの手に合わせて動く，そのおもちゃに目が釘付けとなっていた。ルビーはローワンを見てそのおもちゃを差し出す。ローワンは何度もルビーとアイコンタクトでやりとりする。ちょうどローワンがおもちゃに手を差し出し，おもちゃを貸してもらえると思った瞬間，ルビーは渡さずにニヤッと笑っておもちゃを引っ込めた。それを見て，ローワンは抗議するようにワッと泣き出した。

図2-6　15か月時，ローワンとルビーはお互いに「いないいないバー」に興ずる

例2-7　仲間どうしのやりとり——あざけりと話し合い

16か月の時，ローワンとグレインは午後一緒に遊んでいた。最初の1時間は仲がよかったが，後の30分間はお互いにおもちゃを取り合ったり，一方が取るともう一方が泣いたり，相手が手押し車を押す様子やその上に座る様子をあざけって真似したり，相手の食べ物やコップをつかみ合ったりしながら，ずっとけんかをしていた。ついに，彼女らは階段の一番下に一緒に座り，少し話し合った後，廊下をドアのところまでヨチヨチと歩いて行き，また階段のところまで帰ってくるよう打ち合わせた。

図2-7　16か月時，ローワンとグレインはお互いにあざけり合う

■生後2年目のターンテイキング

前項では，役割やコミュニケーションの交換としての会話について述べた。ブリントンとフジキ（Brinton & Fujiki, 1989）は，ニニオとブルーナー（Ninio & Bruner, 1978）の研究を引用しているが，この研究によると母子のターンテイキングは8～18か月の子どもに対する本の読み聞かせにおいて非常に効果的であるという。18か月以後，子どもは会話に参加し，順番に2回ずつ役割を交代することができるようになる（例2-8参照）。子どもと関わる多くの大人は，コミュニケーションスキル，とくにターンテイキングの発達を促進するために乳幼児とコミュニケーション（もしくは会話）をやりとりするような方法を用いる。また，ブリントンとフジキ（1989）は，1，2歳児は，同時表出の最小範囲内ではあるが，言語的ターンテイキングを効果的に行なうことができることを示しているシェーファーら（Schaffer, Collis & Parson, 1977）の研

究も引用している。まとめると，2歳を経過すると子どもは以下に示す会話のターンテイキングを習得しているといえる。

①会話において，交互にやりとりをする。
②一度に話をするのは一人だけ。

2歳児はこの知識を用いることができるが，すべての状況においてというわけではない。ブリントンとフジキ（1989）が引用しているが，アーヴィン=トリップ（Ervin-Tripp, 1979）によるとこの年齢の子どもは，会話において長い間が見られ，すでに定まった会話のトピックについて新しく何か付け加えることが難しいために他者の会話に割って入ることが難しいという。間は，1，2歳の子どもにとって，会話の中でターンテイキングを引き起こすきっかけとして非常に重要であるとみなされている。

例2-8 大人と子どもの間で行なわれる会話中のターンテイキング（役割交代）

18か月時，ローワンと母親は以下のような会話を交わしている。ふたりはそれぞれ2回ずつやりとりを交代している。ローワンは自分のテディベアを持ちあげて母親に見せる。

ローワン：クマちゃん
母親　　：そう，ローワンのクマちゃんね。
ローワン：（テディベアをジャンプさせて）高い高い！（Up!）
　　　　　（母親の行動を見越して母親のほうを見る）
母親　　：今度は低いね～（Down）。（ローワンがテディベアを下にさげた時）

図2-8　18か月において，ローワンは母親と一緒に会話の中で役割交代している

■生後2年目における話題の操作

　会話において話題を操作する能力は基本的なスキルである。モグフォードとビショップ（Mogford & Bishop, 1993a）によると，その能力には次のものが含まれる。

①注意（もしくは会話の話題）を共有する能力。
②会話における話題の変化を認識する能力。
③新しい会話の話題を生成し，維持し，発展させる能力。

　話題操作は，会話スキル発達の一側面であるが，それは1歳をすぎて次第に複雑なコミュニケーションスキルを獲得していくにつれて，より精緻化されていく（Brinton & Fujiki, 1989）。この時期の子どもは，身振り（たとえば窓の外の鳥を指さす）や単語（「トリ」「見て」「赤ちゃん」「ボール」）を用いて，大人の注意を自分自身ではなく他の物やできごとに向けようとする。フォスター（Foster, 1981; 1986）は，これらを，子どもが話題を作り出す行動として位置づけている（Brinton & Fujiki, 1989を参照）。単語を習得し他者の注意を引くのに用いることができるようになると，増加してくる抽象的な概念や身近な環境によって誘発される話題を生成したり，展開する能力が精緻化されていく。保護者のサポートは，この時期の子どもの話題に関する発達を促進するうえで重要である。保護者が子どもの発話に反応することは，会話において話題を生成し，維持する能力の発達を支援すると考えられている。
　子どもの語彙や初期の文法に関する発達は，生後2年目およびその後をとおして伸びるとともに，先に発せられた大人の表出に結びつけて話題を作り出す可能性もふえていく（Brinton & Fujiki, 1989; Bloom, Rocissano & Hodd, 1976より引用）。
　アーヴィン=トリップ（1979）によれば，ある種の大人の言葉かけが，この時期の子どもの話題を維持する能力にとって非常に効果的である（Brinton & Fujiki, 1989より引用）。大人にとって子どもに何かを選択させるというのは，子どもに同じ物について話しつづけることをうながすひとつの方法である。子どもにとっては，会話の中で話題を維持したり発展させるよう，うながされれ

> **例2-9　会話を継続させるために話題を発展させる**
>
> 　19か月の時，ローワンと父親は絵本の絵を見ながら次のような会話を交わした。
>
> ローワン：ブーちゃん
> 父親　　：そうだね，ブーちゃん，食べてるね。
> ローワン：食べてる。
> 父親　　：そう，ブーちゃん，パンを食べてるね。
> ローワン：パン，食べる。
> 父親　　：それと，リンゴもね。
>
> 　父親は，ローワンが先に行なった言葉を広げて，ふたりの間で会話を成立させようとしている。ローワンが会話の口火を切った場合，父親がその言葉を発展させることで話題が維持される。

図2-9　ローワンが19か月の時，ローワンの父親は会話を継続させようとする

ばうながされるほど，自分たちの言語能力やコミュニケーションスキルを発達させる機会が多くなる。子どもが今まさに夢中になっていたり，興味を示している物やできごとについて大人が話をする時，実は大人は「子どもの会話において役割を分担する時に必要な，話題に関するフレーム作り」をしているのである（Brinton & Fujiki, 1989, p.60）。同じように，子どもの発言を繰り返したり発展させることは，子どもが貢献してきた話題を維持するのに役立っている。その話題を発展させることの中には，大人が子どもの行なったことを言い換えたり，言葉を補うことが含まれており（たとえば子どもが「イヌ，きた」と言った時に大人が「イヌさんが走ってきたね」と反応する），子どもがより成熟した言語構造を学習する手助けとなる（例2-9参照）。

■ 生後2年目における会話の修復

　とくに幼児が会話に参加している場合は，会話が壊れてしまうということはよくある話である。会話の中で何かうまくいかなくなってきたと認識したり，会話を修復する方法を発達させるスキルは徐々に発達するが，その発達は主に1〜2歳ごろから始まる（Brinton & Fujiki, 1989）。もし子どもが何も返答をもらえなかったり，思っていた反応が返ってこなかった場合には，その子どもは，同じことを繰り返し言ったり，言い換えたり，自分の意志を伝えるための別の方法を探す。

また，内容（意志）を明らかにするよう他者から求められて，それにこたえるかもしれない。自発的な自己修復を観察しているデータによると，2歳ごろの幼児は，言語産出の早い段階において，自分が発した言葉をモニターしているという知見が得られている。ブリントンとフジキは，こうした幼児が行なう修正は非流暢な表現であるため，大人の聞き手に取り上げられることはまれであると指摘している。自己修正は，子どもが言語獲得の途上にあるために，語彙のレパートリーが不安定である子どもにおいてよく見られる。

6 初期の言語使用

生後2年目の子どもがコミュニケーションをとろうとする動機は明確ではないが，注意が子どもの学習する言語の内容や量に関して表出言語の発達をうながすと考えられている。何が子どもの初語を作り上げているかを明らかにすることは有益である。ブルーム（Bloom, 1993）やハインズ（Haynes, 1998）は，本当の意味での発語とは，異なった状況においても比較的似通って聞こえるべきであり，特定の物やできごとをさして言う時には一貫して用いられるべきである，と述べている。ハインズはさらに，単語とは大人の構音と類似しているべきだと示唆しているオーエンズ（Owens, 1996）の定義も引用している。たとえば，明らかにビスケットのことを「ビ/bi/」と言っているのがわかったり，継続的にビスケットについて言及しようとする時に，「ビ/bi/」を使いつづける子どもの場合，上に示した真の単語産出の基準をすべて満たしている。もっとも，大人の構音と最終的には一致させるために，どのようにその単語を発音するかという表象については，その後も修正していかないといけない。喃語から派生したような，前後の言語から（偶然）似た言葉を使ったかもしれない音のまとまり（たとえば 'mama, dada' など）と，状況に関係なく確実に特定の物やできごとをさすのに用いられる，意図的に一貫した音のつらなりとを区別することは重要である。太鼓をたたいたり，お風呂でバシャバシャと音をたてている子どもが，'dada' と声を出したとしても，それは父親をさして（もしくは意味を過剰に広げて男性全般をさして）'dada' と発しているのとは違

い，本当の意味で単語を発したとはいえない。

① 12～18か月

■ 初期の1語からなる語彙：0～50語

生後2年目に入ってからの数か月間は，子どもは指さしなどの身振りと一緒に，ジャーゴンようの発声をつづける。語の理解の場合と同じように真の意味での語産出は，一般的には子どもがよくする遊びの中で動物の鳴き声をしたり，他者に物や行動を要求する時に，一貫して産出する音など文脈に依存したルーチンがもとになっている（Bates et al., in press）。きちんと物の名前を言うことができるのはほとんどの子どもの場合，12～13か月以降である。こうした初期の表出語彙の不安定さはよく知られており，子どもの語彙レパートリーが約10語確立されるまでには，行きつ戻りつがある（Bates et al., in press）。初期の表出語彙の多くは，数か月間は発声と指さしなどの身振りが共用される状態が続く（Bzoch & League, 1991）。

初期の表出語は，全般的に子どもにとってなじみがあったり興味のある，身の回りの人や物，できごとの名前であったり変化や動きを表わす語である（Bloom, 1993）。子どもは，しばしば簡単な慣用句を獲得しているように見える（たとえば「はい，どーぞ（here-you-are）」や「ないない（all-gone）」など）。これは，子どもにとってはひとつのまとまりであり1語として使われる。表出語の種類を分類したものを，ネルソン（Nelson, 1973）にならって表2-3に示した（Haynes, 1998より引用）。ハインズ（1998）は，子どもが16～22か月の間に親がつけた日記の記録より，この段階の子どもの表出語彙数は50語が妥当であると述べている。また，別の重要な特徴として発達初期においては，理解語彙のほうがおよそ4：1の割合で表出語彙よりも多いということがある（Hynes, 1998）。

② 18～24か月

■ 語彙の爆発的増加

多くの言語発達の研究者たちが，幼児は新しく学習し使えるようになる語が急速にふえることを観察している（Bates et al., in press; Bloom, 1993; Hynes,

表2-3 発達早期の語彙の構造と内容

カテゴリー	10〜16か月の間にローワンが表出した語彙をもとにした単語リスト				
全般的な名称	**食べ物** バナナ ジュース リンゴ ナシ ブロッコリー パン ポテトチップス チーズ ヨーグルト ビスケット チョコレート バター 紅茶 おかゆ	**身体部位** おしり かかと 指 耳 歯 鼻 手 目 髪 ひざ **家庭用品** フォーク スプーン コップ	**ケア用品** せっけん おしめ お風呂 スポンジ よだれかけ ブラシ **衣服** ブーツ くつ 上着 ズボン ドレス	**おもちゃ** ボール あわ 本 ふうせん ペグ 人形 手押し車 **動物** メーメー（羊） あひる うさぎ	**その他** 赤ちゃん 花 鍵 車 音楽 紙 **入れ物** バッグ 箱 **家の内部** いす ドア テレビ
特定の名前	シンシア テレチュビーズ	アン テディ	ママ	パパ	ブー
述語	上げる ウォウウォウ （ほえる）	下げる 行った	ピョンピョン （はねる） 置く	チューチュー バンバンする	ブーする 掘る
個人的／社会的	こんにちは 見て！	バイバイ うわ！	ヤー うお！	いや	はい／うん
修飾語	もっと	あつい			
機能語	ない（off）	そこ（there）	外（outside）		

注）ローワンの発音は，まだ大人の発音と一致しておらず，簡略的である。また，いくつかの単語使用に関しては，大人の意味と異なっており，述語でない言葉がいくつか述語に含まれている。

1998を参照)。「語彙の爆発的増加」(Bloom, 1993) は，ほとんどの子どもが14〜20か月の間，つまり初語が見られてから約6か月後に始まる。子どもは，以前に比べて多くの動作語や他の品詞も多く使うようになる。認知発達と語彙の爆発的増加との関連性について，ブルーム (1993) は以下のように論じている。

　知りもしないものは，たとえそれが目の前に存在し，それを使って何かしようとも，そのモノ

の名前を知るよしもないし，一貫して他のモノと関連づけることもできない。(Bloom, 1993, p.100)

　彼女は語彙の爆発的増加として特徴づけられる子どもの表出語彙の量的増加は，その基底にある思考能力の質的変化を示していると述べている。ハインズ（1998）は，この段階の前後の子どもの発達に見られる構成遊び行動や物の永続性やカテゴリー化の能力について，明らかな変化が見られることを概観している。ブルーム（1993）によると，語彙の爆発的増加は，子どもがすべての物には名前があることを理解し始めたり，認知的に急激な変化が生じたり，単語どうしの関係性やある言葉を別の言葉で定義することを認識し始めたりする時に生ずるという。子どもたちは，単語（ネコ，ネズミ，イヌ，ブタ，ウマなど動物の名前）を一緒にグループ化したり，そのグループに名前をつけたりするようになる（この場合，「動物（animals）」）。テーマに関して，他の単語を手がかりに別の単語を結びつける，すなわち単語どうしのつながりを作ることは，子どもが簡単な慣用句を作るために単語と単語を結びつけようとしているということである。約50の単語を使用し始める前は，子どもの語彙は，単語どうしの関係性という点で組織化されていないと考えられている。しかし，それらは別々の自己定義的な単語のグループとして存在している。この意見は，73～76ページに書かれた，子どもの概念的・意味論的発達についての内容と密接に関連している。ベイツら（in press）は，語彙の爆発的増加の過程が終わると，いろいろなタイプの単語の獲得も著しく増大していくことを見いだしている。それらの単語とは，動詞や（「大きい（big）」「柔らかい（soft）」「短い（short）」などの単語で表わされる）形容詞，その他の名詞以外の品詞である。

　ベイツら（in press）やブルーム（1993）が示すように，単語の意味を獲得する過程が質的に変化していくこと，すなわち物の名前のような自己定義的性質のもの（いつでもネコはネコで，テディベアはテディベアである）から，「大きい（big）」「熱い（hot）」「走る（running）」など，品詞以外の関係的な意味を含むものへと変化していく様子は非常に興味深い。これらの単語は，意味を引き出すために，たとえば「大きなクマさん（big teddy）」「熱いミルク（hot milk）」「ママ，走る（mummy running）」のように他の言葉と結びつく

必要がある。同じ段階や年齢の子どもどうしでも，使用する語彙数に関しては大きな個人差がある。20か月で，10語程度の子どももいれば，50語近くにまでの広がりを示す子どももいる（Bates et al., in press）。さらにポール（Paul, 1995）の研究で引用されているデールら（Dale, Bates, Reznick & Morrissett, 1989）の研究によると，20か月児の平均的語彙数は168語とされている。

❸ 語の結合

　語の結合の始まりもコミュニケーションスキルの獲得においては，重要な一里塚となりうる。普通，子どもは表出語彙数が50～100語（一般的に18～20か月）の間に，短い慣用句を作るためにふたつの単語をつなげるようになる（Bates et al., in press）。一度ふたつの単語をつなげ始めると，表出語彙の発達は「2語レベル」となる。また，子どもが語の結合を始める時期として妥当性が高いのは，早ければ14か月から2歳になるくらいまでである。「2語句」の初期段階の間は，幼児は非言語的コミュニケーションの仕方に合わせた単語レベルの表出がつづく。自発的に語を結合し始める前に，2～3語句を真似する段階がくる（Bzoch & League, 1991）。

　子どもが，ひとたび自発的に，ふたつあるいはそれ以上の単語をつなげ始めると，子どもは，世界の一部である人や物や行動やできごとを結びつけ始める。この重要な発達は，初期の統語の使用の中に反映されているが，この時，子どもはランダムな方法ではなく明確な法則に従って語を結びつけ始めている（Targer-Flusberg, 1989）。普遍的に，子どもの初期の語の結合には，以下に示すような共通した特徴が見られる（Targer-Flusberg, 1989; Tomasello & Brooks, 1999）。

①複数の単語が，場面やできごとの異なった行為者や構成物を同定したり，互いの関係性についてふれるなどの表出に用いられる。たとえば，「もっと，ビスケット（More biscuit）」という言葉は，できごとの再現とビスケットそのものを同定している。
②特定の（好きな）単語を他の単語とつなげて使う子どももいる。典型的な例として，何かの再現を同定する「もっと（more）」という単語を頻繁につな

げて,「もっと，ジュース」「もっと，ビスケット」「もっと，コチョコチョ（くすぐる）」などがあげられる。
③表出される語順は，一般的に一貫したパターンに従う（例：「もっと」は，目的語の前に置かれる）。
④語の結合は，他者が言ったことの繰り返しではなく子どもたちが作り出したものである。
⑤名詞，動詞，形容詞が初期の語の結合では優勢であり，この段階の「電報体発話（telegraphic speech）」を生み出す。
⑥初期の語の結合の内容は，対象すなわち誰がそれを所有しているかや，それらを使って誰が何をするかといった，名前，位置，属性などに集中する。物と人と行動の相互作用は，幼児の思考や言語表出にとって中心となる。

20か月の子どもは，初期の語の結合において，以下に示すような，関係性の意味に関する共通した基本的組み合わせを用いて符号化する（Bates et al., in press）。

①存在：興味のある物やできごとの出現，消失，再出現
②欲求：拒否，拒絶，要求
③基本的なできごとの関係：行為者―行為―物，所有，状態の変化，位置の変化
④属性：「熱い」「かわいい」など

表2-4には，初期の語の結合とそれによって表現している関係性の意味の例が示されている。1単語による表出と同じように，同じ語の結合がある程度の幅をもった意味を表現するのに用いられる。「フォーベ，ベッド」という句は，「あれはフォーベのベッドです」「フォーベのベッドはどこ？」「フォーベはベッドにいます」という意味で用いられうる。したがって，ここでもイントネーション，身振り，ボディ・ランゲージ，その句が用いられた文脈が，子どもが意図した意味を推論するのに役立つ。初めのうち語順は，大人の言語と一致しないが，短期間で一致するようになる。

表2-4　24か月のフォーベが発した早期の語の結合

語の結合	意味	関係性の意味
パパ／行った	パパが行っちゃった	存在―不在（消滅）
ビスケット／ほしい	わたしはビスケットがほしい	欲求―要求
バイバイ／汽車	汽車が行っちゃった	存在―不在（消滅）
もっと／ジュース	わたしはもっとジュースがほしい	欲求―要求
フォーベ／ベッド	あれはフォーベのベッドです	所有
ケーキ／おしまい	ケーキを食べ終わりました	存在―不在（消滅）
ママ／そこ	ママがそこにいます	位置関係
ジョジョ／テディ	あれはジョジョのテディベアです	所有
あひる／行った	アヒルが行っちゃった	存在―不在（消滅）

❹ 初期の文法的発達

　語の結合の開始と記憶などの認知的発達は，子どもが「いま・ここ」といった身近な状況において起こったことだけに限らず，過去や起こりうる未来のできごとについて話し始める可能性が出てきたことを意味する。子どもたちは，ジャーゴンや身振りを使ったり，実際にやってみせることで言葉を補いつづけるだろう。また，すぐに「いや（no）」「ない（not）」という単語を使って否定形を表わし始める。たとえば，「ビスケット，ない（No biscuit）」と言って，「ビスケットはほしくない」とか「ここにビスケットがない」という意味を表わす。さらに，目に見えて「はい（yes）」「いいえ（no）」で答えを求める質問をするようになる。この質問は，早い段階では「これはローワンの飲み物ですか？」という意味を「ローワン，のむ？（Rowan drink?）」と言うなど，疑問形のイントネーションや表現を用いて行なわれる。その少し後になると，「ママ，どこ？（Where's mummy?）」とか「あれ，なに？（What's that?）」など，「どこ（where）」や「なに（what）」を用いて質問し始める（Targer-Flusberg, 1989）。否定形や初期の質問形に加えて，子どもは2歳に近づくと，一般的に，以下に示すような代名詞を用いるようになる（Chiat, 1986）。

①わたし，わたしに，わたしのもの（I, me, mine）
②それ（it）

③あなた，あなたの（you, your）

　子どもたちは，すぐに自分たちのことを名前で呼び始める。使用する語彙の幅や量がふえてくるに従って，さらに様々な語の結合を産出することができるようになり，文法的な発達も進む。生後2年目の終わりまでに，幼児は，自発的な3語句に先立って，「ママ，ミルク，のんだ（Mummy drink milk）」とか「ロロ，もっと，ほしい（Roro want more）」など，非常にはっきりした意味を示す3語句の真似をし始める。

7　初期の発語

　最も初期段階の発語の音素は，それ以前の段階において喃語の中でよく用いられていた音素と非常に密接に関連している。生後1年目の終わりまでに，喃語は様々な子音と母音の組み合わせ（ジャーゴン）へと発展していく。この発達にともなって，認識できる初語や単語に近い発話が見られるようになる（Stackhouse & Wells, 1997）。

　子どもの初期の発語には，ある種の共通点が見られる。初語が見られ始めた後，英語で用いる音素を正確に発音できるようになるには，普通4歳半かそれ以上までかかる（Grunwell, 1987）。ごく初期の発語の段階では，たとえば「ママ（mama）」「パパ（dada）」「バイバイ（byebye）」「いや（no）」「うまうま（yumyum）」などのように子音と母音をひとつずつ用いるか，それらを繰り返すなど音素や語は単純である。

❶初期音素のパターン単純化

　この段階の子どもは，言いにくいと思った語の発音を，語の一部やいくつかの音素を省略する，発音しにくい音素を発音しやすい音素に置き換えるなど，体系的なパターンの単純化を示す。スタックハウスとウェルズ（Stackhouse & Wells, 1997）は，この段階の子どもが用いやすい単純化の過程は，個々の音素というよりは語形に影響を受けやすいことを見いだした。したがって，第

1音節が重複する（語頭音節の重複），ふたつ以上の子音がひとつの子音として発音される（子音調和），単語の最初に置かれるすべての子音が，音の産出に際して組み合わされる母音に賦活化されながら発音される（文脈依存の有声化，たとえば発声の初期段階の音など。詳細は8〜10ページのスピーチの項を参照），ひとつの音節が丸ごと省略される（弱音節省略），最後の子音が省略される（語末子音省略），結語音によって複数の音素がひとつに縮小される（結語音縮小）などが見られる。これらの単純化の過程については，表2-5を参照されたい。

これらの単純化がいくつか重なって生じるということが，この段階ではよく見られるが，その場合，子どもが何を言っているのか理解することが難しくなる。これらのパターンは，子どもに共通して見られるが，個々の子どもによって単純化の用い方は異なっている。

表2-5 発達初期（ローワン：16か月）の言語表出において見られる体系的な単純化の過程

ターゲット語	ローワンの発音	単純化のタイプ
dolly（お人形）	dodo	語頭音節の重複
tiger（虎）	giger	子音調和
tea（お茶）	dea	文脈依存有声化
yoghurt（ヨーグルト）	yog	弱音節省略
bath（お風呂）	ba	語末子音省略
dress（ドレス）	des	結語音縮小

■ なぜ子どもは単純化パターンを用いるのか？

音韻論的発達（発語音を有意味語としてどのように使うかという知識も含む）を説明しようと，何年もの間，子どもの言語に関する研究者たちは挑戦しつづけてきた。様々な音を産出することができる前言語的構音から，ルールによって決定されているシステム（音韻論的体系）に従って発せられる体系的な構音への移行には，運動スキルと発語処理の発達を結びつける中心的な学習過程がともなっている。基本的に子どもたちは，言語の音は，語のもつ意味の違いを対比的に表わすために用いられることを学ぶ必要がある。子どもは，このことに気がつくまで，適当に他の音で構音を置き換えたり，'did, stick, tick, dig, sick, sit' などを/did/と発音しつづけるだろう。このように子どもの発語は非

常に理解しにくく，とくに語彙や文法的スキルの増加とあいまって語産出のスキルが発達していない場合には，さらに理解しがたい。しかし，幼児は，（仮に大人の構音を標準とするならば）運動のコントロールや，発声発語に関する筋肉組織の身体的発達が未熟なため，正確に産出できる音素の音域と種類が制限されている。成熟した構音，すなわち発語と結びついた構音が正確にできるようになるには，高度な運動のコントロール，すなわち，すべての運動が複合的に統合される必要がある（Borden & Harris, 1984; Grunwell, 1987; Hewlett, 1990; Love & Webb, 1992）。子どもが発語において単純化パターンを用いるのは，本来の音と他の音との不一致を知覚できていないのではなくて，発音しにくい語音を単純化するためにその手段をとっているのであるということが，多くの研究者によって見いだされている（Hewlett, 1990）。構音スキルの発達にともない，単純化パターンを用いる必要性は減少していく。このように，子どもの音韻論的体系は，成熟した構音パターンを獲得する過程でうまく再体制化されていく。

❷ よく見られる初期の音素

　初期の発語において子どもが一般的に用いる音素は，母音に加えて，'m, p, b, w, n, t, d' 音である。もちろん個人差はあるが，これらの音素は生後2年目で出現することが望まれるものである。また，'k, g, s' 音を発する子どももいるだろう。1歳に限っていえば，子どもの初期の発語は，彼らが好む音素に影響を受けることを示す多くの知見がある。14か月においてローワンの表出語彙は，'d' 音を含むもので構成されていた（duck, down, dolly, teddy, daddy）。さらに，彼女は他の音素を 'd' で置き換えて発音していた（'baby' を 'daydy'，'juice' を 'doos'，'byebye' を 'duh-dye' と置き換えた）。しかし，16か月ごろには，21％の言葉が，'b' で始まるものに変わっていた。幼児は，自分が好む音域以外の音素で構成される単語を発するのを避けようとする（Menn, 1989）。20か月前後に起こる語彙の爆発的増加に合わせて，発語に用いる音素の幅も増加する。初期の語彙発達においては，喃語（もしくはジャーゴン）の使用も残るだろうが，生後3年目がスタートするころには徐々にそれらは消失していく。

❸ 一貫した構音の獲得

　神経システムの成熟と筋肉の協応といった身体的要因は，初期の発声発語に関する発達段階において，音と語の構成方法に影響を与える。後の発達段階では，音節や音素といった，より小さな部分に分割して記憶の中に貯蔵することができるが，この段階においては，子どもは単語を全体として貯蔵している（Stackhouse & Wells, 1997）。子どもが表出する語彙や音素がふえるにつれて，様々な構音が可能になってくる。こうした変化は，一貫した方法で精密な筋肉動作を協応させることの困難さと関連している。「more（もっと）」は，ローワンの最も初期の発語のひとつでありよく用いていたにもかかわらず，数か月の間，その構音は安定せず，'mer, mmm, ma, mar, muh, mo, more' などが構音に含まれていた。

　したがって，筋肉動作の協応がよくなってくるにつれて，一貫した構音が可能になってくる。子どもたちは，ある単語を知覚したり産出するための知識を構築するために，何度も繰り返しその単語を聞く必要がある。とくにこうした初期の発達段階においては，子どもがどのように言葉を知覚しているかが構音に重要な影響を与えるとともに，調音音声能力に関連するものとして重要であると考えられている。

❹ イントネーション

　生後2年目の終わりまでに，英語を話す子どもは，「look（みて）」とか「daddy（パパ）」などの単語で構成される表出と，「look daddy（パパ，みて）」といった2語以上で構成される語の結語との違いを表わすのに必要な，イントネーションの特徴を習得する（Crystal, 1986）。1語発生の段階では，それぞれの単語が同等か，同等に近い強勢で発生されるが，18か月前後で見られ始める2語の結語においては，意図する意味に従って適切な強弱をつけて別々のイントネーションの形で産出したり，ひとつの音節において対照的な強勢を用いることができるようになる。子どもたちは，音節には強弱や強勢が必要であり，強勢を示す声量の操作はランダムではないことを理解するようになる。「look *daddy*（パパ，みて）」という発声（斜体のところが強調された音節，もしく

は最も大きく発音された音節を表わしている）を聞いた時，聞き手は「daddy（パパ）」が最も重要な部分であり，子どもはパパに注意を向けているという情報を手にする。一方，「look daddy」（パパ，みて）と言う場合，聞き手は「daddy（パパ，父親）」で，彼は子どもが注意を向けている何かに注目するよう求められていることを示す。一連の1語発生とは異なる多語の結合句が表わす特徴としては，構成する語と語の間に入る休止（間）が，つづいて起こる繰り返しのように，短くなることがあげられる。また，子どもが発する最も初期の質問は，「Mummy here?（ママ，ここ？）」「Daddy gone?（パパ，行った？）」「My teddy?（わたしの，テディ？）」などの2語の結合において，声のピッチを上げるような形で行なわれる。こうした語句の意味の正確な解釈は，文脈やその語句そのものがもつ要因によって決定される。

第2章の要約

●注意と言語学習

①子どもの注意は単一チャンネルの状態であり，同時にふたつの情報に注意を向けることが難しい（たとえば，視覚と聴覚情報）。

●遊びと表象的な理解

②言語発達と非常につながりが強いと考えられている見立て遊びは，生後2年目のはじめに見られるようになり，発達にともなって徐々に複雑さが増していく。

●意味の理解

③言葉（語）の意味に関する子どもの理解は，その言葉が話されている文脈の影響を受けつつ，徐々に増加していく。

④子どもにとって，ものや行動や人やできごとについて言及する言葉を理解し始める前に，それらについての概念を学習する必要がある。

⑤子どもは，初期の言語利用において誤りを犯す。それらの誤りは，根底にある子どもたちの言葉についての概念や，語彙を制限している概念の状態と関連している。

● **初期の言語的理解**

⑥真の意味での言語理解は，まずは語句の状況的理解およびその後に生ずる語句に含まれる単語の状況的理解の後に起こる。
⑦生後2年目の終わりまでに，子どもは言語的なラベルによって，様々な物や行動を同定できるようになる。その後，2～3つのキーワードを含む文，様々な品詞を含む文，概念や世界に関する知識の順で理解が進む。

● **生後2年目におけるコミュニケーションスキルと表出スキル：なぜ子どもはコミュニケーションを行なうのか？**

⑧生後2年目の間に，子どもたちは他者と社会的な相互作用を行なったり，他者と共同注意を確立したり，他者の行動を制御したりするために様々な方法でコミュニケーションスキルを用いる。言語が現われるにつれて，それらは子どもの思考や概念的な発達を明確にする道具として用いられるようになる。
⑨生後2年目の子どもたちは，同年代の子どもに興味をもっているが，互いに満足し，関係を継続させるためには，彼らはより熟達したコミュニケーターになる必要がある。
⑩生後2年目をとおして，子どもたちは次のような多くの会話スキルを発達させるようになる。
・会話の相手とやりとりをするために，相手のわかる方法でみずからの意図を表わす能力
・相手から送られる信号（記号）に対して相互に反応する能力
・話し手と聞き手，すなわちメッセージの送信者と受信者の両方になる能力
・ターンテイキングを行なう能力
・話題（トピック）の操作
・会話がうまくいかなくなったことを認識し，修正する方法を発達させる能力

●初期の言語使用

⑪初語は一般的に身振りをともなって産出される。身振りの使用は，言語能力の増加と反比例する。

⑫2語からなる結語句は，語彙の爆発的増加の後，一般的には生後2年目の後半に見られる。2歳の誕生日までに表出語彙は50〜200語になる。人や物の名前がまだ優勢ながらも，いくつかの動詞や形容詞も用いるようになる。また，子どもは，語をつなげる時，（とくに語順に関して）一貫したルールを適用し始める。

●初期の発語

⑬子どもは，喃語期の後半において，自分が好んで用いる語に含まれる音を喃語として用いる。また，この段階において，彼らは語形に影響を受けながら体系的なパターンで発音を単純化する。

Key skills ☆ 2-1　通常 18か月 までに達成されるコミュニケーションスキル

・社会的動機がもとになってコミュニケーションが始まる。
・他者に自分のメッセージが理解されなかった場合，繰り返したり置き換えたりしてがまん強く伝えようとする。
・相手を見つめたり，物やできごとを指して他者の注意を引く。
・自己統制的な行動に集中する。注意は単一チャンネルの状態にある。
・簡単な命令，質問，ジェスチャー（例：「おいで」や「ママにどうぞ（渡す）」）を理解する。
・毎週いくつか新しい単語を理解していく。
・1回に5〜20語の語彙を用いる。
・日常的な状況においてなじみのある物や行為の名前を言う。
・ひとつの単語を異なった意図で用いる（例：「ネコ（cat）」という単語が，「あれはネコ？」「ネコがいる」「ネコをちょうだい」などの意味で用いられることがある）。
・ひとつの単語を関連する複数の事象について話す時に用いたり（例：「リンゴ」でリンゴ，ミカン，桃を表わす），反対に言葉の意味を制限する（例：晩ご飯の時に食べるリンゴだけを「リンゴ」という）ことがある。
・喃語の中に本当の単語を混在させる（例：「マムババ，ワンワン，ワワワ（mamubaba-doggy-dada）」など）。

Key skills☆ 2-2　通常 2歳 までに達成されるコミュニケーションスキル

- ジェスチャー，視線，音，単語を組み合わせながらコミュニケーションをとる。
- 会話の中にターンテイキングが見られ始まる。
- 自分が選んだ行動に注意を向けることができる。
- できごとは，個々の行動のステップが連続して成り立っていることを理解する（例：手を洗う，テーブルに向かって座る，食べる，イスから降りる）。
- ゴッコ遊びの中でひとつ以上の行動を見せるようになる（例：人形に食事を与えた後，ベッドに寝かせる）。
- 単語（言葉）は，現実の事物の写真やおもちゃを表象しうることを理解する。
- 長く複雑な文もいくつか理解するようになる。
- 日常的な文脈の手がかりがなくても，ふたつの重要な単語で構成される指示を実行することができる（例：「クマさん（teddy）を，テーブル（table）の上に，置いて」）。
- 2～3語を結合した語句が始まる（例：「ママ，ここ」「クマさん，ジャンプ，ここ」など）
- 同じ単語や文節を異なった意図で用いる（例：「パパ，のむ」は，「パパの飲み物」「パパ，パパの（飲み物）飲みたい」「パパが飲んでいる」などを表わしうる）。
- 質問するようになる。
- 「いや（no）」「ない（not）」と言えるようになる。
- 過去のできごとや将来起こりうることについて話すことができるようになる。

Warning signs!　2-1　18か月児 の発達遅退の可能性を示唆する警告サイン

- 周囲のできごとに対してほとんど興味を示さない。
- 他者と適切な関係を形成することができない（例：アイ・コンタクトが少ない，盛んに大きな声で叫ぶ，身体接触を嫌う）。
- 主に世話をしてくれる大人との遊びにほとんど興味を示さなかったり，また大人の注意を引こうとしない。
- おもちゃを押したり引いたりして遊ぶことに興味がない。
- 聞こえてきた音がどこからするのか探そうと見わたしたりしない。
- 名前を呼ばれても反応しない。
- なじみのある歌やリズムに反応しない。
- 「さあ，あなたのコートを探すわよ」などの短い命令に従うことができない。
- 発声，喃語，有意味語の数が少ない。
- 親が心配や不安を訴える。

Warning signs! 2-2　2歳児の発達遅退の可能性を示唆する警告サイン

- 周囲のできごとに対してほとんど興味を示さない。
- 期待される行動をコントロールすることができない。
- 自分が選んだおもちゃや活動でも集中できる時間が短い。
- 他児がしている遊びに入れてほしいというサインを見せない。
- 主に世話をしてくれる大人の手伝いを得ながら一緒に遊ぼうとしない。
- 遊びの中に模倣（例：人形をベッドに寝かせる，髪をとかす，食べ物を食べさせる）が見られない。
- 身振りなしには，日常的なルーチンに関する短い指示に従えない。他者を真似るだけである。
- コップ，スプーン，靴，ビスケットなど，日用品の名前を理解していない。
- 喃語やはっきりした単語レベルの発声が少ない。
- 吃音が見られる。
- 一緒に2語つなげて話すことができない。
- 親が心配や不安を訴える。

第3章 2歳から3歳までの間（生後3年目）

> **ポイント**
> - 生後3年目の言語発達のカギとなる段階。遊び，認知，注意の発達との関係。
> - 社会的相互作用と会話スキルの発達。それらの発達は言語発達をどのように支えているか。
> - 言語の使用。
> - 重要事項の要約：通常生後3年目に達成されるコミュニケーションスキルの表。コミュニケーションに困難がある子どもを識別する手助けとなる警告サイン。

1 注意のコントロール

　生後3年目の間に子どもが何に，どこに注意を向けるかをコントロールする力は，徐々に柔軟になっていく（Reynell, 1980）。しかし依然として優勢なのは，生後2年目の時と同じように単一チャンネルのものである。もしも子どもの注意が夢中で行なっている活動に集中しているならば，その子どもは言語による指示を聞いて適切に応答するのが相変わらず困難である。この段階では，まだ大人が子どもを手助けして，その子どもが行なっている活動から注意を移動させる必要がある。つまりその子どもに言語による指示を出す前に，まずその子どもの注意を喚起する必要がある。大人は，その子どもの名前を呼んだり「見て」などの言葉かけによって，それを行なうかもしれない。この段階の子どもは，以前に比べると，ある活動から言語による指示に注意を移動させ，その後またその活動に戻ることをより受け入れやすい。ただしそれには，大人の

手助けが必要である。この段階の子どもたちは，言語による指示に従うためには，相変わらず聴覚的注意と視覚的注意のすべてを話し手に振り向ける必要がある。

この段階の子どもの注意のコントロールが，言語学習にどのような意味をもっているかについては，第2章「注意と言語学習」に概説されている前の発達水準にある子どもの場合と似ている。言語に注意が向けられ学習されやすいのは，子どもが自分の注意の焦点を再方向づけしなくてもよいやり方で大人が言語を導入した場合や，その子どもが今注意を向けている活動や関心の焦点にその言語がくみ込まれている場合である。

例3-1　単一チャンネルの注意

生後3年目，ローワンはしばしばおかたづけに夢中になった。この活動は，他の活動と同じように遊びのプロセスや遊び活動に統合されていた。ある時，ローワンは，ジグソーパズルを完成した後にパズルのピースを夢中でブリキ缶に戻していた。その時のことである。
たまたまローワンの背後に座っていた母親がローワンにお菓子をあげようとして，ローワンの注意を引きつけようとした。しかしローワンの注意をうまく引きつけることができなかった。
母親は呼びかけた。「ローワン，チョコレートよ。チョコ，チョコレートよ。チョコレートいらないの？」。パズルのピースを全部ブリキ缶に戻し終わった時やっと，ローワンは，母親のほうを振り返って「なあに？」と言った。
ところがローワンの注意が自分で選んだ活動に固定していない時には，ローワンはそうした申し出に即座に応答する——。注意が別のところにない場合にチョコレートは，いつも高い動機づけを引き起こしていた。

図3-1　単一チャンネルの注意を見せる2歳半のローワン

2　遊びと言語の関連

子どもの遊びスキルは，生後3年目の期間中，拡張して発達しつづける。大ざっぱにいうと，この年齢の遊びの機能は次のとおりである。

①子どもの認知発達を助ける。
②とくに空想役割遊びをとおして，子どもの社会発達を前進させる。
③子どもが自分の感情を探求するのを助ける。

　種類の異なるたくさんの遊びと言語スキルの発達の関連を描写することができるが，ここでは，言語発達にとってより重要と思われる遊びの諸側面について考察する。つまりシンボル遊びを含む想像遊びと，役割遊びについて考察する。以下の節では，関連する遊び行動とその例を記述する。また，遊びにおける言語の役割や，言語発達と遊び発達の間に存在している関係についても記述する。

❶ シンボル想像遊び

　想像遊びは，言語発達と密接に関係している。なぜならば，想像遊びはシンボルを理解し使う能力を含んでおり（Cooke & Williams, 1985），それなくしては，言語理解は前進しないからである。

　子どもは，生後2年目の終わりごろから発達し始めるふり遊びの発達段階（sequence）を拡大していき始める（第2章，表2-1）。それは，現実の対象物を表象し表示する対象物をもつことによって行なわれるとともに，小道具がない時に想像上の対象物を作り出したり，ふりをすることで想像上の特性や表象的な特性を対象物に付与することによって行なわれる（Harris, 1989）。シンボル遊びに使われる対象物は，それらが表象している物との間に知覚的な類似性をほとんどもたない。

　シンボル遊びで子どもが使う対象物とそれが表象している物との間の類似性の減少は，想像上の友達の出現やポケットの中のお菓子などといった想像上の他の事物の出現を誘う。こうした発達は，言語発達が本当に飛躍し始める時期，つまり生後3年目とそれ以降に起こる。生後2年目の終わり以降，子どもは周囲で話されている語や文を理解する際に，場面状況の支えに頼る必要が減少していく。

　子どもの中で発達していく自己の意味は，ふりの能力と相まって他者の要求や感情を理解し始めたり，感じ始めたりすることを可能にする（Harris, 1989）。

例3-2　シンボル遊びにおける対象物の使用

　30か月，ローワンは庭で見つけた大きなプラスチック製の広口水差しを持ち上げた。ローワンは手一杯の砂利を水差しの中に入れ始めた。

大人　　：ローワン，何を入れたの？
ローワン：すごく熱い，すごく熱い。イチゴを取った，その中。（ローワンは水差しを地面の煉瓦の上に置いた）
ローワン：すごく熱い。さわっちゃダメ。指をやけどしちゃダメ。
大人　　：お料理してるの？
ローワン：そう。あのね，イチゴをお料理してるの。

　ローワンのやったような，イチゴを表象するのに砂利を使うことは，本当にシンボル的である。ローワンはさらに飛躍させて，それらの砂利は熱いので触ってはいけないという別のごっこを始めた。

図3-2　イチゴを料理するというふりをしている2歳半のローワン

例3-3　シンボル遊びにおける対象物の柔軟性の増加

　生後3年目の間，ローワンは，しばしば大人のそばにやって来て自分の創り出した対象物の新しい使い方をやって見せた。

・ローワンは，洗濯バサミで指の先を挟んでから，「ママ見て，ワニだよ！」と言った。
・ローワンは，ガラス製のビーズを開いた本のページの内側に注意深く並べて言った。「これは私の本よ。中にあるのは鏡よ。いや，それはプレゼントの本」。ガラス製のビーズが何個か落ちると，ローワンは，「あっ，落ちた。それは私のレーズンよ」。
・ローワンはネクタイの一方の端を握り，もう一方の端を引きずって階段を降りてきながら言った。「これはわたしのヘビよ，ママ。ヘビ！」。ローワンはこれを繰り返した。その後，管として使い，それから，棒として使った。
・ローワンは，積み重ね式の筒をもうひとつの筒の上に重ね，それらを片目に当てのぞいて「これはわたしのカメラよ」と言った。それから，父親がローワンの写真を撮る時のように，じっとしてにっこり笑うポーズをした。

図3-3　父親のネクタイをヘビに見立てているローワン

子どもは，つい先ほど経験したできごとを再び演じ始める。また，それらを新しいやり方で再結合させて，自分が他者であるかのように空想した物語を創造する。また，直接観察したり経験したりしたことのないできごとを行なったりする。生後3年目の初期段階の子どもにとって人形は，行為したり経験する能力を身に付けているものとしてとらえられている。また子どもは，人形に，遊び中に話をさせたり，したいことや要求や感情を表現させたりする（Harris, 1989）。

　クーパーら（Cooper et al., 1978）は，20世紀の神経心理学者ルリア（Luria, 1961）の考えを記述しながら，子どもが遊びの際に行なう言語的注釈の役割を考察している。それまでの諸発達段階において子どもは，対象物に対する自分の概念を安定化させるために，遊びの中でふと思いついた時にそれをラベリングするのだと考えられている。例3-5の中でローワンが発したような言語的注釈を付け加えることによって，子どもは遊びの中で現に行なっている考えを強固なものにしているのだと考えられる。いまや言語には異なる特質（dimension）が存在し始める。それは，子どもがやっているような，活動の異なる側面を統合するといった使い方である。

　生後3年目の後半になると子どもは，動物園に行くなどのようなたまにしかないできごとを遊びの中で演技する。この種の遊びの発達を支えているのは，後で子どもが遊びの中で話したくなるような経験である。それは言語発達の機会を提供するたくさんのいろいろな経験になる（Cooke & Williams, 1985）。観察や経験から取ってきたできごとの細部を子どもが遊びの中で詳しく行動で表現するようになると，世界に関する子どもの理解は成長する。この種の遊びをする間に養育者と話をすることが，できごとの進行順序の理解をうながし，できごとを強化して子どもの記憶と語彙を鍛え上げるのである。

　想像遊びはこの年齢に発達する。それは，2歳の誕生日ごろに出現するひとりで行なうシンボル活動から始まり，3歳児の複合的で協同的なごっこ遊びへ発達する（Hetherington & Parke, 1986）。3歳児に見受けられる空想的で大袈裟なパントマイム遊びは，子どもに将来の役割，感情体験，他者の役割，子ども集団における機能などを試してみることを可能にする。遊びの機能や種類の異なる遊び行動についてのより詳しい情報と考察については，ジェフリーら

例3-4　最近経験したことをふり遊びでもう一度演技する

　生後3年目の期間中、ローワンは異なる役割を演ずる人形を複数使ったふり遊び場面を展開し、それをたいてい最近経験した内容から取った物語へと発達させた。病気でしばらく寝込んでいたのが回復した後、ローワンは自分の持っているお人形さんのひとつで遊んでいた。ローワンは、見立て（make-believe）のベッドの中に寝かせたその人形に毛布をかけると、心配そうな口調で言った。「だいじょうぶ？　気分はいい？　薬を飲むのよ、さあ。元気になるよ」。少したってから、ローワンは「彼女はベビーシッターだ」と告げると、人形を暖かそうにくるんで、おもちゃのベビーカーに乗せ買い物に連れて行った。

図3-4　人形に薬を飲ませている2歳9か月のローワン

例3-5　人形に人間性や経験をもたせる

　26か月の時、ローワンはミニチュア人形、食卓用のナイフ・フォーク・スプーン類、家具で遊んでいた。遊びながら、ローワンは次のような注釈を発した。
　「お人形さんがね、あのねえ、カーペットに座りたいの」。その人形をカーペットに座らせると、ローワンは人形に食べ物を与え始めた。「全部ほしい？お人形さんがもっとほしがっている」。ローワンは、スプーンを使って、想像上の食べ物をお皿の上で混ぜ始めた。
　そして、それを人形に食べさせた。「アー」とローワンは言って、口をパクパクとならして食べる真似をした。「おしまい。今度は、お人形さんがお薬を飲みたがっている」。ローワンはカップを取って、人形の口に持っていった。「ちょっとだけ。おしまい」。それから、ローワンはおもちゃを全部、近くの棚の上に置いた。
　それから自分のやったとおりに「あれ、かたづけた。お人形さんかたづけた。お人形さんはお腹がいっぱい」と言った。
　ローワンの言語スキルが、人形の行なう行為や、人形が感じている望み、心の中の状態を表現するようにうながしたからこそ、そうしたことがはっきりと遊びの中で生起したのである。

図3-5　26か月の時、ローワンがミニチュア人形で遊んでいる

(Jeffree et al., 1985)，コーエン（Cohen, 1993），ブルーナーら（Bruner et al., 1985）を参照するとよい。

❷ 役割遊びと社会的遊び

　生後3年目の間に，子どもは他の子どもとの遊びに過ごす時間が徐々に増加していき，養育者との遊びに過ごす時間が徐々に減少していく（Eckerman, Whatley, & Kutz, 1975; Hetherington & Parke, 1986より引用）。この段階の子どもは，異性の子どもとも同性の子どもとも同じように仲良く遊べる。また，役割関係を交互に交代するのを試してみることもできる。たとえば，鬼ごっこの「鬼役」と「逃げる役」や隠れん坊の「鬼役」と「隠れる役」を交代しながら行なうことができる。子どもどうしの遊びと養育者との遊びの重要な違いのひとつは次の点にある。つまり，養育者は遊びの間，相互作用を維持するようにうながすが，子どもどうしでは相手の子どもに対して挑戦的な行動を示すことによって，相互作用を開始しそれを維持しようとする。子どもどうしの相互作用はより対等であり，この対等性が子どもに，より促進的な養育者に支えられながらそれまでに発達させてきたコミュニケーションスキルを試してみる機会を提供する。

　生後3年目の中ごろ，子どもは近くにいる子どもと遊びたがるが，まだおもちゃや大人の注意を共有しあうということは理解できない。子どもは，遊んでいる時に子どもを見ることに強い興味を示すかもしれないし，時によっては仲間に入ろうとするかもしれない。しかしながら，子どもどうしのごっこ遊びに能動的に参加してそれを長くつづけることができるようになるのは，生後3年目の終わりごろになってからである（Sheridan, 1997）。子どもがいったん子どもどうしの遊びに十分参加できるようになると，遊びは本質的に社会的活動となる。

　社会的遊びは，子どもに他者を観察したり模倣したりすることを可能にするとともに，コミニケーションスキルを拡大するための討論の場（forum）を提供する（Cooke & Williams, 1985）。子どもはより社会的になる機会を与えられ，コミュニケーターとしてのいっそうの自信を発達させるに違いない。子どもどうしの役割遊びは，子どもに役割交換を可能にさせ，その結果としてより

広範な実在のあるいは想像上の役割とシナリオを探求することを可能にさせる。そうした子どもどうしの役割遊びには，認知スキル，社会スキル，言語スキルを拡大する多くの機会が存在している。

3 概念，意味，語彙の発達

① 語彙の成長

2歳半から4歳半の間に，子どもは毎日，平均して2語ないし4語を獲得する（Myers Pease et al., 1989）。これらの段階の子どもの語彙サイズに影響を与える最も重要な要因のひとつは，彼らが周囲の大人から耳にする言語である。ハートとリズレイ（Hart & Risley, 1995; Weitzman, 1998より引用）によれば，30か月の異なる北米児群では，その平均表出語彙サイズ（すなわち子どもが使う単語の数のことであり，これは子どもが理解できる単語の数と対立するものである）は，357語から766語であった。また，3歳の誕生日までの6か月間にそれらの異なる北米児群は，それぞれ平均で語彙サイズが168語ないし350語増加していた。大人からの言語入力に見られた2群間の差異は，次のとおりだった。

相対的に大きい語彙をもっている子どもの親は，

①子どもへの話しかけが統計学的に有意に多かった。つまり，親自身がより広い語彙を使用していた。
②質問をより多く発していた。
③子どもが言ったことに対してポジティブなフィードバックをより多く与えていた。
④子どもをうながして，より多くターンを取らせようとしていた。
⑤会話がより長く進行しつづけるように調整していた。

相対的に小さい語彙をもっている子どもの親は，

①子どもへの話しかけが統計学的に有意に少なかった。つまり，子どもたちをより狭い語彙にしかさらしていなかった。
②子どもとの会話が相対的に短かった。

② 語カテゴリー

マイヤーズ・ピーズら（Myers Pease et al., 1989）は，語を子どもに教える時に母親がどのような方略を使って，語の階層性とそのグループ化に関する情報を提供しているかを考察している。グループメンバーを教える時には，たとえば「トラクター」「バス」「列車」などを教える時には，母親は指さしをしながら，その対象物の名前を付与している。グループ名を教える時には，母親は「くるまとバスと列車。これはみんな乗り物の仲間よ」というようなことを言う傾向がある。この種の明示的な教育は，世界にある事物を子どもが心の中でカテゴライズするのを手助けする（図3-6）。この種の情報は，ある語を別の語でいかに定義するかに関係しており，この言語発達段階と次の言語発達段階の語学習にとってとくに有益である。

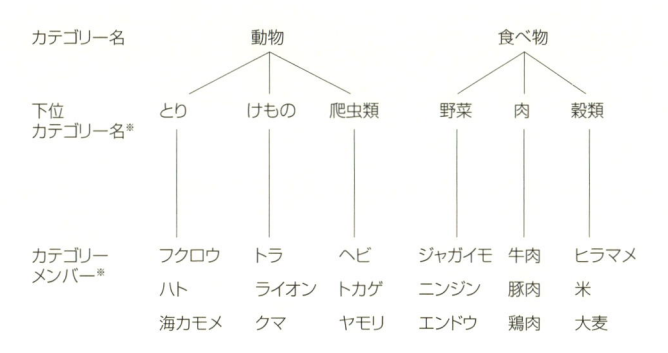

カテゴリー名	動物			食べ物		
下位カテゴリー名*	とり	けもの	爬虫類	野菜	肉	穀類
カテゴリーメンバー*	フクロウ ハト 海カモメ	トラ ライオン クマ	ヘビ トカゲ ヤモリ	ジャガイモ ニンジン エンドウ	牛肉 豚肉 鶏肉	ヒラマメ 米 大麦

*ここにあげた例は，スペースの都合で，一部しか載っていない。

図3-6 心の中における語のカテゴリーグループ

③ 基本概念を表わす語

基本概念に関連する一連の語の学習はこの年齢に始まる（Boehm, 1976）。

それらの語には，形容詞（「熱い」「冷たい」「太い」「細い」「大きい」「小さい」「赤い」「青い」）や，前置詞（「中に」「上に」「下に」「後ろに」「前に」）などが含まれる。3歳になるころまでに，子どもは次のような空間語，つまり，「中」「前」「横」「上」「隣」「外」「下」の理解を発達させる（Boehm, 1989; Paul, 1995, p.295より引用）。マイヤーズ・ピーズら（1989）は，反対関係にある形容詞対，たとえば「熱い」「冷たい」のペアの学習がどのように起こるかについて報告している。それによれば，正のペアメンバーが最初に獲得され，それから少し遅れて負のペアメンバーが獲得される傾向がある。ひとつの形容詞を過剰に使って連続体の両端について話すのは，この段階ではめずらしくない。たとえば，「熱い」という語を使って，熱いと冷たいの両方を表わすのはめずらしくない（例3-6参照）。

　「中」「上」「下」という語の獲得順序が対象物への子どものはたらきかけ方と密接に関係していることがクラーク（Clark, 1973）によって見いだされている。これについては，マイヤーズ・ピーズら（1989）に引用されている。子どもは，物を別の物の上に置いたり下に置いたりするようになる前に，物を別な物の中に入れる。たとえばボタンを箱に入れたり，スプーンをカップに入れたりするという自然な傾向をもっている。これらの行動は，子どもの概念発達と関係しているように思われる。今度はそれが概念に関係する語を理解する早さに影響を及ぼし，これらの語を含む言語指示への応答の仕方に影響を及ぼす（後述の「ありそうな場所方略」を参照）。

　マイヤーズ・ピーズら（1989）は，子どもが色名をどのように獲得するかについて調べた広範な研究から得られた結果を考察している。色名獲得に関連する要因には次のものが含まれる。

①知覚的な目立ち具合。
②適切な概念情報の提供を含む大人からの教育。
③もしかしたら，色の場（field of colour）への特別な注意を引き起こす素因（predisposition）に関係した色獲得のユニークなパターン。

　生後3年目の子どもは，たいてい2ないし3種の色名を言うことができる。

例3-6　反対語の理解と使用

「熱い」という語を使うのを学習するまでローワンは，何か熱いものがあると唇を丸くすぼめて息を素早く吸い込むことによって，それを表わしていた。この表現の仕方はローワンの両親が，ローワンが紅茶マグカップやラジエーターのような熱いものに触らないように警告するためにやっていたやり方である。

ローワンはその後，「熱い」という語をいろいろな熱いものに対して適切に使えるようになった。ローワンは，それからじきに，「冷たい」という語を冷たい水の中に指を入れた時に使い始めた。ローワンはこれらのふたつの語の意味関係（relative meaning）を区別理解したかのように思われた。

しかしながら，それから数週間すると「熱い」「冷たい」という語をごちゃ混ぜにして使って，熱いもの，温かいもの，冷たいものをでたらめに言及し始めた。それからさらに数週間たって，やっとローワンの熱いという語と冷たいという語の使い方に信頼性が生まれた。

図3-7　2歳半のローワンが紅茶の入ったマグカップが「熱い」ことを説明している

ローワンの学習パターンを仮説的に説明すると次のようになる。

①ローワンは最初，正の名辞（positive extreme）である熱いという概念について学習し，その語を多くの場面で適切に使った。
②ローワンはその後，冷たいという語を学習したが，最初の間ひとつの場面にだけ限定してこの語を使っていた。このことは，ローワンがまだ語の根底にある概念を学習していないことを示唆している。
③概念理解力が発達するにつれて，ローワンは，「熱い」「冷たい」の理解を再体制化しなくてはならなくなった。つまり，温度という同一次元にそってそれらを反対関係に位置づけなくてはならなくなった。こうした概念の再体制化プロセスは，この例での「熱い」という語と「冷たい」という語の混乱した使い方の中に映し出されている。
④ローワンは，両端に極値（extreme value）をもつ一次元としての温度という概念，それらの極は「熱い」という語と「冷たい」という語を使って表現される概念の理解をより成熟させるにいたる。

④ 語と文の理解

これまでのいくつかの節や章で概説してきたように，理解力には，ひとつの文の中で話されている複数の単語を理解する能力以上のものがたくさん含まれている。現実のコミュニケーション場面では，子どもは自分に向けて何が話されているかを理解するのに次のものを使う。

①状況知識：種々の状況では通常どんなことが起こりやすいかについての知識
②場面情報：目の前の直接の環境内の対象物やできごとの形をとった情報で，話された言語の理解を補助的に支えている情報
③非言語情報：話し手の顔の表情，声の調子，ジェスチャー，身体言語，姿勢などによって運ばれる情報
④話された語と文の理解

⑤ 生後3年目に使われる理解方略

2歳から3歳の間の子どもは，理解を手助けするためにいろいろな方略を用いている。これらの方略は，子どもの発達につれて変化する。

■ 起こりやすいできごと方略

生後3年目，子どもは「お母さんが赤ちゃんに食べさせる」「イヌがネコを追いかける」「お父さんがイヌをなでる」のような，3つの異なる情報を含んでいて，しかもある一定のできごとについての予想事態に合致する文を処理することができる（Chapman, 1978; Paul, 1995より引用）。そして，それに関連した言語指示をおもちゃで実行できるに違いない。しかし，もしも「赤ちゃんがお母さんに食べさせる」「ネコがイヌを追いかける」「イヌがお父さんをなでる」のような文内の役割が反転させられた，普段では起こりにくいできごとを記述した言語指示が出されて，同じおもちゃセットを使って実行するように求められるならばそうはいかない。子どもは選択肢として用意されたおもちゃの中から，各言語指示を実行するのにぴったりなおもちゃを選択できたとしても，言語指示をより起こりやすい方向に解釈してしまうであろう。つまり子どもは，

「お母さんが赤ちゃんに食べさせるようにやってみて」「赤ちゃんがお母さんに食べさせるようにやってみて」という言語指示のどちらに対しても，母親が赤ちゃんに食べさせるという反応でこたえるに違いない。

■ ありそうな場所方略

この段階の子どもは，他の物の中に置かれた物や他の物の上に置かれた物に関わる言語指示に対して，それらの対象物が通常置かれている場所に関する知識を利用して反応する（Chapman, 1978; Paul, 1995より引用）。たとえば，「スプーンをカップの中に置いて」「ナイフをお皿の上に置いて」などの言語指示に対しては適切に反応できるにもかかわらず，「スプーンをカップの上に置いて」「ナイフをカップの中に置いて」などの言語指示に対する反応としては，対象物を正しい場所に置くことができないかもしれない。

■ 欠落した情報の補充

この段階の子どもは，尋ねられた質問には応答しなくてはならないということを知っているし，たとえ十分に理解できない質問に対しても答えを補充することがわかっている（James, 1990; Paul, 1995より引用）。

⑥ 24か月から30か月までの言語理解発達

ここでは，語と語結合の理解について論じる。子どもの受容語彙は急速に発達し，普段よく目にする対象物（common object）のほとんどの名前と絵を理解することができる。子どもは，「お料理を作る時に使う物／ご飯を食べる時に使う物／洗う時に使う物」などのような機能的な定義によって対象物を同定することができ，あご，ひじ，眉毛などのような身体部位を指すことができる（Bzoch & League, 1991）。子どもは，「何…？」「どこ…？」などで始まる質問に適切に応答することができる（James, 1990; Paul, 1995より引用）。概念発達は，子どもが非常にたくさんのカテゴリーを理解するのを手助けする。そうしたカテゴリーの理解には，家族の成員に「おばあちゃん」「おじさん」「きょうだい」のような名前があるということを知っていることも含まれる（Bzoch & League, 1991）。相変わらず子どもは，理解方略と非言語的手がかり

を使いつづける。この段階の子どもは，他者が話した内容を理解する際に，非言語情報に頼ることが以前に比べるとはるかに少ない。

⑦ 30か月から36か月までの言語理解発達

生後3年目の後半で明らかに子どもは，普段よく接する対象物の名前のすべてと普段よく行なう動作を表わす語のすべて，また普段よく耳にする形容詞のほとんどを理解している（Bzoch & League, 1991）。子どもは，「誰…？」「誰の…？」「なぜ…？」などで始まる質問に適切に応答することができるし，時によっては「いくつ…？」で始まる質問にも適切に応答することができる（James, 1990; Paul 1995より引用）。ほとんどの子どもが3歳ごろには，異なる3個の情報または3個のキーワードを含む文を処理し理解することができる（Bzoch & League, 1991）。たとえば，「大きい本をおばあちゃんにあげて」「お母さんとジョーが公園に行く」「戸棚からお父さんの帽子を出して」などが理解できる。この時期は，「3語期」とよばれている。

人，動物，食べ物，おもちゃ，乗り物，衣服，建物，場所などのような身の回りの具体的な事物について，さらには，感情，できごとのつながり，簡単な因果関係などのより抽象的な知識について3歳児が獲得している多量な知識からは，子どもが毎日の生活に関係する広い範囲の物語を理解しているということがわかる。

4 生後3年目におけるコミュニケーションスキルと表出スキル

① コミュニケーションと言語の発達に影響を及ぼす社会発達と認知発達

この年齢段階の社会発達と認知発達は，子どもが相互作用を行なう際に聞き手の視点（perspective）を考慮に入れることを可能にし始める。このことが具体的に判明するのは，「あっち」「こっち」「行く」「来る」「わたし」「あなた」などの語を徐々に正しく使えるようになっていくということをとおしてである。これらの語は，話し手としての自己と聞き手としての自己という視点を区別し

なくてはならない語である（Pan & Snow, 1999）。「わたし」「あなた」という指示代名詞の正しい使用には自己を対象として見ること，自分に対する他者の視点を取ることが含まれており，自己の意味がこの時期に子どもの中で発達していくことが，それらの指示代名詞の正しい使用を促進する（Maccoby, 1980）。

　はやくも3歳ごろから，ある子どもたちでは，年長の話し相手やあまり親しくない話し相手に何かを頼む時に，丁寧さを表わす標識の数が増加することをベイツ（Bates, 1976; Pan & Snow, 1999に引用）が見いだしている。丁寧さを表わす標識の使用は，聞き手の視点を考慮に入れる能力の表われである。2歳児は，年少の仲間に話しかける時と大人に話しかける時では違った話し方をするということが，ダンとケンドリック（Dunn & Kendrick）によって見いだされている。これについては，ワーレン＝リューベッカーとボアノン（Warren-Leubecker & Bohannon, 1989）に引用されている。年少の聞き手にコミュニケーションを合わせるということの中には，声のピッチ（高さ）を高くする，句を短くする，命令を多用するといったことが含まれる。子どもは，動物や人形に話しかける時にも，こうしたやり方でコミュニケーションを合わせるかもしれない。

　子どもが視点を自分自身のものから移動させる能力をもっていることは，想像遊びや役割遊びにおける言語使用をとおしてもわかる（例3-7）。

❷ 会話スキルの発達

■ 会話を進行させ続けること

　3歳児がコミュニケーションをしつづけるのは，たいてい社会的な理由からである。この時期の初めにおいては，養育者との会話はしばしば一貫性がなくバラバラである。養育者は，会話に長く参加できるように子どもを手助けしている。たとえば養育者は，子どもが話したことに応答すると同時に子どもから応答を求めている。ケイとチャーニー（Kay & Charney, 1981; Brinton & Fujiki, 1989より引用）は，養育者のこの種の応答を「方向転換」（turnabout）と名付けている。ケイとチャーニーによれば，この種の応答が高い比率で見られたのは，養育者の役割が相互作用をガイドすることにあり，養育者の主要な目的が子どもとの会話を進行させつづけることにあるからである。

例3-7　役割遊びに見られた会話適合と視点移動

29か月ごろ，ローワンは，しばしば母親と役割遊びを行なっていた。その遊びでは，役割を交替して母親が赤ちゃん役を演じなくてはならなかった。

ローワン：今度はお母さんがベッドに寝るんだよ（母親は床に横になる）。
ローワン：今度は眠るんだよ（母親は眠る真似をする）。
母親　　：ワー，ワー。
ローワン：どうしたの？　おっぱいいる？　おっぱいいる？
母親　　：（うなずく）
ローワン：おっぱい，持ってくるね。

　上記の例でローワンが行なった会話の合わせ方は，彼女の「赤ちゃん」にミルクが飲みたいかを尋ねたことである。こうした遊び場面以外でローワンは，普段大人にミルクが飲みたいかを尋ねたりしない。また，ローワンは，「ミルク」という語の派生形（おっぱい：milky）を使っている。
　なおこの言い方をローワンが使うのは遊びの中だけである。それは，遊びの中で他の子どもが使うのを聞いて憶えたのである。ローワンは，案ずるような，気づかうような気持ちを込めて，普段より声の高さを高くすることによって合わせている。こうした様式のイントネーションは，役割遊びの間保たれていた。

図3-8　2歳半のローワンがごっこ遊びで母親と役割を交替している

　この段階の子どもは，子どもどうしの非言語および言語による継続的な相互作用に入ることが困難で，承認を得るためや相互作用に入るために忍耐を必要とするような相互作用に入ることも困難であるとされている（Corsaro, 1979; Brinton & Fujiki, 1989に引用）。

　子どもは，会話の休止がターンをとる合図として機能していることに気づき始める。アーヴィン＝トリップ（Ervin-Tripp, 1979; Brinton & Fujiki, 1989より引用）は，2，3歳児が会話を中断することが年長児に比べて上手でないこ

> **例3-8　会話を進行させつづけること**
>
> 　26か月の時，ローワンは，母親との会話で母親の発した先行発話を承認することと請求することを同時に行なうことによって，母親にターンをとるようにうながす会話を行なった。
>
> ローワン：ママ，開けて（母親にお菓子の入った袋を手渡す）。
> 母親　　：開けるの？
> ローワン：うん。開けて。袋がいる。
> 母親　　：袋のままいるの？
> ローワン：袋のままいるの。

図3-9　ローワンがお菓子の袋について母親と会話をつづけている

とや，子どもの年齢が明らかに低ければ低いほど会話の休止が無視されることを見いだしている。3歳ごろに子どもは，1回の会話の中でたくさんのターンをとることができるようになり，他者との会話を始めることができるようになる（例3-8，例3-9，例3-10を参照）。

■ 会話のトピック

　子どもの言語能力，とくに語彙スキルと文法スキルがこの年齢に増大するのと同じように，自分以外の人によって開始された会話のトピックを維持する能力が増大する。初期段階において，子どもがトピックを維持するためによくやるのは，大人が前に言ったことを模倣するというやり方である。3歳の誕生日が近づいてくると子どもは，新しいけれども関係のある（new but related）情報を付け加えることができるほど進歩する（Brinton & Fujiki, 1989）。生後2年目の時と同じように，大人は年少の子どもとの会話にトピックの足場（scaffold）を提供しつづける。つまり大人は，子どもがそれまで話してきたこ

例3-9　大人との会話を上手に開始すること

　26か月，ローワンは，大きな声でしつこく繰り返して母親の注意を引くことによって母親との会話を始めることに成功した。その相互作用が始まった時，母親は手紙を書いていた。

ローワン：ねえ。
母親　　：なあに（書きつづけながら）。
ローワン：私，きれい。
母親　　：うーん。
ローワン：何してんの？
母親　　：書いてるの（顔はテーブルの上の便箋に向いている）。
ローワン：ねえ，ねえ，何してんの？
母親　　：まだ書いてるの（ローワンをちらっと見る，それから，また手紙のほうを見始める）。
ローワン：（声をだんだん大きくしていきながら）ねえ，ねえ，何してんの？　何してんの？
母親　　：（ローワンを抱き上げて，膝の上に乗せて）手紙を書いてるの。見て。あなたも何か書きたい？

図3-10　26か月のローワンが母親と会話を始める

例3-10　会話を始める別のやり方

　2歳の間，ローワンは，いろいろな言葉（phrases）を使って会話を始めるのを試していた。それには「オイ！」「ヘイ！」「お母さん／お父さん」「ねえ，聞いて」などがある。最もよく使われた言葉は最後のふたつで，それは，一般に会話を開始する効き目が大きい言葉である。

図3-11　ローワンが父親と会話を始める

とと，たとえば過去のできごとやこれから起こるできごととの間にトピックのつながりをつけることによって会話のトピックを拡大させようとする。(Wanska & Bedrosian, 1986; Brinton & Fujiki, 1989 より引用)（例3-11参照）。

生後3年目に入ると子どもは，コミュニケーションスキルをいろいろな目的に使う（第2章の表2-2を参照）。しかしその際，会話のトピックはたいてい今行なっている活動やすぐ目の前にある周囲の対象物やできごとに焦点が当てられている。3歳児は「今」「ここで」を超えたトピックについて話すことが徐々にできるようになっていき，そしてそのことが過去や未来を表わすための文法形式を学習する場面を提供する。

例3-11　会話のトピックの拡大

ローワン：その耳を取った。
母親　　：誰が耳を取ったの？
ローワン：お母さん。
母親　　：耳を取ったのはアンでしょう？
ローワン：いいや。違う。髪を取った。

27か月の時，ローワンは母親と会話をしていた。母親は，関係する新しい要素，つまりローワンの保育世話人の名前「アン」を導入することによって会話を拡大した。

■会話の修復：明確化請求への応答

3歳の間に子どもは，自分の発したメッセージを明確にするように求める他者からの（たいてい大人からの）要求により明確に応答することを学習する。そしてこれは，会話パートナーの要求に合わせる力が増大したことを証明するものである。大人が最もよく使う明確化請求の種類は，子どもの発話の一部を尻上がりイントネーションをつけて反復するやり方である（Pan & Snow, 1999）。

ギャラハー（Gallagher, 1977; Brinton & Fujiki, 1989 より引用）は，29か月児が自分の発したオリジナルなメッセージの文法要素を変化させたり交換したりすることによって，メッセージを修正することを見いだしている。その一例として，代名詞「それ」を名詞句「チョコレートケーキ」で置き換えた場合がある。以下は，実際のやりとりではなく，想像上のやりとりである。

子ども：それ食べてもいい？
母親　：うん？　何が欲しいの。
子ども：それ食べてもいい？
母親　：（当惑した表情）
子ども：チョコレートケーキ食べてもいい？

子どもが単にメッセージを反復するのではなくて、それを幾分か変えているという証拠が強く示唆しているのは、その子どもがいくつかの理由でメッセージを伝えそこなったことに気づいているということである（Pan & Snow, 1999）。

例3-12　明確化請求への応答

30か月、ローワンは、保育グループで描き上げた絵を母親に見せた。

ローワン：スティッキー（のっぽさん）を描いたよ。(It got sticky on it.)
母親　　：［聞き間違って］キャンディー（sweeties）を描いたの？
ローワン：違う！　スティッキーだよ。

ローワンは、母親からの明確化請求に対して、「スティッキー」という語を大きく高い声で発音して強調することによって応答した。

図3-12　2歳半、ローワンは自分の言ったことを明確にする

■ 会話の修復：明確化の請求

子どもも同じように、会話パートナーに明確化を請求することができる。この年齢ではほとんどの子どもは、「何？」や「うん？」のような中立方略を採用するか、話し手の発話の一部を反復する。しかしながら、子どもはこうした請求を大人に比べると、はるかにわずかしか行なわないし、子ども相手の場合

にはほとんどしない（Pan & Snow, 1999）。

　明確化請求は，この年齢段階の子どもに向けられた発話の中で相対的に高い比率を占めている。そうしたやりとりこそが言語そのものであり，子ども自身の発したメッセージの有効性について子どもに考えるようにうながすことこそが目標であるという話題について，パンとスノー（Pan & Snow, 1999）は次のことを示唆している。つまり養育者は，子どもの話していることを子どもに説明できるようにさせることによって，子どもの高いレベルの言語能力に応答しているのであるということを示唆している。

③ 生後3年目における言語の他の使い方

　文法構造の使用や語彙，世界についての理解，社会的理解，想像，注意，記憶の領域において子どもが生後3年目になしとげる著しい進歩によって，子どもは言語スキルを非常に広い範囲のコミュニケーション目的に使うことができるようになる。

■ 質問すること

　生後3年目の早い時点から子どもは，ますます質問することに興味をもつようになる。子どもは，引きつづき尻上がりイントネーションのたとえば「ロロのジュース？」「今から公園行く？」などのような短い句を使ってYes/No疑問の質問を行なうが，それとともに「何…？」「どこ…？」を使って，対象物に関する情報や対象物の場所に関する情報を得ようとする（Tager-Flusberg, 1989）。子どもは，まだこれらの質問を正しく尋ねるやり方をマスターしていないが，確実にそれらのメッセージを相手に理解させることができる。'wh…'語（what, where, who, when, why）を使った質問の初期段階では，子どもは，'What's that?'（これなに）のような質問形式を，情報を求めるための機能装置として使うだけでなく，他者を相互作用に引き込むための機能装置としても使っていると考えられている（Johnson, 1983）。子どもは，一般に質問すれば確実に返事が得られるということを理解している。しかし子どもは，'what'（なに）が記述内容の中の対象物や事物をさし示しているということを知っていたとしても，十分に'what'の意味を理解しているのではないと

考えられる。だから子どもは，人について明瞭に言及する時には正しくは'Who…?'（だれ）を使わなくてはならないのに，'What's that？'を過剰に使用してしまうのである。人について質問する際の'Who…?'の正しい使用は，一般に'What…?'の正しい使用よりも少し遅れて出現し，他の'wh'語の正しい使用はもっと後になって出現する（Tager-Flusberg, 1989）。

　生後3年目の後半，子どもは，一般に'Why…?'質問をたくさん発し始める。他の'wh'質問の場合と同じように，子どもは'Why…?'を因果関係を調べるためのものとしてではなく，むしろ会話を進行させつづけるための相互作用装置として使っていると考えられる。とくにこの語の意味を十分理解していない初期段階においてはそう考えられる。子どもの発した'Why…?'質問に対して大人が与える答えは，子どもがその語の意味の明確な理解にたどり着くのを手助けするであろう。

例3-13　'What…?'を使った質問

　26か月ごろ，ローワンと母親が床に座って遊んでいた時に，電話が鳴った。

ローワン：なに？
母親　　：電話よ。（電話に答えながら）もしもし。
ローワン：なに？　電話，なに？
母親　　：わかってるわ。

　数週間後はじめて，ローワンは，どんな質問の時に「なに」を使い，どんな質問の時に「だれ」を使えばよいかがわかった。

図3-13　ローワンが「電話，なに？」と聞いている

■ 感じていること，心の内的状態，問題を表現すること

「悲しい」「嬉しい」「不機嫌な」「いやな」「空腹な」などの語は，感情や内的状態を表わすのに使われる。これらの語は，生後3年目の間に意味をもち始める。子どもは，これらの語を短い句の中に使って自分自身の感情（feeling），

例3-14　他者の感情について話すこと

生後3年目，ローワンはテレビ番組の中で描き出されているような，他者の感情についてコメントし始めた。昼のメロドラマは，次のようなことをローワンに言わせるのにとくに効果があった。
「ああ……かわいそうなおばちゃん。彼女は悲しい。」
「彼女は泣いている。彼女は幸せじゃない，ママ。」
「はっはっはっ！　バカなおじちゃん。見て，バカなおじちゃん。彼女は幸せ，ママ。」

図3-14　テレビを見ているローワン

例3-15　語を使った感情の表現

他のほとんどの年少児と同じようにローワンは，生後3年目の間に恐れを含むたくさんの感情を経験した。自分が感じていることを表わす語を学習したことは，どこが具合が悪いか，そしてローワンに何をしてやればよいかを両親に気づかせるだけでなく，ローワン自身が自分の感情を理解するのを手助けするように思われる。
もちろん，ローワンはいつも語が使えるわけではない。しかしローワンが語を使えるときは，それは自分が経験しつつあることをローワンが意味づけするのを手助けする。そのいくつかの例が以下である。
「こわいよー。怪物こわいよー。」
「悲しい。嫌い。あっち，行って。」
「こわい，いや，グレイマン。グレイマン，こわい，いや。」
（グラハムは家族の友人）
「悲しいの？　ママ。」

図3-15　ローワンの恐怖はおさまった

たとえば「私は悲しい」「私はうれしい」を表現できる。また，他者がどのように感じているかを話し始める。

　生後3年目の間に子どもが経験する情動面の発達は激しく動揺し，予測不可能なものであるに違いない（Leach, 1997）。言語を使って感情を表現する方法の学習は，もっぱらこの期間の子どもの経験と両親の経験に光彩を添え，コミュニケーションをより効果的なものにするのに役立つ。
　子どもは，とりわけ「できる」「できない」という語の使用をいったん獲得すると，自分の経験した問題をはっきり表現するのが上手になっていく。

> 例3-16　問題について話すこと
> 　ある午後，ローワンは遊んでいて元気がなくなった。ローワンは母親と次のような会話をした。
>
> ローワン：ママ。もうしない。それできない。
> 母親　　：何ができないの？
> ローワン：パズルができない。

■ 自立を主張すること

　この時期の子どもは，しばしば「恐るべき2歳」と称される段階を通過していく。それは，子どもが，自分に対する大人のコントロールに異議を申し立てたいという（challenge）欲求を痛烈に感じ，自己の独立性を主張する年齢である（Leach, 1997）。「あっち行け」「自分がする」「ほっといて」などの言葉は，子どもが自立の発見へと向かうのを手助けする。

■ 過去と未来について話すこと

　子どもは，言語を使って過去に起こったことに関係づけたり，これからしようとしている意図や意志を表現したりし始める。生後3年目の間に，子どもはこうした目的に 'wanna'（したい），'gotta'（しよう），'gonna'（やろう）のような表現を使い始める。
　しかしまだそれらが，たとえば 'I wanna go now'（さあ，行こう）のように，ふたつの語を組み合わせたものであるということに気づいていない。まだ

4.生後3年目におけるコミュニケーションスキルと表出スキル　129

例3-17　過去について話すこと

　ローワンと父親は買い物から帰って来て，さっき起こったことについて母親と次のような会話をした。

ローワン：買ったの……買ったの……買ったの……くつ！（新しい靴を指さす）。
母親　　：かわいいねえ。ビーズが付いてるのね。
父親　　：公園で何があったかお母さんに話してごらん。
ローワン：ころんだ……泣いたの。指をけがしたの（よくなるようにキスしてもらおうとして，指を上に差し出す）。

図3-16　ローワンはキスしてもらおうとして指を上に差し出す

例3-18　未来について話すこと

　ローワンがこれからやろうとしている意図や意志を告げたのには次のようなものがある。

ローワン：（回転椅子のほうに近づきながら）グルグルしようっと。さあ。さあ，何するか教えてあげるね（椅子の上に乗って，人形，おもちゃのショッピングカートも乗せる）グルグルしようっと。
母親　　：ママは今からお風呂に入るわよ。お風呂入らない？
ローワン：これで遊ぶの。（積み木で遊びつづける）（人形で遊ぶ）お人形さんが積み木に乗りたいって（人形を四角い布きれの上にのせる）。

図3-17　ローワンは自分の意図を宣言する

子どもは過去や未来を正確に表現するために必要な文法構造をマスターする前の段階にあるが，子どもはとても上手に自分のメッセージを相手に理解させることができる。

■ 物語ることの初期段階

とくに生後3年目の後半，子どもは短い物語を話し始める。はじめのうちは，物語はバラバラで筋を追って理解するのが難しく，文2，3個分の長さしかない。語彙と文法スキルの成長は，絵を見て話すなどのような物語を話すのを大いに手助けする。そして，子どもが物語を話すのがとりわけ上手になるはこの年齢の終わりごろである。

> 例3-19　物語を話すことの初期段階
>
> 　ローワンは，ある朝，起きるとすぐに両親のベッドに寝ころがって，両親に向かって，次のような物語を話した。
> 「ライオンがいます（母親のほうに伸ばした片方の手のひらを開く）……。それから，ジェレミー・フィッシャーどんが別のポケットにいます（母親の方に伸ばしたもう片方の手のひらを開く）……。お水に飛び込みます，飛び込みます……（ローワンはベッドから飛び降りる）。それから，ライオンが飛び込みます……（ローワンは再びベッドに戻る）。それから，戻ってきます。」

④ 表出言語構造の発達

一般的に子どもの表出語彙がひとたび平均300語に達すると，文法発達が起こる（Bates et al., 1994; Bates & Goddman, 1997）。それは，24か月から30か月の間である。序章に述べたことを思い出そう。つまり，文法とは，語と文を構造化するために存在している様々な規則のことをいう。こうした規則には，複数を表わすための語末の規則（'cats' 対 'cat'〔ネコ〕）や，時制を表わすための語末の規則（現在時制 'stopping'〔止まる〕対 過去時制 'stopped'〔止まった〕）がある。

また，異なる種類の文（否定文，疑問文，平叙文，命令文）を表現するための語順規則がある。そうした文の種類には，それぞれ，'You're not painting a picture'（あなたは絵を描いていない），'Are you painting a picture?'（絵を

描いているんですか），'You're painting a picture'（あなたは絵を描いている），'Paint a picture!'（絵を描きなさい）などの例がある。

　文法発達は，言語発達の他の側面と同様に生後3年目の初めに始まる英語の発達のパターンに従っている。子どもに文法が発現したことの最も早い兆候は，通常，語に文法標識（grammatical marker）が付加されることである。文法標識は，たとえば'stop'（止まる），'stops'（止まる），'stopping'（止まっている），'stopped'（止まった）のように，語の意味を部分的に変更する。文法標識は形態素とよばれている。形態素は，ある言語において意味をもつ最小の単位である。文法発達が始まるためには，子どもの表出語彙が約300語になる必要があるだけでなく，その表出語彙がいろいろな種類の語で構成されていることが必要である。たとえば，動詞（eating〔食べる〕，running〔走る〕，brushing〔ブラッシングする〕のような動作語），名詞（apple〔りんご〕，dog〔イヌ〕，house〔家〕のような物の名前を表わす語），形容詞（big〔大きい〕，sticky〔いやな，ベタベタ〕，cold〔寒い〕のような性質を記述する語），前置詞（in〔中に〕，on〔上に〕のような位置を表わす語）などで構成されていることが必要である。

■ 24か月から30か月の間に発現する3語句

　この年齢に発現する子どもの会話スキルに観察される発達は，子どもの表出言語スキルの重大な前進と一緒に起こる。とりわけ，大人の発した先行発話に意味的につながりのある内容について話す能力の発達は，表出言語スキルの前進につれて起こる。この年齢の初期に広く見られる3語句の産出（Tomasello & Brooks, 1999）は，一般に子どもの発話の半数以上が2語句になった時に起こる。3語句は通常，1語句と2語句を組み合わせた結果であるか，大人の発した先行発話を拡大した結果である（Bloom & Lahey, 1978）。これらの例は，それぞれ以下のとおりである。

1) 2語句の組み合わせ

　たとえば，'Mummy drink'（お母さん　飲む）と'Drink tea'（お茶　飲む）から'Mummy drink tea'（お母さん　お茶　飲む）が作られる。このタ

イプの3語句が産出される以前，子どもは通常，'Mummy drink' タイプの2語句をたくさん産出する。このタイプの2語句は，行為を行なう人や物（たとえばお母さん）と，実行される行為（たとえば飲む）を含んでいる。また子どもは，すでに，'Drink tea' タイプの2語句をいくつか産出できるようになっている。このタイプの2語句は，行為（たとえば飲む）と，その行為が向けられる物や人（たとえばお茶）を含んでいる（Tomasello & Brooks, 1999）。

2）大人の発した先行文の拡大

他者の発した先行発話を子どもが拡大したものとしては，次のような例がある（Bloom & Lahey, 1978）。

大人　：Push the car.（くるま　押す）
子ども：Push big car.（大きい　くるま　押す）

大人　：This is Daddy's biscuit.（これは　お父さんの　ビスケット）
子ども：No Daddy biscuit.（お父さん　ビスケット　ない）

3語句を使いはじめた当初，子どもはたくさんの1語発話や2語句をジェスチャーに添えて使いつづける。この時期，語順がだんだん正確になり，大人の使う文の語順に合ってくるが，子どもの発話のほとんどは相変わらず電報体をしている。

■ 24か月から30か月の間の文法発達

子どもの句は，次のようなことをとおして文法的により正しいものになり始める。それは，'in'（中に），'on'（上に），'he'（彼が），'me'（私を）などのような語や，さらには，'Mummy's hat'（お母さんの帽子），'two cars'（2台の車），'crying'（泣いている）のような，語の意味を部分的に変化させる語尾をもった語を徐々に使えるようになることをとおしてである。表3-1は，この段階に起こる文法発達のうち最もよく見られる文法発達を概略的に示したものである。

表3-1　24か月から30か月の間の文法発達によく見られる特徴

文法構造	ローワンの3歳の話し言葉から取り出した例
代名詞 I（私が），me（私を，私に），it（それ），him（彼を，彼に）	I sad.（私悲しい），I wanna go now.（今，行きたい），Oh, it beautiful.（まあ，きれい），It uh man.（それおじさん）
前置詞 in（中に），on（上に）	Mustn't stand on it.（その上に立ったらダメ），I putting rabbit in there.（ウサギをその中に入れる），I put in my pocket.（ポケットの中に入れる）
動詞語尾のing	That uh man — look, she standing.（あのおじさん — 見て，彼女は立ってる），Daddy sleeping.（お父さん眠ってる）
未来時制 wanna（したい），gonna（しよう），gotta（やろう）	I wanna play this one.（これ遊ぼう），She's gonna get cold.（彼女は風邪ひくよ）
複数形 規則変化語尾の-s	Look mum, doggies!（お母さん見て，ワンちゃん），I got toys.（おもちゃ取った）
否定 no（ない），not（ない）	I not happy.（うれしくない），I not comb my hair.（髪ブラシしてない），There no pig here.（ブタいない）
質問 what（何），where（どこ）	What that?（それなに？），Where daddy go?（お父さんどこ？）

出典：Tager-Flusberg, 1989; Brown, 1973

　こうした発達は，子どもが自分の言おうとしていることをより正しく明細に述べるのを手助けする。他のすべての言語発達領域の場合と同じように，文法構造が獲得される年齢に関しては子ども間に著しい個人差がある。表3-1は，文法に関する側面のうち早期から獲得されると思われる側面を知るための一般的なガイドとして使われるべきである。

■ 30か月から36か月の間の文法発達

3歳の誕生日が近づいてくると，子どもの表出言語は電報体らしさがかなりなくなる。それは，この年齢の初めに獲得された文法構造がかなり安定的に使われるようになるからである。しかしながら子どもが文法の間違いをしなくなるのには，まだかなり時間がかかるだろう。いくつかの間違いは依然としてつづく。とりわけ，動詞の過去時制形の間違い（たとえば 'we goed to the park'）や，助動詞の 'can' と 'will' の間違い，be動詞のいろいろな形（am, are, is）の間違いなどがつづく。子どもの文は長くなっていく。ことに子どもが 'and'（それから），'because'（～から）のような接続語をひとたび使い始めると，文が長くなっていく。1つの文の中に含まれている異なる情報の数やキーワードの数は，せいぜい3ないし4個までである。表3-2は，この段階に広く使われている文法構造をまとめたものである。もう一度注意しておくが，この表は一般的なガイドとしてのみ使われるべきである。言語獲得の速さには，非常に大きな個人差があるということを心に留めておくべきである。

⑤ 子どもの犯す間違いは言語学習過程について何を物語っているか

言語を獲得していく過程において子どもが犯す間違いは，子どもが主体的な学習者であるという証拠をたくさん提供するものであり，それによって，仮説をテストすることができるし，また，受け取ったフィードバックにこたえて子どもがどのように努力しているかをいつでも再評価することができる（Tager-Flusberg, 1989）。子どもの発話の多くが間違いを含んでいるという事実は，子どもが大人の話したことを模倣することをとおして言語を学習しているのではないということの十分な証拠となるものである。むしろそれは，正しい使い方に到達するまで，文法規則や語の意味をテストすることをとおして，言語を学習しているということの証拠となるものである。

何人かの幼児言語研究者たち（Roeper, 1982; Tager-Flusberg, 1989より引用）は，子どもが彼らを取り囲んでいる言語の文法を獲得するための生得的な素因をもっているという考えを支持している。つまり，文法規則を適用する際に子どもが犯す間違いは，言語の形式すなわち言語の構造を分析して，最終的にはそれを学習する才能が根底に存在することの証拠となるという考えを支持して

表3-2 30か月から36か月の間の文法発達によく見られる特徴

文法構造	ローワンの3歳の話し言葉から取り出した例
代名詞 I（私），he（彼），she（彼女），you（あなた），they（彼ら），we（私たち）	I can see.（私は見える），You make uh bubbles.（あなたがシャボン玉を作る），He's want a chair.（彼は椅子がほしい），I put them up there.（私はそれを乗せる），She's not sleepy.（彼女は眠くない）
動詞 can（できる），will（未来），be（である）	I can watch.（私は見える），I can see it.（私はそれが見える），This is my book.（これは私の本），There is.（あった）
動詞語尾 過去形規則変化	I pushed it.（私はそれを押した），Stopped now.（ほら止まった），Cat jumped off.（ネコが飛び降りた）
複数形 規則変化語尾の-sがより安定して使われる	Two foots.（2本足），She's got boots on.（彼女はブーツをはいている）
否定 can't（できない），don't（しない），not（ない），no（ない）を文の中央で使う	I don't like it.（それ好きじゃない），Daddy didn't got yellow one.（父さん黄色の取らなかった），Daddy's not got yellow one.（お父さん黄色の取らなかった），I not want crisps.（クリスプいらない）
質問 who（だれ），why（なぜ）	Who that at uh door?（ドアのとこ誰？），Why you working, dad?（お父さんどうしてお仕事してるの？）
冠詞 the（その），a（ひとつの）	I going in a front room…you going in a front room?（前の部屋に行くよ……前の部屋に行く？），Get the brush then, use the brush.（そのブラシを取ってから，そのブラシ使う），Look, it's a comb, it's beautiful hair, it's a nice hair.（見て，くしだよ，きれいな髪，いい髪）
接続詞 and（そして），because（から）	Tidy up now'cos it bathtime.（さあ片づけましょ，お風呂だから），I go playgroup and… and… and I did painting.（保育所行って……それから……それからお絵かきした）

出典：Tager-Flusberg, 1989; Brown, 1973

いる。

　多くの3歳児は，文内の異なる種類の句構造を分析することができる（Roeper, 1982）。ローパー（Roeper, T）は，3歳児が以下の文に対して，どのように異なる反応をするかを論じている。

① I hit the boy with my hand.（私は，その男の子を手でたたいた）
② I hit the boy with a hat.（私は，帽子をかぶった男の子をたたいた）

　3歳児は，どちらの文に対しても，'Who did you hit?'（あなたは誰をたたきましたか？）という質問に正しく答えることができた。それに対する答えは，①が 'The boy'（男の子）で（'the boy with my hand'〔私の手のある男の子〕ではない），②は 'The boy with a hat'（帽子をかぶった男の子）である。このことは，3歳児が句を適切な種類に正確に分析しているという証拠を提供するものである。ふたつの文は，句の種類が次の点で違っている。つまり，①の場合 'with my hand'（私の手で）は，'the boy'（男の子）が属しているのと同一の名詞句に属していない。一方，②の場合，'with a hat'（帽子をかぶった）は，'the boy'（男の子）が属しているのと同一の名詞句に属している。

■ 過剰汎化

　子どもは，しばしば文法規則を過剰般化する。たとえば，

① 複数の語尾 '-s' を 'foot'（足）や 'mouse'（ネズミ）のような語にくっつけること。たとえば，ローワンの発話では 'Two foots'（2本足）。
② 特定の代名詞の過剰使用。ローワンの場合，'she'（彼女）が 'he'（彼）にも 'she' にも使われていた。たとえば，'Look uh silly man! She happy.'（バカなおじさんを見て。彼女は幸せ）。
③ 規則過去時制の語尾 '-ed' の過剰使用。たとえば，'We just buyed them.'（それを買った）。

■ 意味の間違い

　子どもは，学齢期になるまでは，語の意味に関係する間違いをよくしつづける。通常の語の新しい使い方を生後3年目の子どもが発明するというのはめずらしいことではない。そうした例には，次のようなものがある。

① 'Mum, I gonna fall it.'（お母さん，それを落ちるよ）（28か月のローワンがおもちゃを落とそうとしている）
② 'Don't giggle me.'（私をクスクス笑いしないで），'Don't uncomfortable the cat.'（ねこを困ったしないで）（Bowerman, 1982; Roeper, 1982より引用）

　この種の間違いから示唆されるのは，語の意味を正確に表現するために子どもが，語の意味の有効範囲（limitation）について，また語と語をどう組み合わせるべきかについて学習しつづける必要があるということである。

5 話し言葉の発達

　もう一度繰り返すと，話し言葉のもろもろの側面に発達が起こる年齢に関して，またさらに音声が獲得される順序に関しては，非常に大きな個人差があるということを強調しておくことが重要である。以下に示される情報は，一般的なガイドとしてのみ使われるべきである。

① 話し言葉に起こる主要な変化

　生後3年目の間に子どもの話し言葉に起こる主要な変化は，子どもが以前よりも幅広い多様な言語音を使うようになることやパターンの単純化が以前よりも減ることである。第2章を思い出してみよう。言語発達の初期段階の子どもは，語の一部やいくつかの音を省略したり，発音しにくい音の代わりに発音しやすい音を使ったりする。生後3年目では，語の発音の仕方の多様性が大人の発音に比べて少ない（Stackhouse & Wells, 1997）。

　この年齢の子どもの大半は，まだ語の分割可能な構成成分，つまり音や音節

を分析する能力が発達していない。語のこれらの側面に関する子どもの知識は，その語がその子にとってどの程度なじみ深いものであるかに依存している。接する機会の多い語（'back'〔バック〕と'bag'〔バッグ〕）のほうが，接する機会の少ない語（'frock'〔フロック〕と'frog'〔フロッグ〕）よりも，子どもは上手に単語対の音の違いを聞き取って検出できる（Stackhouse & Wells, 1997）。

　子どもの語彙が発達してくると，異なる語の発音の類似性と差異を識別する能力も発達する。その例となるのが脚韻（rhyme）への気づきである（たとえば，'mouse'〔マウス〕，'house'〔ハウス〕というふたつの語の語末が同じということを意識化できることである）。しかしながら，このスキルとこれに関連するスキルの発達は徐々に進み，その後の数年間にわたって発達しつづける。これらのスキルの特性と発達については，第4章の「音韻への気づき」を参照せよ。

❷ 生後3年目におけるパターン単純化

　この年齢の初めに子どもが使うパターンの単純化のほとんどは，生後2年目終わりごろに子どもが使うものと同じである。それは，語内の特定の（selected）音に対してではなくて，語全体に影響を及ぼす（Grunwell, 1987; Stackhouse & Wells, 1997）。こうしたパターン単純化のふたつのタイプの例を次のパラグラフと表3-3に示す。特定の音や音群に影響を及ぼすパターン単純化は，子どもがこの年齢の間に発達するにつれてより広く見受けられるようになる。そしてその多くは，6，7歳まで残りつづける。もちろん子どもがどのパターン単純化を使うかは，一人ひとり大きく違っている。いくつかのパターン単純化を同時に使うと，ことに語全体に影響を及ぼすパターン単純化を使うと，話し言葉を理解しにくくしてしまう結果となる。

　3年目に最もよく見られるパターン単純化を次のパラグラフで論じる。ある子どもは，この本が扱っていないパターン単純化を使うかもしれない。また，ある子どもは，その子独自のパターン単純化を発達させるかもしれない。表3-3には，3年目に使われるパターン単純化のうちよく使われる例が示してある。

表3-3　3年目によく使われるパターン単純化の例

対象語	子どもの発音	単純化のプロセス
Tomato（トマト）	mato（マト）	アクセントのない音節の削除
bed（ベッド）	be（ベ）	語末の子音の削除
tickle（ティックル）	kickle（キックル）	子音一致
stop（ストップ）	top（トップ）	's' 融合縮小（st→t）
crisps（クリスプ）	kip（キップ）	's' 以外の融合縮小（この例では、cr→k）
top, pip, cook（トップ、ピップ、クック）	dop, bip, gook（ドップ、ビップ、グック）	文脈依存の有声化
fan, sun（ファン、サン）	pan, tun（パン、タン）	閉鎖音化
key, gate（キー、ゲート）	tey, date（テイ、デート）	前舌音化
run, yellow（ラン、イェロー）	wun, lellow（ウン、レロー）	わたり音化

■語全体に影響を及ぼすパターン単純化

　この種のパターンは，語の「形」全体に影響を及ぼす。そのうちよく見受けられるのは，語の一部分を削除するパターンである。その結果，語は短くなり含まれる音節や音の数が大人の場合よりも少なくなる。

　一般に，3年目の終わりごろに消失するパターンには次のようなものがある。
①語末の子音削除：たとえば，dog→do（ドッグ→ド），bed→be（ベッド→ベ）。
②子音一致：第一音節を反復したものとしては，たとえば，dolly→dodo（ドリー→ドードー）がある。2，3個の子音を単一の子音に置き換えたものとしては，たとえば，tiger→giger（タイガー→ガイガー）がある。
③文脈依存の有声化：声帯を動かして語の先頭の子音すべてを発音して，有声音を産出する。たとえば，table→dable（テーブル→デーブル），pear→bear（ピア→ビア）。

　3年目と次の年に，子どもによく見られるパターンは次のパターンである。
①アクセントのない音節の削除：アクセントのない音節が削除されるものとし

ては，たとえば 'tomato'（トマト）の代わりに 'mato'（マト）である。
② 's' の融合縮小：たとえば，spoon→boon（スプーン→ブーン）。

4年目に入ってもよく出現し，その後もときによっては出現するパターン。
① 's' 以外の融合縮小：たとえば，grandma→ganma（グランマ→ガンマ），present→pesent（プレゼント→ペゼント）。

■ 単音や音群に影響を及ぼすパターン単純化
①閉鎖音化：口腔内の狭い隙間を勢いよく通過させて作る音（摩擦音，つまり，f〔フ〕, v〔ヴ〕, th〔ス〕, s〔ス〕, z〔ズ〕, sh〔シュ〕）を，「閉鎖音」に置き換えて発音するプロセスにつけられた名称である。閉鎖音は，口腔内にふやした空気を急激に破裂させるように放出して作られる音である（たとえば，p〔プ〕, b〔ブ〕, d〔ドゥ〕, t〔トゥ〕, k〔ク〕, g〔グ〕）。この年齢では，すべての摩擦音は閉鎖音化されるかもしない。しかしながら，たいてい，'f'（フ）と 's'（ス）は3年目の終わりごろには正確に発音されるはずである。
②前舌音化：通常では舌の上端を口蓋に当てて作る音（k, g, ng〔ング〕）を，上前歯の歯茎の裏側に舌先をつけて発音する音（t, d）に置き換えて発音するプロセスにつけられた名称である。
③わたり音化：この年齢の子どものほとんどが使う，非常によく見受けられるプロセスである。わたり音化は，幼児期後期まで残りつづける（成人期になっても解決されないことさえある）。わたり音化は，'l'（ル）'r'（ル）の音がそれぞれ 'y'（ユ）'w'（ウ）として発音されることである。

❸ 3歳児に共通して見られる産出音の範囲

一般的に3歳ごろに子どもの言語音の目録は増加する。それには，'m, p, b, w, n, t, d, k, g, ng, h, f, s, y' の音が含まれる。また，おそらく 'l' の音も含まれる。こうした進歩は，子どもの言語音がはるかに理解しやすくなるということを意味する。このことは重要である。というのは，そのころにはもう子どものほとんどが言うべきことをたくさんもっているし，大きい語

彙を発達させ，より長い発話を使うようになっているからである。発音が未熟だったり発音が普通でない人が，もしも，長い文を使って話したり違う語をたくさん使って話したとしたら，その人の話すことを理解するのはかなり難しいからである。

❹ 3年目における発達的な非流暢性

ある子どもは，3年目に話し言葉を流暢に話すことに困難を経験する。それは，言語発達において発達が同時に起こることに関係している。発達的な非流暢性（developmental dysfluency）に関する詳しい議論については第4章に述べられている。

第3章の要約

●注意のコントロール

①子どもの注意の焦点コントロールは徐々に自由になっていくが，そのほとんどは単一チャンネルでありつづける。

●遊びと言語の関連

②子どもは遊びの中で想像を使い始める。シンボル遊びに使われる対象物は，それが表象している物と，知覚的な類似性をほとんどもっていないかもしれない。
③3年目の終わりごろに子どもは，子どもどうしの遊びに参加し始める。

●概念，意味，語彙の発達

④子どもの語彙サイズは，子どもが聞く語の量に大きく左右される。
⑤子どもは，語と語の間に存在しているまとまりを理解し始める。そして，基本概念に関係する語を理解する力を発達させる。

●語と文の理解

⑥子どもは，非言語情報にあまり頼ることなく，話された言語を理解できるようになる。しかしながら，子どもは，依然として「あなたがいつもやっていることをやりなさい」という方略を使いつづける。

⑦子どもの受容語彙には，普段よく目にする対象物を表わす名前，行為，形容詞，前置詞が含まれている。

⑧子どもは，キーワードを3個まで含んだ言語指示を処理，理解する能力を発達させる。

⑨子どもは，'what'（何），'where'（どこ），'who'（だれ），'why'（なぜ）の疑問形を理解，産出する。

●生後3年目におけるコミュニケーションと表現スキル

⑩会話スキルが発達し，子どもは，たくさんの会話方略を効果的に使ったり，それに効果的に応答できるようになる。
  ・子どもは，とくに大人との会話を開始することができる。
  ・子どもは，ますます，異なる聞き手のニーズに合わせて話の中身を調整できるようになる。これは，物事を自分自身以外の視点から見る能力の発達と密接に関係している。
  ・子どもは，会話のトピックを維持するのがより熟達してくる。
  ・子どもは，過去のできごとやおそらく未来のできごとを含む，幅広い主題について話し始める。

⑪子どもは，質問をする，感情を表現する，初歩の物語を話すなどを含む幅広い目的に言語を使うようになる。

⑫子どもの発話に3語句が含まれ，そしてひとたび表出語彙が300語に達すると，形態素が出現する。

⑬3年目の終わりごろ，文の長さは，'and'（それから），'because'（～から）などの使用によってさらに長くなる。過去時制，複数，否定，質問が，それらを表わす適切な文法構造を使って表現される。

⑭子どもは，語を選択し文を組み立てる時に発達的な間違いをする。

●話し言葉の発達

⑮子どもは，語を発音する時に，単純なパターンを使う。この年齢の終わりごろに増加するパターン単純化は，語全体というよりも音群に影響を及ぼす。3歳ごろには，話し言葉は明瞭であるがまだ未熟である。

Key skills☆ 3-1　通常 2歳半までに達成されるコミュニケーションスキル

- 自己を表現するのに語を使うことが増加するが，依然としてジェスチャーや他の非言語行動も使われる。
- 聞き手との会話で，2，3個のターンをとる。
- 日ごろよくする活動を遊びの中で演じる。
- 遊びに言語的注釈を添える。
- 子どもが遊んでいるのを見たり，時によってはそれに参加する。
- 多くの場合，注意の焦点は夢中でやっている活動に固定されている。しかし，注意のコントロールの柔軟性が徐々に増加する。
- 言語指示（たとえば，「ナイフを皿の上に置きなさい」）に応答する時には，普段やっていることをやりなさいという方略を使う。
- よく見かける対象物のほとんどの名前と絵を明確に理解することができる。
- 対象物を機能によって同定することができる（たとえば，「どっちが食べるものですか？」）。
- 'What?'（何），'Where?'（どこ）を理解できる。
- キーワードを3個含む文を理解できる（たとえば，'Get a biscuit and your big beaker'〔ビスケットと，あなたの大きいコップを取って〕）。
- 表出語彙の平均サイズは500語である。
- 3語句を使い始める（たとえば，'Eat mummy cake'〔ママ，ケーキ食べて〕）。
- 'What?'（何），'Where?'（どこ）を含む質問をたくさん行なう。
- 過去のできごと，時によっては未来のできごとについても話し始める。
- 以下の文法構造を使い始める。
    ―複数形 -s（doggies〔イヌ〕，toys〔おもちゃ〕）
    ―代名詞（I〔私が〕，me〔私を，私に〕，it〔それ〕）
    ―否定形（I not happy〔うれしくない〕，no juice〔ジュースない〕）
- 単一の語や短い句は，明瞭であるがまだ未熟である。

Key skills☆ 3-2　通常 3歳までに達成されるコミュニケーションスキル

・言語をコミュニケーションの主要な手段として使う。
・会話で，たくさんのターンをとる。
・会話を開始し，会話のトピックを維持する力が増す。
・想像が遊びの中で顕著となる。想像上の属性を実体に付与することができる（たとえば大人に撫でさせようとして，ポケットから想像のネコを取り出し，ネコはお腹がすいていると言う）。
・たまにしかないできごと（たとえば歯医者や動物園に行く）を遊びの中で演じる。
・子どもどうしの持続的なごっこ遊びに参加するようになる。
・注意の焦点を，今やっている活動から言語指示に移して，またその活動に戻すことができる。しかし，それができるためには，大人の支援が必要である。
・理解されなかった質問に説明を提供する方略を使う。
・よく使われる動作語，対象物名の全部と，よく使われる形容詞のほとんどを理解できる。
・'Who?'（だれ），'Whose?'（だれの），'Why?'（なぜ），時によっては 'How many?'（いくつ）を理解できる。
・キーワードを3個含む，時によって4個含む言語指示を理解できる（たとえば 'Find the big beaker and put it in Johnny's bag'〔大きいコップを見つけて，それをジョニーのバッグに入れて〕）。
・基本概念を表わす語（たとえば in〔中〕，on〔上〕，under〔下〕，big〔大きい〕，small〔小さい〕，long〔長い〕，short〔短い〕）をたくさん理解できる。
・表出語彙は，平均700語からなる。
・'Why?'（なぜ）を使って質問する。
・過去のできごと，未来のできごとについて話すことがふえる。しばしばバラバラのことがあるが，短い物語を話す。
・以下の文法構造を使う。
　　―代名詞（I〔私〕，he〔彼〕，she〔彼女〕，you〔あなた〕，they〔彼ら〕，we〔私たち〕）
　　―動詞（can〔できる〕，will〔する〕，is〔である〕，are〔である〕）
　　―動詞語尾（pushed〔押した〕，stopped〔止まった〕）
　　―文の中間に位置する否定（I not like it.〔それ好きじゃない〕）
　　―冠詞（a〔ひとつの〕，the〔その〕）
　　―接続詞（and〔それから〕，because〔～から〕）
・話し言葉は，まだ未熟さが幾分か残っているけれども大部分理解可能である。

Warning signs! 3-1　2歳半児の発達遅退の可能性を示唆する警告サイン

- 普段一貫して，引きこもっている，またはおとなしい。
- 社会性が乏しく，大人と遊びをしたそうに見えない。
- 見立て遊びや想像遊びがほとんどない。
- 何かに数秒間以上注意を集中することができない。
- ジェスチャーをつけないと，よく使われる対象物の名前を同定することが困難である。
- 簡単な言語指示（たとえばジェスチャーをつけないで「こっちおいで」）に従うのが困難である。
- キーワードを2個含む文（たとえば 'Put teddy on the chair'〔クマさんを椅子の上に置いて〕）を理解できない。
- 1語発話しか使わない。
- ほしい物を手に入れるのに，指さしやジェスチャーに頼りつづけている。
- 使える語の数がふえない。
- 喃語を使いつづける。文に似たメロディーを使う。
- 吃音。
- 話している言葉が，その子をよく知らない大人にとっては理解しにくい。
- 親が心配していたり，悩んでいたり，不安になっている。

Warning signs! 3-2　3歳児の発達遅退の可能性を示唆する警告サイン

- 子どもどうしの遊びに興味を示さない。
- 社会スキルが乏しい。
- 他者に話しかける時に，その他者が何を知っているか，その他者が何を欲しているかなどについての気づきが非常に限られている。
- 会話を維持するのが上手でない，もしくは，会話を維持することに関心がない。
- 何かに数秒間以上注意を集中することがけっしてできない。
- 見立て遊びや想像遊びがほとんどない。
- 話しかけられたことが理解できないというサインをしばしば見せる。
- 物語にまったく興味を示さない。
- 場面に無関係な，あるいは，ふさわしくないことをしばしば言う。覚えたのと同じ句や文を，その場面以外の場面で繰り返す。
- 依然として1語発話または2語句しか使わない。
- 質問をしない。
- 吃音。
- 話し言葉が非常に理解しにくい。時によっては，その子どもをよく知っている大人でさえも理解しにくい。
- 親が心配していたり，悩んでいたり，不安になっている。

第4章 3歳から4歳までの間（生後4年目）と4歳から5歳までの間（生後5年目）

ポイント

- 言語発達の中心領域：注意，遊び，社会化，認知発達との関連性。
- 言語発達と言語の使用の文脈としての会話の役割。
- 話し言葉と書き言葉とのつながり。
- テレビやビデオを見ることのコミュニケーションや注意，遊びの発達への影響。
- 重要項目の要約：生後4年目と5年目におおむね達成されるコミュニケーションスキルに関する表，コミュニケーションをとるのが難しい子どもを見分けるのに役立つ警告サイン。

1 注意のコントロール

① 生後4年目の注意のコントロール

　生後4年目全体を通じて，子どもは徐々に自分の注意の向け方をコントロールし始める。子どもは，自分の名前を呼ばれるなどのきっかけがなくても，今興味をもっていることから，話している人が言っていることへと注意の方向を変えることができるようになる。ただし，子どもがある活動へ夢中になっている時に注意をきちんと移せるようになるのには，少し時間がかかる。子どもたちは依然として，ひとつの方向にだけ注意を向けがちである。今やっていることと関係ないことを言われたら，話している人に注意を向けることができないからである。

　この段階では，子どもはまだ活動の変更に対する適切な準備が必要であり，

注意の方向を変えるには時間がかかるのである。子どもが，注意の移行を自発的にコントロールできるようになるまでには，いくつかの発達段階がある。話している人の言葉が理解しづらくなった時には，子どもは話している人を注意深く見る必要がある。そうした注意の移動の仕方は次の段階になるとうまくなってくるはずだが，それは徐々に起こるのである（Cooper et al, 1978）。

❷ 生後5年目における注意のコントロール

　生後5年目全般を通じて，注意は完全に統合できるようになっていくのだが，その土台となる聴覚と視覚の統合が徐々に起こる。子どもは話している人のほうを見たり，自分がしていることをやめたりしなくても，指示を聞いて適切に反応することができるようになる。初めのうちは，注意の統合の達成は小さなステップで起こる。それは，子どもの成熟とともに集中できる範囲が広がることによって起こると考えられている（Cooper et al, 1978）。子どもの注意のコントロールが，このレベルにまで達した時，子どもは教室で学ぶ準備ができたことになる。

　教室での先生からの指示は，活動や課題を行なっている子どものグループ全体に対して行なわれることが多い。注意のコントロールが十分にできていない子どもにとって，教室での活動に参加することは容易ではない。他の子どもや周りの雑音，窓の外や壁に掲げられているおもしろそうなことなど，気を散らすものはいくらでも存在するからである。

2　遊びと言葉とのつながり

　生後4年目から5年目にかけて遊びの発達に見られる主な変化は，実際に通じ合える相互作用と言葉のスキルをもとにした社会的活動がふえることである。この時期での遊びの機能は，この年齢に達するまでに発達させてきた次のような機能をもとにして，さらに発達していくのである。

①抽象的思考のさらなる発達。

②仲間関係や友人関係の深まり。
③世界，とくに社会的関係についての理解がはたらくようになること。
④現実や想像のできごとについて，「今，ここ」のことがらとは独立に順序立ててまとめて話すスキルを獲得し，書き言葉の発達や学業の開始を支えること。
(Garvey, 1977; Hetherington & Parke, 1986)

ここでもう一度，ごっこ遊びと役割遊びが，言語発達と緊密な関係をもつことについて詳しく見ていくことにしよう。

❶ 就学前におけるごっこ遊びの構成要素

■ 役割と役割をとること

生後4年目の中ごろになると，子どもは自分よりも他者の役割をとることがうまくできるようになってくる。子どもたちは，身近な家族の役割（赤ん坊，兄弟や姉妹，母親，父親，夫，妻など）や，それよりは身近でない「機能的」役割（コック，運転手，教師，消防士，警察官，医者）を用いて，様々な遊びを展開できるようになる。3歳児の中には，時々役割から抜け出すことがあっても，かなり長い間（1回につき最高15分程度）遊び仲間と一緒に役割の中で遊びつづけられる子どももいる（Garvey, 1977）。コックとお客，運転手と乗客，母親と子どもなど，異なる役割が含まれるごっこ遊びは，子どもたちに社会的遊びを促進する機会を提供する。

■ 行為と物語展開の計画

ガーヴェイ（Garvey, 1977）は，就学前の子どものごっこ遊びに数種類の共通したテーマがあるといっている。世話をする，治療する，怖い場面から逃げる，料理する，食べる，修理する，電話をかける，荷造りする，旅行に行くなどである。ガーヴェイが観察した子どもは，繰り返し起こる共通のテーマに沿って，遊びのシナリオを構成していたようだった。ごっこ遊びにおけるできごとと物語展開は，実際のできごとをそのまま引き写したものであるとは考えられていない。ガーヴェイは「ある時に，子どもにとって最も目立つ世界の特徴が，ごっこ遊びでのふるまいをとおして光を当てられ，表象される傾向がある」

というヴィゴツキー（Vygotsky, L.S.）の理論を用いて考察している。

　ごっこ遊びの中では，子どもが実際に経験しているとは思えないのに，推論して発明されたと考えられる行為がよく観察される。観察された事例の中には，大人や動物あるいは想像遊びでの役割が含まれている。ごっこ遊びではテーマが限られているので，参加する子どもが物語展開を認識するのがたやすくなると考えられる。このことで，一緒に遊びを展開していくことが促進されたり，遊びに参加している子どものコミュニケーションや想像力のレベルに応じて練り上げられる複雑な物語展開の計画や行為が可能になる（Garvey, 1977）。

■ 物と設定

　3歳の誕生日が近づいても，子どものごっこ遊びには，すぐ近くで手に入る物に依存する部分が残っている。電話や調理器が，電話や調理についての物語展開を促進したりする。しかし，子どもが役割や計画をうまく操作できるようになると，ごっこ遊びは物の性質に依存しなくなってくる。うまく構成されたごっこ遊びが，3歳より以前に起こるとは考えられていない（Garvey, 1977）。

　前の段階では，目の前の物理的環境にある物の性質に従って展開されていたが，生後4，5年目になると，ごっこ遊びは，子どもが伝え合っているアイデアに従って展開されるようになる。物と人，行為と言葉，これらの操作と再結合の連合を引き出すごっこ遊びは，社会的スキルの発達を支えるだけでなく生後4，5年目の抽象的思考をも支えていくのである。

② 遊びにおけるコミュニケーションスキルの役割

　コミュニケーションスキルは，この時期の遊びの発達にとって基本的なものである。ごっこ遊びが子どもたちの考えや発想に基づいた社会的活動へと移行していくにつれて，社会的相互作用のスキルや互いの考えを理解し伝え合う力がますます求められるようになる。

■ 遊びや社会的相互作用，友達作りとのつながり

　ヘザーリントンとパーク（Hetherington & Parke, 1986）とガーヴェイ（1977）は，上手な社会的相互作用スキルをもっていることと，ごっこ遊びを

> **例4-1　遊びにおける想像の利用**
>
> 　4歳の誕生日を2，3か月後に控えたローワンは，彼女の思いつきと想像力から生み出したゲームを母親と行なっていた。角などの小道具は限られているが，とても柔軟に使われている。
>
> 母親　　：幽霊はここには降りてこないわよ。
> ローワン：そうね。
> 母親　　：どうして来るかわかる？
> ローワン：えっと，……ドアをとおって来るのよ。
> 母親　　：あの音は何？
> ローワン：あれは……幽霊じゃないかな。
> 母親　　：本当？
> ローワン：あれね……もうやめようよ，ゲーム。すごく怖い。
> 母親　　：もし……。
> ローワン：もし幽霊がカエルに変わったら！
> 母親　　：見に行きましょう。幽霊は魔法のカエルに変わってるかしら？
> ローワン：いや！　魔法の杖がほしい！
> 母親　　：まあ，見て！　何かいるわ（棒につけられた風船を指す）。
> ローワン：魔法じゃない！　空気が入ってるのよ！
> 母親　　：それじゃあ，魔法の杖を探しにいきましょう。
> ローワン：（箱の中を見ながら）ローワンの角！（先日チョウになった時に，彼女は角が必要だった）
> 母親　　：それはあなたがチョウになる時に必要なのよ。カエルを探しにいきましょう。
> ローワン：これがカエルに変わるのよ。ローワン，チョウ……魔法のチョウになれるの。見て，これが魔法よ（角を頭に乗せる）。
> 母親　　：そうね，あなた，魔法のチョウになったわ。
> ローワン：魔法の魔法の……うわぁ，大きなカエル！
> 母親　　：大きなカエルに変わったわね。まあ見て，階段の下からはねてくるわよ。
> ローワン：（叫び，笑いながら）見て！　階段から顔を出してる！（低い「カエル」の声を使って）こんにちは！　調子はどうだい！
> 母親　　：フレンドリーなカエルなの？
> ローワン：そうよ，私たちのペットよ。

うまく展開させること，仲間間の人気とのつながりについて述べている。ガーヴェイ（1977, p.158）で引用されている上手な相互作用スキルとは，「近くの目標に注意を向けることができることと，他者に対して敏感に応答すること，進行中の行為に対して積極的に関与すること，明確にかつ適切にコミュニケーションをとること」である。こうしたスキルを発揮する子どもは，ふたり以上の子どもの間で行なわれている遊びの中へ上手に仲間入りできる。親しくない仲間に対しては，とくに有効である（Garvey, 1977）。

　上手な相互作用と明確なコミュニケーションをとるスキルは，ふたり以上のごっこ遊びを成功させるうえで重要である。他の子どもと一緒に遊びに参加することは，子どもの社会的関係の中心であり，それゆえに子どもの社会的発達にとって重要である。他の子どもの遊びの中に参加することは，3歳以降にな

るとしばしば起こることが予想される。この参加は，他の子どもとやりとりしたり，コミュニケーションスキルを効果的に使える能力に大きく依存する。

　ガーヴェイは幼児の友人関係の形成プロセスを研究したゴットマン（Gottman）の業績について議論している（Garvey, 1977）。幼児期の友人関係は，お互いを楽しい遊びへと引き込み合うことを通して大きく発達する。子どもが他の子どもと気が合ったり，対人的に調和のとれた関係にいると，遊びはより楽しくなる。ガーヴェイは，想像遊びが一番調和のとれている遊びであるというゴットマンの主張に同意している（Garvey, 1977, p.156）。

　想像遊びは，「相手との関わりについて常に気を配り，明確で適切なコミュニケーションをとり，真剣に打ち込み，相手と自分とを進んで折り合いをつけること」なしには達成されない。もともと想像遊びの中では，お互いの意図が共有されにくいために，相手から反対を受けやすい。それだけに，友達との間で「〜しよう」や「私たち」などといった調整するための言葉が何回でも用いられるが，その言葉に対しては同意されることが多く，反対されることは少ない。

■遊びをとおして表出されるコミュニケーション機能の広がり

　ごっこ遊びが数多くの子どもの中で調整されるには，遊びの中に含まれている計画や役割，物や設定について，言葉に出して話すことが必要である。子どもは身近な役割へとすっと入り込むことができるだけでなく，今そうしているのだということを口に出して知らせることができる。発案者の計画をみんなで一斉に発展させつづけるためには，遊びの参加者は場面の明確な方向づけを共有する必要がある。子どものコミュニケーション機能の広がりが大きければ大きいほど，遊びのエピソードが調整され，理解されやすくなる。その結果，参加者の間で楽しいものになっていく。子どもは，場面や自分の行為についての説明（「私がお母さんであなたは赤ちゃん」「これは車だ」「あなたは電車に乗ってて，私は乳母車に乗ってる」）や行為の方向性についての受け渡し（「さあ，おもちゃをちょうだい」「モンスターを泥の中に入れて」「走って逃げる時間よ」），質問，提案ができることなどが必要である。

■ごっこ遊びの実用論的役割

　ごっこ遊びの実行には，ある程度の実用論的スキルを創造的に利用することが求められる。子どもが異なる役割をとるためには，子どもにその特定の役割と常に一致した方法で行動し話すことが求められる。「先生」のふりをすることは，先生のようにふるまい話すこと，すなわち先生として子どもたちに反応したり，考えや態度を示すことが含まれる。ガーヴェイは，ふりの演技に特有の性質として，非常にステレオタイプ的である一方で，非常に現実的であることを指摘している。

　たとえば，母親が赤ちゃんにしゃべりかけている場面を演ずる場合，大人が幼い子どもに話しかける時によく使う話し方の特徴を子どもが使っていることが観察される。その話し方の特徴とは，手短にいえば短くて単純化されたセンテンスの使用や子どもを第三者に当てはめて，高い調子の声で親しみをこめて繰り返しながら話すことである。たとえば「おなかすいてるの？　赤ちゃん。どう？　おなかすいてる？　おなかすいてるのね。ママが今ミルクをあげますよ」という発話である。

❸ごっこ遊び，物語と学業成績

■学業成績における物語の重要性

　物語は，現実あるいは想像上の過去のできごとを語るものである（それが普通でない，あるいは予期しないものであることは注目に値する）。また物語は，因果関係に沿った時間と関係しており，克服する必要のある問題や困難なできごとが述べてあり，ひとりかそれ以上の人物が登場し，問題の解決と最後の評価で締めくくられている。物語を語るスキルの発達には，会話レベルでも（書き言葉での）テキストレベルでも，脱文脈化された言葉の理解と生成ができるようになることが含まれる。物語の理解は，聞き手や読み手の現前の環境をもとにしているわけではない。このタイプの言葉の使用は，子どもが学校へ進むにつれ重要になり，学校で様々な目的に合わせた様々な状況における会話ができるようになるのと同様に，多様な種類のテキストを理解し，生み出すことが求められるようになる（Garvey, 1977）。

　3歳から5歳までの物語を語るスキルの発達の大枠と，話し言葉と書き言葉

のつながりにおける語りのスキルの意義については，これ以降の節で説明することになる。

■ ごっこ遊びと物語とのつながり

　ごっこ遊びと物語には多くの共通性がある。どちらも，明確に知らされたり，紹介されたりするかもしれない「枠」に沿って起き，適切な情報が設定や登場人物，役割に関して与えられる。順序だったできごとが連続して提示され，その中には「ライオンに食べられそうになる」「赤ん坊が乳母車から落ちてしまう」といった問題が含まれる。次に来る問題の解決はなくてはならないものであり，最後には結果に対する評価的判断が下される。ごっこ遊びをうまく運んでいくのに必要な実用的，言語的スキルは，物語を正しく理解し生み出していく時にも必要である。物語の理解と産出でもごっこ遊びの進行の場合でも，話し手に求められているのは以下の点である。

　ひとつには，聞き手や遊びの参加者のもっている，主題やトピック，付加情報に関する知識やある状況で起こりうることへの期待について，適切に推測することである。もうひとつは，こうした知識や期待についての仮説をもとにして，遊びのシナリオや物語の中で，コミュニケーションが効果的にはたらくために必要な情報を提供することである。

　4，5歳児期のごっこ遊びで使用される言葉の構造と，物語の中に共通して見いだされる言葉の構造との間にも類似性がある。ガーヴェイはペリグリーニ（Pellegrini）の研究について議論している。そこでは，4，5歳児のごっこ遊びにおいて，物語に用いられる言葉の構造の使用がふえていることが見いだされている。たとえば，先に紹介した物や登場人物をさす代名詞（たとえば，彼，彼女，それ），時や原因を表わす接続詞（たとえば，次に，それから，最後に，なぜなら，だから），精緻化された名詞句（たとえば，けた外れに大きいかばんを持った女の人，大きくて太った銀色のヘビ），過去あるいは未来時制の動詞（たとえば，「おまえを食べちゃうぞ」「君は僕に追いつけなかった／君はライオンに追いついた」）の使用である。

④ 遊びと言語発達におけるメディア文化の影響

■ 遊びの発達におけるテレビとビデオの影響

　レヴィン（Levin, 1998）の研究から見ると，メディア文化が子どもの発達にどのような影響を与えるかについての議論には慎重な配慮を要する。彼女は，非常に多くの子ども向けのテレビ番組に見られる，暴力性やステレオタイプ，営利本位の姿勢と，子どもの遊びにおける想像力や創造性，問題解決の貧困さとの密接な関係を説いている。

　カールソン・ペイジとレヴィン（Carlson-Paige & Levin, 1990）では，子どもの遊びの性質がメディアでの暴力的な遊びのテーマと直接関連するものへと変わってきていることが報告されている。それによると，テレビ番組の影響で戦争遊びや商品へと子どもが魅せられ，明らかに暴力的なテーマの番組を模倣した遊びにおいて攻撃的行動が頻繁に見られ，逆に創造的で想像的な遊びは減ってきているという。

　子ども向けテレビ番組の多くが批判にさらされている中で，非暴力的で年齢に見合った番組やビデオが，子どものごっこ遊びにどれだけよい影響を与えるかを指摘しておくことも重要である。それらの番組の内容とは，（たいていはより幼い子どもがきちんと）物語の展開を追うことが可能であり（とくにより年長の子どもでは，大人からのはたらきかけに敏感に），想像的なやり方で遊びに取り入れて拡張することができるようなものである。こうした番組は，最初は文脈に沿ったやり方ではあるが，新しい単語や押韻表現，歌を試す機会を，子どもたちに提供する。こうした番組は，子どもの遊びが確立され，進歩するにつれて子どもたちが異なる役割をとったり，物語や話し合いのスキルを使ったりすることを可能にする。子どもによって，登場人物や筋の解釈は異なっているかもしれない。しかし，仲間や大人とともに，好きな番組やビデオの物語を遊びに取り入れることで，後に子どもが文学やドラマの世界に入り込むことが容易になるのである。

■ 言葉やコミュニケーション，注意の発達に与えるテレビとビデオの影響

　幼い子どもがテレビ番組やビデオを見ることには，潜在的に良い面と悪い面

の両面がある。ヒーリー（Healy, 1998）は，あまりに長時間テレビを見つづけることに対して警告を発している。どんな刺激でも繰り返し与えつづけることは，脳の発達過程へ影響を与えたり，他の種類の経験を奪ってしまうことになり，精神面，感情面の発達に否応なく影響を与えることになるのである。彼女は以下のように述べている。

> 遊びにおける適切な刺激――大好きな養育者との親密な相互作用，豊かで相互的な言葉の環境，援助の手や年齢に見合った知的な刺激――は脳の発達を促進する。逆に知的消極性や適応的でない行動（衝動性や暴力）を促進したり，脳が社会的関係や創造的遊び，内省，複雑な問題解決へと活動的に参加する機会を奪ったりするような環境は，有害で取り返しのつかない結果をもたらすかもしれない。（Healy, 1998）

　ヒーリーは，テレビ視聴の長さと学業成績の低さ，とくに読みの得点の低さとのつながりについて書いている。彼女は強度に視覚的な性質をもつテレビの刺激が，脳の言語発達を支配する部位の発達に悪い影響をもつのではないかと推測している。彼女はまた，注意と聞くスキル，とくに言葉の発達におけるテレビの悪い影響についても推測し，「2分間しかもたない心」をもつ子どもでは，深く考えなければならない問題に取り組む忍耐力がいかに劣るかについて述べている。ヒーリーは，子どものテレビ番組の多くの特徴（色の閃光，周辺視野での速い動き，唐突で大きな雑音など）が，子どもの注意の発達における様々な問題を引き起こしやすい場合があることを示唆している。彼女の小児科医としての経験では，注意欠陥障害（ADD）と診断された子どもの中で，テレビの視聴を減らしたことによって症状が著しく改善したものがいた。
　しかし，子どもにテレビを禁止するのは実際的ではないし，番組の多くは会話の形式で提供される。その結果，とくに年長の子どもにとっては相互作用や遊びの焦点となる重要な文化的情報を提供している。話し言葉と言語のセラピストであるベル（Bell, 1998）やワターズ（Watters, 1998），ダンジース（Dunseath, 1998），テイラー（Taylor, 1998）らが指摘している子どものテレビに対する諸注意を要約すると次のようになる。

①番組を見た後で，会話をベースにゲームをしたり，歌を歌ったり，関係する活動を一緒にできる大人（親）と一緒にテレビを見るべきである。
②番組の中には，幼いころの相互作用や言葉のスキル，たとえば交代で何かをしたり，お互いに相手のすることを待ったり，お互いに話せる時間をとりあったり，たくさんの繰り返しや機能的言語をきく時間をとったりすることをモデルにして作られているものもある。
③番組の中には，楽しいだけでなく，子ども時代の語彙の学習を促進し，言葉や基本概念，押韻表現や音楽の知識を広げるものもある（Bell, 1998）。親は物語や歌，ごっこ遊び，創造的遊びがうまく構成されたプログラムを見つけて，子どもと一緒に見るように心がけるべきである（Dunseath, 1998）。
④選ばれたビデオは，繰り返しや模倣，想像遊びをとおして，子ども時代のコミュニケーションスキルや後の言葉の発達を促進する（Watters, 1998）。しかしながら，子どもとつきあう時に重要なことは，親が子どもの相互作用を促進したり，テレビやビデオに頼らないようにすることである。
⑤ビデオの多くは本と関係している。それは，本読みや読み聞かせを促進することにおいてよい役割を果たす。好みの物語の本と同じように，何度も繰り返して見るビデオもある。
⑥ベル（1998）とワターズ（1998），ダンジース（1998），テイラー（1998）は，以下の点について同じ考え方を示している。すなわち，子どものテレビを禁止するより，どのようにすればテレビやビデオをコミュニケーションや言語発達に対して最も効果的に使えるかについて，親に考えてもらえるようにするほうが現実的で生産的である。

3 意味と語彙の発達

　4歳になるまでに子どもは基本文法構造すべてを理解し使えるようになるが，全人生を通じて語彙をふやしつづける。大人と同様に子どもが理解できる単語の数は，使える単語の数をはるかに上回る。おおむね5歳で子どもが使える単語（表現語彙）の数は，平均5,000語に達する（Paul & Miller, 1995）。比較的

耳にすることの少ない単語の理解は，5歳になるころに著しく増大する。子どもはある単語について，ある文脈では理解しているように見えるが，別の文脈では理解できていないように見える（French & Nelson, 1985; Myers Pease et al., 1989より引用）。彼らが対象にした3，4歳児は，「前」「後」という単語を，生活で身近なできごとについて話す時には使えたが，テスト場面で同じ言葉を用いた教示に答える場面では困難を示した。すなわち，ある状況では，普通何が起こるかについての子どもの知識が，「女の子が，赤ちゃんを寝かせる前に，ご飯をあげた時」といった文章の理解は可能であったが，「女の子が，えんぴつを拾う前に，赤ちゃんをベッドに寝かせた時」といった文章の理解には困難を示したのである（Myers Pease et al., 1989）。それまでの発達段階と同様に子どもが周囲で耳にする語を含む要素は，子どもの語彙の発達に重要な役割を果たす。

　年齢とともに認知的成熟が進み，子どもがある単語と他の単語を意味的に関係づける力が発達する。数ある単語の中からグループを作る知識（たとえば「ウシ」「イヌ」「ヒツジ」「ブタ」はすべて動物カテゴリーに属する）の発達をベースに，単語の意味の理解は分化していき，大人の意味へと近づいていく。この発達には，子どもが特定の単語を定義できるようになることが密接に関係している（Myers Pease et al., 1989; Jonson, 2000）。4歳半になって初めて子どもは「カギって何？」「いとこって何？」と尋ねられた時に，単語の特徴を定義することができる。それ以前の子どもは，定義する代わりに，カギやいとこについての個人情報，たとえば「僕には，いとこのダニエルがいるよ」「ママはカギを持ってる」と答えるかもしれない（Haviland & Clark, 1974; Myers Pease et al., 1989より引用）。ハーヴィーランドとクラークが5歳10か月の子どもに「お父さんって何？」と尋ねたところ，「お父さんは土曜日と日曜日以外は毎日お金を稼いでくる人だよ」と答えた。もちろん，子どもは様々な経験をしているので，その経験は単語の意味理解に対してある程度影響を与えつづけるだろう。

　クラークの意味特徴仮説（Myers Pease et al., 1989より引用）は，子どもが何年にもわたって，単語の意味を徐々に組み立てていくことを説明することができる。この仮説によると，大人の単語の意味理解は，同じものとして単語を

定義するいろいろな特徴の集合から構成されているという。各々の単語は，ある特徴を共有してはいるが，まったく同じ特徴セットをもっている単語はふたつとしてない。「レタス」という単語は，「キャベツ」「カリフラワー」のような単語と多くの意味を共有しているが，図4-1に見られるように「レタス」に特有のセットをもっている。

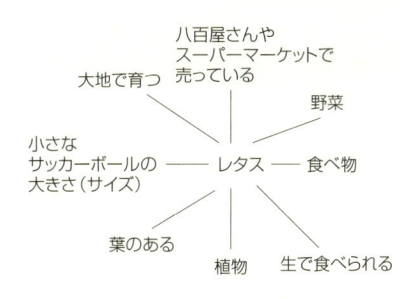

図4-1 レタスの意味特徴

子どもの語彙が発達するにつれて，各々の単語を定義する意味特徴の数も増加し，大人の意味へとより近づき，その結果単語の過剰般化も徐々に減少する (Myers Pease et al., 1989)。より幼い段階では，「レタス」という単語をレタスとキャベツ，カリフラワーのどれに対しても用いる現象が見られるが，5歳までにはこれらの事物に関する経験から，正しいラベルを適用することを学ぶようになる。

5歳以降，子どもの単語の意味理解と単語を様々な場面で適切に使う力は，語彙の成長とともに発達しつづける。成熟するにつれて，子どもは関係概念（反対，類似，説明）を用いながら単語をつなげ定義するようになる。その定義は機能的なものを超えて，抽象的なものにも及んでいく（Myers Pease et al., 1989)。

4 単語と文の理解

3歳から5歳にかけて，子どもの言葉の理解はかなり進み，耳にする言葉すべてを理解しているように見える。3歳児では，会話の中で今話し手が言ったばかりのことと主題的につながりをもつ応答をする割合は急激に増加する (75%)（Bloom, Rociassano & Hood, 1976; Paul, 1995より引用）。このことはこの年齢までに，子どもたちが自分に話しかけられている言葉を分析し，理解することが上手になっていることを示唆している。

① 理解方略の利用

　言語的なはたらきかけをより正確に処理する子どもの力は，指示を実行するよう求められたり，会話の中で質問に答えたりする時の，幼い子に典型的な理解方略の利用が減ってくることからもわかる。第3章で論じた「起こりやすいできごと」（probable event）や，「欠落した情報の補充」（suplying missing information）という方略は，この年齢の子どももつづけて利用している。マリナックとオザン（Marinac & Ozanne, 1999）は，3歳から4歳半までの理解方略利用の発達的階層について述べている。「欠落した情報の補充」（または「でたらめに答える」）方略は，3歳から3歳半までの子どもに最もよく使われていた。

　たとえば，子どもはより進歩した'wh'疑問詞「なぜ，どうして，いつ」の意味を理解しているにもかかわらず，'wh'疑問詞をつけた質問に対して別の質問がされたかのように答えつづけるかもしれない（Jones, 1990; Paul, 1995より引用）。その結果，子どもは「どうやって学校に来たの？」という質問に答えるのに，「ママと」と言うかもしれない。

　「起こりやすいできごと」方略は，3歳から4歳半の子どもすべてに最もよく用いられる方略である。子どもは話し手が言ったのと意味的に関連する反応をし，その結果として，最も普通に見られる典型的な行動をする。もしこの年齢の子どもが，「赤ちゃんがママにご飯を食べさせた」というありえない文を「ママが赤ちゃんにご飯を食べさせた」と解釈するならば，言語の字義的理解としては間違っているにもかかわらず，子どもは正常な発達パターンをたどっていることになる（Paul, 1995）。

　マリナックとオザン（1999）によって分析された理解方略の3番目は，「意味的にありえるもの（semantic probability）」であり，4歳から4歳半の子どもがよく利用するものである。意味的には間違っているが文法的には完全に理解している子どもは，マリナックとオザンによると「意味的にありえるもの」の方略を利用しているものとして分類される。たとえば，この方略を利用する子どもは，「どの赤い鉛筆が放置されたままであったか」という質問をされた時に，選択肢の中に青い鉛筆が含まれていたならば「青い鉛筆」と答えてしま

ったりする。

　子どもは，より複雑で身近でしかもなじみの薄い文法構造に出合った時に，理解方略を使いつづける（Tager- Flusberg, 1989）。世界の言語は，文法がどのように機能するかという点で異なっている。英語では，誰が何を誰に対してしたかなどの役割を特定する時には，語順を最も頼りにする。ヘブライ語やトルコ語，日本語のような言語では，文法的役割を特定するのに形態素（助詞などの意味をもつ言語単位）を頼りにし，語順は比較的自由である。このことは，子どもが文法的に複雑な文をどのように解釈するかに影響を与える。子どもたちは文を解釈するのに，主として自分が利用している言語の文法が機能する方法を用いた方略を使うのである。

　このことは，英語を話す3，4歳児が，受動態の文である「男性は女性にキスされた（The man was kissed by the woman）」を，能動態「男性は女性にキスした（The man kissed the woman）」として解釈することからもよくわかる。子どもは，'was' や 'by' を無視して，文中の動詞の前の名詞とある行為を行なう（動詞）人や物とを対応させ，動詞の後の名詞と行為によって影響を受ける人や物とを対応させるという語順の方略を用いている（Bever, 1970; Tager- Flusberg, 1989で議論）。

② 言葉の理解の発達

　4歳になるまでに，子どもは6種類くらいの異なった情報を含む文を理解できるようになる。そのために，多くの会話に参加することや教室の活動の中で，たとえば「小さな黄色の箱から，濃い緑のクレヨンをとって，サラに渡してあげて」といった長い指示を理解できるようになる。3歳半の子どもは，「どうやってビスケットを作ったの？」のような「どのようにして（how）」の質問に対して適切に反応できることが多くなる。生後5年目の終わりに向けて，「いつビスケットを作ったの？」のような「いつ（when）」を用いた質問を理解できるようになる（James, 1990; Paul, 1995より引用）。5歳までに，子どもは物語をたどり「もし家がなかったらどうする？」といった複雑な質問に適切に答えられるようになる。彼らは，いろいろなタイプの単語（形容詞や前置詞，代名詞，否定語）を理解できる。

4歳までに，子どもは基本文法すべてを理解できるようになるが，受動態や関係節のようにあまり目にすることのない，より複雑な構造の意味をつかむのにはまだ困難を示しつづけるだろう（Tager-Flusberg, 1989）。

■ 受動文の理解

生後5年目の終わりにかけて，英語を話す子どもは受動文を理解するようになる。文中で動詞が行動の種類（叩く，ジャンプする，押す，キスする）を示しているならば理解できる。たとえば「イヌが男の人に叩かれた（The dog was hit by the man）」「少年は少女にキスされた（The boy was kissed by the girl）」「バイクが車に押された（The bike was pushed by the car）」（Maratos, Kucazj, Fox & Chalkey, 1979; Tager-Flusberg, 1989より引用）といった文である。行為を示さない動詞を含む文，すなわち，好き，愛している，思い出す，考えるのように，感情や心の状態を示しているような文の場合には，6〜7歳ぐらいにならないとそれを完全に理解することはできない。

■ 関係節の理解

関係節は，詳しい説明を加えたり，他者が話していることを区別したりするのに使われる。「帽子をかぶっている男の人が木に登っている（The man who is wearing a hat is climbing the tree）」と」「男の人は家よりはるかに高い木に登っている（The man is climbing that towers above the tree）」は，どちらも「男の人が木に登っている（The man is climbing the tree）」よりも情報が多い。第1文は男の人に関する情報を詳しく述べているのに対し，第2文は木についての情報を詳しく述べている。4歳児がこうしたタイプの文に対してどのような理解を示すかを調べた研究によると，彼らのほとんどが関係節に関する知識は不完全である。文の最後に置かれた関係節の理解は，文頭や文の真ん中に置かれた関係節の理解よりもさきに起こる（Tager-Flusberg, 1989）。関係節の理解は，就学後もつづいていく。

❸ 教室での言葉の理解

子どもが保育園から学校へと進むと，基本的な言語概念をよく理解すること

が求められる。基本的な言語概念には，空間関係（上，下，前，後），量（いくらか，少し，全部），継時的順序と時間（最初，次に，終わり，いつ，前，後），包摂と除外（ひとつ，どちらか一方，それ以外），等位接続（そして，なぜなら）などが含まれる。このタイプの言葉を理解することで，子どもは以下のことができるようになる。

①先生の指示に従うことができる。
　「男の子は椅子の前に，女の子は椅子の後ろに座ってくれる？」
②読み書きと数のスキルが発達する。
　「一番最後がpの言葉はどれ？」「一番たくさんボタンを持ってるのは誰？」
③推論が必要な活動に参加することができる。
　「果物を全部見つけて，赤いバスケットに入れて」
④人やできごと，物の間の関係を表現できる。
　「真ん中のをひとつちょうだい」

　保育園に入っていた子どもの多くは，これらの言葉の多くについてすでに意味がわかっているし，このタイプの言葉に関する知識と理解は年齢が増すにつれて発達しつづける（Boehm, 2000）。知識を発達させ語彙を学ぶこと，先生の言う指示に従うことができること，読み書きのスキルが発達することは，こうした言語的概念の理解に依存している。

5 コミュニケーションスキルと表現スキルにおけるさらなる発達

① 言語習得における会話の役割

　生後4年目，5年目をこえて子どもが発達するにつれて，使用できる文法構造の広がりだけでなく，子どもたちが伝えることのできるコミュニケーションの意図や機能の広がりにおいても質的変化が見られる。子どもは獲得した文法構造の理解を試してみる必要があるので，文法構造の理解を試すコミュニケー

ションの文脈を必要とする（Dore, 1979）。このような文脈は，会話によってもたらされるものであるが，その文脈によってもたらされるものには次のようなものがある。

①文法構造の豊かな源。
②子どもが他者の意図を解釈する機会をふんだんに含んだコミュニケーションの文脈。
③コミュニケーションの文脈が，子どもにいろいろな単語や文法構造を使って表現しようとする機会になること。
④メッセージ伝達の効果がすぐにフィードバックされること。

　この段階の子どもは，長い道のりを経て1語文の使用から様々な技能を表現するまでにいたったのである。徐々に文法構造を習熟するにつれて，子どもはいろいろな形式で同じ機能を表現できるようになる。

例4-2　様々な文法構造がひとつのメッセージを表現する

　3歳のシャイアンは，同じ意図を表わすのに3種類の文章を使って，何度もおじさんを遊びに誘った。彼女が伝えようとしている意図は，「かくれんぼしましょう」だった。

シャイアン：ちょっと来て来て，ねえねえ，かくれんぼしよう。
おじさん　：ああ，コーヒーを飲むまではかくれんぼできないよ。
シャイアン：一緒にかくれんぼできるよね。
おじさん　：遊びか。いやー，コーヒーを飲まないと。
シャイアン：一緒にかくれんぼできないの？

　例4-2で，シャイアンはおじさんとの会話で，だんだん押しが強く直接的な口調になっている。彼女は，自分がおじさんにしてほしいことを言うところから始めている（「ねえねえ，かくれんぼしよう」）。この「誘い」がうまくいかないとわかると，彼女は選択肢が他にないことをおじさんに確信させようとする（「一緒にかくれんぼできるよね」）。おじさんを遊びに誘うことにまたもや失敗すると，彼女は直接的に訴えている（「かくれんぼできないの」）。
　会話で使われた言葉を純粋に言語分析するだけでは，シャイアンがおじさん

の遊びのスキルについて情報を求めているのか，彼の行動を求めているのかは定かでない。しかし，彼女が遊び相手として彼を得ようと試みていることは，彼女のイントネーションから明らかである。シャイアンは，いろいろな文法構造を駆使して，隠れた同じ意図を伝えようとしている。彼女の使った文法構造の中には，今獲得しつつあるものも含まれている。

　彼女が使用した複雑な文法構造は，従属節（subordinate clause），動詞の未来形，肯定か否定かを直接問う質問形式（Yes-No question）である。

　この段階の子どもが話しているのを聞くと，子どもたちが会話をとおして言葉の意味が獲得できることをよく理解していることがよくわかる（Dore, 1979）。

①会話は仲間や両親，先生その他の大人を含んだ他者との相互作用をうまく運ぶ道具である。
②会話は社会的交渉ややりとりの共有をとおして課題の達成を支える。

　ドーア（Dore, J.）は絵を描いた後にかたづけるなどの課題で，保育園児がどのように会話を用いて課題を導入し，達成していくかについて述べている。会話は課題の計画と達成に必要なステップの流れを明確にするのに役立っている。例4-3では，就学前児がゲームを一緒に行なう準備をしている時に，いろいろな言葉を使って会話している様子が見られる。

❷ 会話技能の発達

■ やりとりの交代

　別の人が始めた話題も含めて，より長い会話やより長いやりとりの交代を維持できるようになるという点で子どもは会話する力がついてくる。4歳ごろになると，子どもは自分の話が終わっていないことを示すために，「〜して，それで」を繰り返すなど表現をコントロールするようになる（Pan & Snow, 1999）。子どもは会話の変わり目を手がかりとして示すのにひと呼吸おくだけでなく，他の人の会話が終わりになる時に敏感に反応し適切な継ぎ目で交代する（Brinton & Fujiki, 1989）。

　彼らはまた別の話し手が自分の番を終えることができない時には，その番を

例4-3　就学前児の会話が相互的遊びを支える

　この会話は3歳の双子シャイアンとアレナ，4歳の姉マーニー，2歳の弟トム，それから大人で魚釣りゲームをしている途中のものである。この会話では，遊びの様々な意図の公表，ゲームのルール説明，事実の理解の確認，状況記述，事実の説明，非難，ゲームが行き詰まりを見せた時の修復，順番交代の要求，活動や順番のコントロール，抵抗，願望の説明がなされている。そのため，会話は活動の構造を提供しゲームがうまく進行するのを促進する。

マーニー　：魚釣りしようよ。
大人　　　：どうやって遊ぶの？
アレナ　　：こうやるの（磁石のついた釣り竿でカード式の魚を吊り上げるところを実演する）。
マーニー　：覚えた？
シャイアン：シャイアンの，からまっちゃった（釣り竿を操る）。
アレナ　　：（歌を歌う調子で）シャイアンの魚取った！
シャイアン：それちょうだい！
マーニー　：私も魚取っちゃおうっと！　取れた！
トム　　　：魚！
大人　　　：魚よ！　トムが魚取れたわ！
マーニー　：ちょっと，それずるい！　だってちゃんとくっついてないじゃない。
アレナ　　：これつかまえていい？
大人　　　：待ちなさい，アレナ。
アレナ　　：さあ，あなたの番。
マーニー　：私まだ捕まえてないのに。ねえ，アレナの次は私の番で合ってる？
大人　　　：ええ，合ってるわよ。
シャイアン：また取れた！　取れた，魚。
アレナ　　：私，それはいらない。でも，シャイアン，シャイアンの番じゃないんじゃない。
大人　　　：何取ったの？　シャイアン。
シャイアン：オレンジ（オレンジ色の魚）。
マーニー　：順番がめちゃくちゃ！　もう，知らない（トムをたたく）。

図4-2　就学前児の会話

終わらせることができる。子どもたちは会話に加わるには粘り強くなる必要があることを学んでいるが，聞き手の名前を呼ぶなど注意を引くための表現を使うことで，会話中の人たちの中に入り込もうとする。4歳児が仲間との会話に

加わり会話をつづける時に最もうまく使える自己表現は，話し手の近くにいてアイコンタクトをつづけることである。

■ 会話の修復

3歳以降，子どもは自分からより詳しい説明を求め始める。しかし，就学するころになっても，人の言ったことがわからない時にはいつも説明を求めているわけではない（Pan & Snow, 1999）。こうした状況で，とくに大人から，説明を求めるように子どもに仕向けるのは困難である可能性がある。子どもにとって，自分が理解できないことを大人に尋ねるのは嫌であるかもしれないからである。

■ 聞き手の視点をとる

この時期，子どもは会話中の背景情報となる聞き手の要求を推し量るのがうまくなる。しかし，適切な言語表現を常に使えるわけではないかもしれない（Pan & Snow, 1999）。たとえば以前に他の人や物が関わって起こったことを説明する時，子どもは人や物の名前を間違って紹介することがあるかもしれないし，代名詞を使うだけになるかもしれない。たとえば「彼が私の上にそれを置いたの，そして私が彼にそれを返したの，けれど……それで彼が私を押したの」といった説明をするので，聞き手は様々な要素を明確にするために，質問しなければならないかもしれない。

5歳ごろには，子どもは新しい情報を紹介したり（a,an），先に紹介した情報に戻ったりする時（the）に，冠詞（a,an,the）をより正確に使えるようになる（Pan & Snow, 1999）。

■ 会話の話題

子どもは会話を始める時には，目の前の物やできごとを話題にしつづける。大人は過去や未来のできごとから引き出された話題をそれとなく子どもにふることで，子どもにふれさせる話題を広げつづける（Brinton & Fujiki, 1989）。成長するにしたがって，子どもは役割を演じたり未来のできごとを仮定したりすることを通じて，自分とは違う立場をうまく表現するような考えについて話

すことがふえる（Pan & Snow, 1999）。さらに、子どもは非言語的手段（様々な声音を使ったり，大げさに見つめたり，イントネーションを変えたりすること）をいろいろ使って，ごっこの世界を行き来していることを知らせる（Pan & Snow, 1999）。

③ 言葉の使用

会話は文法構造を発達させる文脈を提供するだけでなく，語彙の発達と言語の使用を支える。

子どもは言葉のスキルを使う目的をどんどん広げていく。表4-1に表わしているように，生後4年目から5年目にかけてめざましく発達する言葉の使用には2種類ある。言葉の知的使用と物語というジャンルである。それぞれの概要を以下に述べる。

④ 言葉の知的使用

クーパーら（Cooper et al., 1978）では，知的プロセスとしての言葉の機能について述べられている。言葉の知的使用によって，実際の活動の計画と処理，統合がうながされる。このプロセスは，前述の相互的文脈でだんだんに起こる。ドーア（Dore, 1979）らの研究で見られた保育園時代の子どもの会話では，ゴールへいたるために個人が使っている様々な段階のスキーマが言葉で明確に示されているばかりでなく，参加者の願望や信念，期待の文脈が示されている。就学前の時期では，課題の達成にどのように関与しているかについての方向性を声に出して言うことで，セルフモニタリングをしていくが，それが上手になると，声に出してチェックすることは減ってくる。子どもは，とくに難しい課題を行なう際には，外言を用いつづけることになるだろう。しかし，身近で簡単な課題をする際には，方向性を持つ言葉は内言化されてくるので，実際の話し言葉はいらなくなる。

⑤ 語りの技能の発達

物語や語りは過去のできごとの記述であり，この形式が子どもの会話の中で多くの部分を占めるようになる。ブルーナー（Bruner, 1990）は，物語を語る

表4-1　3歳から5歳の間に芽生える言葉の使用

言葉の使用	例
*情報や行為の要求	
情報の要求	これ何？
説明の要求	なぜ彼はそこへ行くの？
許可の要求	これもらっていい？
行為の要求	ジュースちょうだい。
行為の提案	下へ行きましょう。
*会話の統制	
会話を始める。	はーい。こんにちは。ママ。
詳しい説明の要求。	ふーん。何？
次の話し手や遊び相手としての他者を確認する。	ママ？　ママの番よ。
次の話し手や遊び相手としての自分を確認する。	何してんの？　私の番よ。
切れ目の標識を使って会話の始まりと終わり，会話の転換を示す。	はーい。バイバイ。気にしないで。わかった。ところで。
丁寧語を使う。	〜してください。ありがとう。
*事実やルール，計画，内的状態の説明	
物やできごと，人に対して言葉をつける。	それは私のママよ。それはあなたの夕ごはんよ。
物やできごと，人を説明する。	私は小さいの。それはパパの車よ。
感情や意図，信念，願望を表現する。	さびしいの。お前を食べちゃうぞ。それ知ってる。さあ，今からママを描きましょう。
別の人の感情や意図，信念，願望についての考えを表現する。	彼は彼女に会いたいの。彼は今さびしいの。パパは私をつかまえなきゃいけないの。
判断し，態度を示す。	いい子ね。あなたは賢い女性よ。
社会的ルールを含めたルールや手続きを説明する。	そこに置けないわよ。私たちけんかしちゃだめ。たたかないで。最初はお風呂，それからお話よ。
説明を加える。	ママは着替えてるわ。だって，今から仕事だから。
*聞き手の状態や知識における影響の変化	
受けねらいで矛盾する情報を言う。	(イチゴを手に取りながら) それはレモンだ！　ううん，それは豆だ，イチゴじゃない！
聞き手を冷やかしたり，遊び半分で馬鹿にする。	やーい，ばかやろう。
聞き手の行動に抵抗する。	歌わないで，あなたそれ言ってないでしょ。
害を与えるものに対する警告。	危ない！　怪獣がくる！
*相手の言うことに対して認めたり答えたりする	
肯定か否定かの質問に答える。	うん。ううん。
何，どこに，なぜ，どうして，いつなどの質問に答える。	それはイヌ。怪獣がきた。私ここにきたの。私何にもしてないわけじゃないわ。
賛成する，または反対する。	私大きな女の子じゃないわ。小さな女の子よ！
話し手の言葉を認める。	そうね。うーん。あら。
*自分の態度を伝えたり，他者の話を繰り返したりする	
驚きや喜びなどを表わす。	まあ！　うわあ！　げっ！
先ほどのことばを繰り返す。	

出典：Academic Pressの承諾を得てDore, 1979を改変

ことで，自分たちの経験を意味あるものとして構成していきやすくなるといっている。思い出は世界に対する印象をともなっており，忘れられないお話になっていく。物語を語れるようになることは，論理的に情報を並べたり情報をエピソードへと組み立てる力と密接に関わっている。語りの構成要素となるエピソードや物語構造の要素には以下のものがあげられる（Allen et al., 1994より改変）。

①設定（settings）：登場人物や場所，時代の紹介。
②できごとの始まり（initiating events）：登場人物の行為を引き起こすできごと。
③内的反応（internal responses）：登場人物のもつ目標や考え，感情。
④計画（plans）：登場人物による，意図ある行為の大枠。
⑤実際の行動（attempts）：登場人物が目標へ到達するための行為。
⑥結果（consequences）：登場人物が目標に到達できたか否か。先に引き起こされたことの効果。

子どもは想像上のできごとと同様に，自分の経験も語れるようになる。語りの技能は，次の順序で発達する。

1．3歳児は，中心的な登場人物やできごと，主題に関わるできごとを短い言葉にして簡単な物語を話す。子どもたちは登場人物がしたことについて話すだろうし，聞き手が物語を理解するのに有効な背景情報についても少しなら話せるだろう。

> 例4-4　3歳半の子どもの語り
>
> 　3歳半のエリザベスは，自分の経験について次のように語った。
>
> ①海岸に行ったの。ボートに乗ったの。転んだの。
> ②動物園に行ったの。サルを見に行ったの。それから，別の動物園にも行ったの。
> ③クリスマスは消えちゃったの。今年のクリスマスはなかったの。クリスマス，パパと一緒にクリスマスツリー置いたの。
> ④サッカー場に行ったの。サッカーしたの。つまずいたの。転んで血がでたの。泣いたの。お兄ちゃんはサッカー場にいたの。ボールがこっちに飛んできたの。

2．4歳児の話はいくらか長く，中心人物や物，できごとが入る。子どもはたいていの場合，お話の導入を話し，背景情報を語り，主にどんなできごとが起こったかを言い，お話を締めくくる。

> **例4-5　4歳半の子どもの語り**
>
> 　4歳半のジェイミーは，絵を描きながらこの話を語った。
>
> 　ある人がこの家に住んでいます。その人は年寄りで，おばあさんと一緒に住んでいます。おじいさんは起きられません。だけど，おばあさんが起こしてあげました。起こすと車椅子に乗せて2階へ上げました。
>
> 　彼女はまた，自分の経験を次のように語っている。
>
> 　ずーと前ね，海岸に行ってね，服を着て，パパと一緒に海岸に行ったの。できなかった…。大きな大きな穴にはまっちゃったの。パパが掘り出してくれたの。すごく寒かったから家に帰ったの。

3．5歳児はお話の設定や因果関係，時間関係についてもっと詳しく話す。話の結末は唐突で，それまでの話の流れから見て矛盾している場合もある。しかし，登場人物の感情や意図から見たできごとの評価が語られていることも多い。

> **例4-6　5歳児の語り**
>
> 　5歳児のジェシカは，最近の経験についてこう語った。
>
> 　ママが私の写真をとったの。昨日の月曜日は学校がなかったの。私は笑ったの。それから，私の家で写真もとったの。ママは1枚を私が赤ちゃんの時のアルバムに貼ったの。もう私は大きくなったの。だから，スペインに行くのに写真がいるの。飛行機に乗るから。ママは本の中に写真を貼ったの。後で男の人に見せなきゃいけないから。

> **例4-7　5歳児の語り**
>
> 　オーラも5歳である。次の話は「へんてこな水仙」と名付けられたものである。
>
> 　お姫様が歩いていました。いい？　春でスイセンが咲いていました。いい？　黄色いスイセンでした。それで，1個だけ赤いスイセンでした。それからお姫様は歩きつづけました。そこでたくさんの赤いスイセンの中から1本をつみました。それから，スイセンを水に入れて持って帰りました。それからお姫様は結婚しました。

> **例4-8　5歳児の語り**
>
> 　マシューは5歳の時に，有名なお話をした。私たちがよく知っている話とは少し違っている。
>
> 　今から3匹の子ブタの話をします。お母さんが3匹の子ブタに言いました。家から出て行きなさい。それから「おいしいご飯を食べなさい。大きなオオカミがくるかもしれないから，ちゃんと見張っておくのよ」と言いました。それから初めの子ブタは立ち止まって休憩して，わらの家を建てました。それで，それで，それで，2番目の子ブタは，木の家を建てました。大きな悪いオオカミが，家に息を吹きかけました。3番目の子ブタは，岩で家を作りました。それから「入れておくれ，入れておくれ」とオオカミは言いました「もし入れてくれないなら，おまえの家をふーっとふいて倒してやる」と言いました。おしまい。

⑥ 表現言語構造の発達

■ 考えをまとめて複文を作る

　英語圏の子どもの場合，4つ以上の単語をつなげて文を作れるようになると子どもは2つか3つの考えを表現することができる。この段階は，おおむね3歳終わりから4歳始めごろに訪れる。複文は2つ3つのの動詞を持ち，接続詞が使われる。接続詞の獲得順は，「そして（and）」「なぜなら（because）」「何（what）」「いつ（when）」「でも（but）」「主文と従属文を接続する単語（that）」「もし（if）」「それから（so）」である。他の単語が使えるようになると，「そして」の使用頻度は減少する（Cooke & Williams, 1985）。等位の接続詞（たとえば「そして」，「なぜなら」）は，それぞれひとつだけでも意味がわかる複数の考えを結びつけるのにも使われることがある（例4-9を参照）。

　また，別個のできごとをひとつの文の中でつなげたり，ひとつのできごとでの違う要素をつなげたりして，子どもが話す文は長くなる（Cooke & Williams, 1985）。例4-10や例4-11に示されているように，発話の意味はふたつ以上のできごとに基づいている。ふたつ以上のできごとやふたつ以上の要因を結びつけることの発達は，等位接続詞によって発話をつなげ始めるようになった後に起こる。4歳の誕生日までに，ほとんどの子がすべてのタイプの複文を使えるようになる（Mogford & Bishop, 1993a）。

5.コミュニケーションスキルと表現スキルにおけるさらなる発達　173

> **例4-9　幼児期の複文における接続詞の使用**
>
> 　アレナが複文を話し始めた。複文とは文中で等位の接続詞を使ってふたつ以上の考えをつなげた文のことである。そのため，発話の長さは2倍になる。
>
> アレナ：それなーに？
> 大人　：テープレコーダーだよ。
> アレナ：（テープレコーダーは）おじちゃんの？
> 大人　：違うんだ。アレナのお父さんのだよ。
> アレナ：ふーん。それお父さんの。そして，これアレナの（ビデオを指さす）。
>
> 　子どもは簡単な接続詞を何度も使う。次のシャイアンの会話のように，まったく必要のないものだったり，適切でない場合もある。
>
> シャイアン：これ，耳……。だって，シャイアンはパンダ。見て！
> 大人　　　：パンダなの？
> シャイアン：見て。だって耳がついたから（パンダの絵を見せる）。
> 大人　　　：ほんとね。
> シャイアン：だって，シャイアンはパン（ダ）……だってそれはクマ。

図4-3　おじさんとテープレコーダーの話をしている3歳児のアレナ

> **例4-10　複文の中でふたつのできごとをつなげる**
>
> 　下の例では，発話の中でふたつの別個のできごとがつながりをもつ。発話の意味は，両方のできごとの表現に依存する。
>
> ①ママが買い物にいったら，私にお菓子を買ってくれる。
> 　（My mummy's gonna get me sweets when she goes shoping.）
> ②帰ったらすぐにかくれんぼできるよね
> 　（We can hide and seek as soon as we get home.）

> **例4-11 複文の中でふたつの要素をつなげる**
>
> この例では，ひとつのできごとのふたつの要素がつながりをもっている。
>
> ①ママが私を泣かせた。
>   (Mummy made me cry.)
> ②モンスターを見て走って逃げる。
>   (Monsters make me rub away.)

訳注）いくつかの考えをつなげて複雑な文をつくる。
　日本語の場合，ひとつの文の中にいくつかの考えをまとめて表現するしかたには，接続詞だけではなく，接続助詞や連体詞などが用いられる。簡単な表現は 2 歳くらいでも用いられるが，複雑な表現になるのは，4 歳を超えるころからである。
・Kちゃんね，赤ちゃんのときね，フジイチャン，きてたわ。（2 歳）
・歯の銀，とれたら，痛いでしょ。だから，銀，つめちゃうだ。（3 歳）
・ロボットは，こわい，こわいって，泣いてます。
　そして，じゃぶじゃぶ，いきやます……。そして，あかれます。電気つけて。（2 歳 6 ヶ月）
・あのね，おかしいとね，うんとね……。ガスがね，部屋中に，いっぱいになってね，天井に，浮かび上がるんだって。（5 歳）

（出典：岩淵悦太郎・村石昭三（編）1976　幼児の用語・用例集　日本放送出版協会）

■ 生後 4 年目におけるさらなる文法の発達

　生後 4 年目には，子どもの発話は文法的な正確さが増していく。4 歳の誕生日を迎えるころには，基本文法構造のほとんどすべてを使えるようになっている（Bates et al., in press）。しかし，文法の誤りがなくなるわけではなく，あと 2 年程度は間違いを犯しながら話をする。表4-2はこの時期に見られる文法の主な発達を概観したものである。言語構造の獲得に関しては個人差が非常に大きいので，一般的なガイドとして表4-2を見ることが大切である。

■ 生後 5 年目以降における文法の発達

　カーミロフ＝スミス（Karmiloff-Smith; Bates et al., in pressより引用）は 4 歳から 6 歳の間に，文法の使い方が劇的に変わることを示唆している。その変化は，物語というジャンルで見たように，短文レベルから文のまとまり，またはテキストのレベルへと変化し，言葉の脱文脈化にも関連している。

表4-2 英語圏の3〜5歳児期における文法の発達の一般的特徴

文法構造	例
代名詞 私，あなた，彼，彼女，私たち，彼ら (I, you, he, she, we, they)	あなた，それを私にくれるの。 それらはパパの。私たちはビスケットをもらってもいい？
前置詞 下，後ろ，前，そば，隣 (under, behind, in front of, beside, next to)	それは，あなたの隣！　私の隣に座って。
動詞 〜できる，〜するだろう，〜だ，持っている，する (can, will, is, are, am, have, do) おおむね5歳には，正しく使えるようになる。過去や未来も含む。	彼女は本に手が届いた。 それらはぶつかりそうだ。 彼はミルクをこぼされた。彼はがっかりするだろう。
動詞の過去時制と有標 規則・不規則動詞（過去），規則動詞（未来）	私たちは動物園へ行った。 ジョーイは遊ぶのをやめた。私たちは一緒に食べるだろう。
質問 can, will, is, are, am, have, doの使用 動詞と名詞を逆の順序にする なぜ？　4歳児で最も顕著 どうして？　いつ？（それ以降） 付加疑問	手伝ってくれない？　ちょっとちょうだい。 何してるの？　パパはどこに行くつもりなの？ どうして赤ちゃんは小さいの？ いつおばあちゃんはくるの？ パパはもうすぐ帰ってくるよね？
否定語 42か月までに，doesn't, isn'tが使えるようになる。 4歳までに，didn't, couldn't, wasn'tが使えるようになる。 4歳以降，nobody, none, nothing, and no one が使えるようになる。	彼女は眠りたくないの！　そこじゃないわ。 彼女は髪を洗わなかったの。ママはかぎが見つからなかったの。 おサルさんいなかった カバンには，なんにもないわ。 何もしてないの。

出典：Tager-Flusberg, 1989; Brown, 1973

訳注）日本の子どもの表現
3歳から4歳以上にかけての文法理解の発展
　この時期には，ほとんどの文法構造を理解した発話を組み立てている。しかし，より複雑な表現を試みようとする時には，間違いを犯すこともある。
　2歳から3歳にかけてJ君は，行くという言葉を可能の助動詞「れる」「られる」へつなげるやり方の理解が不十分であったが，自分で誤りを修正する時もあった。

　　積み木の汽車をトンネルに通す遊びで
　　　　いきあんない，ここ。　いきあんない。──▶ 行けない（2歳）
　　パパにコーラを持って行ってと頼まれて
　　　　もって　いからんないよ。（2歳6か月）
　　歩いて行けるんでしょ？
　　　　いけないよ
　　なんで行くの？
　　　　ブーブーで　いくの。　バスに　のって　いかれる。（2歳6か月）

（出典：岩淵悦太郎・村石昭三（編）1976 幼児の用語・用例集　日本放送出版協会）

⑦ 3～4歳児期における子どもの誤り

　この時期には，主な文法構造を把握し何千もの語彙を使いこなしてはいるが，文法の誤りもよく犯す。たとえば4歳ごろまでは，性別を間違えて代名詞を使う。「それ，お父さんにあげて。彼女の頭に乗せるのよ！（Give it to my daddy——put it on <u>her</u> head!)」などである。文法規則は過剰般化されるかもしれない。過去時制の後ろに'-ed'をつけるルールを不規則動詞にも適用してしまうといった例である（I <u>putted</u> it on the table)。可算名詞と非可算名詞の区別が正しくできるまでにも，時間がかかるかもしれない。その場合，'I'm watching <u>a</u> sky'といった表現をしてしまうかもしれない。

　一般にこうした文法の誤りは，ある単語になら適用できる規則を他にも試してみようという現われなのでよい兆しである。文法の誤りは，もう2，3年はつづくかもしれない。

　　　訳注）日本での3～4歳児期における子どもの誤りの事例を以下にあげる。
　　　「行く」と「来る」との意味的な混同が見られ，助詞の付け間違いの例もある。
　　　・サンタクロースとのお茶の会で
　　　　はやく，ちゃんと，座って，もう，終わりだから。もう，持って，行くの。おちゃを，どーぞって，言って，持って，来る，時間なの。（5歳）
　　　・警察って何するところ？
　　　　警察ってね，悪い人を，くるとね，やっつける，こと。（4歳6か月）
　　　　　　　　　　（出典：岩淵悦太郎・村石昭三（編）1976　幼児の用語・用例集　日本放送出版協会）

6 話し方の発達

① 話し方の発達の主な要素

　4歳半になるまでに子どもの発音は，大人のものに近づいてくる。生後4年目の間は，幼児語や省略形などの単純化パターンを用いつづける子が多いが，4歳の誕生日までに，そうしたパターンすべてではないにせよ，その多くが消える（Grunwell, 1987）。しかし，新しく用いるようになった語の中には，不

十分な発音が見られることもある。'never' を 'neder' と言ったり、'ship' を 'sip' と言ったりするのがその例である。英語の発音では、より成熟した大人の発音パターンへと進歩するのは、以下のような経験が必要になる。

①未熟な発音と大人の発音との差異に気づく機会がふえること。
②自分の話し方を変えたいと思うこと。
③どの音が単語のどの部分にきても、はっきり発音する方法がわかること。
④発話における運動面のコントロールが進み、適切なはやさで話し、発音が安定してくること。
(Hewlett, 1990)

❷ 発達途上での非流暢性

　生後4, 5年目（それより早い場合もある）には、子どもたちがスムーズに話せなくなることがよく見られる。スタックハウスとウェルズ（Stackhouse & Wells, 1997）, バーンスタイン・ラトナー（Bernstein Ratner, 1989）は、話し方の非流暢性を以下のように特徴づけている。

①躊躇することが多くなること。
②単語や音、音節の繰り返し。
③発話の繰り返し。
④「うーん」「えっと」など、つなぎの言葉をはさむ頻度がふえること。
⑤正しい単語を使おうとがんばること。

　非流暢性は、複雑な文の産出などもっと重要な言葉の発達を達成しようとする時に起こっているのかもしれない。子どもにとって文法的に複雑な語句や文を話そうと計画を練るのは困難である。このことは、話し言葉の産出と言葉の形成に関する様々な側面を統合する能力を発達させようと、子どもみずから大きな挑戦に取り組んでいることを物語っている（Bernstein Ratner, 1989; Stackhouse & Wells, 1997）。大部分の子どもが、通常の話し言葉における発達の一部として、非流暢性の時期をとおり抜けていくのである。流暢ではない話し方がコミュニケーションを妨げたり、話し手と聞き手の苦痛の種になった

りすると，子どもの吃音を引き起こす場合も出てくるだろう。

7 読み書き技能の芽生え

　就学前児は，文字がきちんとわかって操作できるようになるずっと以前から，書き言葉の使用や性質についての知識を発達させてきている。この知識のことを自生的読み書き（emergent literacy）という（Dickinson et al., 1989; Pau, 1995）。

① 読み書き技能の出現に影響する要因

　読み聞かせをよく行なう家で育った子どもは，本に対して感情的なきずなをもち，いつか読み書きできるようになるのだという期待を抱いていることが多い。彼らはまた，書き言葉というジャンルを身近なものとして感じる機会をもつだろう。書き言葉は，話し言葉より正確で抽象的な語彙や，複雑な文法，幅広い言語の使用と関わりをもっている（Paul, 1995）。これらの要因は，読み書きの習得をサポートすることがわかっている（Dickinson et al., 1989; Paul, 1995）。

② 読み書き技能の特徴

　ディッキンソンら（Dickinson et al., 1989）は，読み書き技能の進歩がいくつかの段階を経るというロマックスとマクギー（Lomax & McGee）の主張を支持している。最初に子どもは本とは何かについての概念を発達させる。その概念は，本をどう見ているか，どこにしまわれているか，どのように感じているか，本がどう使われるかなどに関するものである。次に印刷されたものの目的への気づきが起こる。子どもは，読み聞かせの最中に，印刷された黒い模様（文字）を隠してしまうと，読み聞かせをしてくれている大人がその部分を読むことができなくなることを学ぶようになる。その結果子どもは，黒い模様に何らかの意味があることを学び始める。

　次に，子どもは適切なイントネーションで正しい言葉を選びながら，本を

「読む」ふりをするようになる。子どもは周囲の印刷物，たとえば道路標識や店の名前，食べ物の包装ラベルなどに関心をもち，大人に尋ねるようになる。生後4年目には，子どもは語のはじめの音（頭韻：alliteration）や語尾の音に興味をもち始める。これらは，言葉を分析して部分（音節や音）に分ける機能を果たしており，それ以降の読み書きスキルの基礎となるものである。

❸ 話し言葉と書き言葉のつながり

■ 物　語

　話し言葉のスキルが読み書きの発達の基礎になっていることは，言葉や読み書きの発達を研究している者が誰しも認めるところである。物語については，話されたものであろうと書かれたものであろうと，以下のことがいえる。すなわち話し言葉の語彙の理解が進まず，非言語的方略を使いつづけ，脱文脈的言語の中で起こる文法構造の理解が進まないのであれば，物語を理解することは難しい（Paul, 1995）。

■ 音韻への気づき

　話された音声への気づきである音韻への気づきとは，言葉にされた音声への意識化のことをいう。それは，言葉の意味ではなく言葉の音について考えたり操作したりする能力のことである。話し言葉を産出し理解するのは自動化されたプロセスであって，話し言葉の音声に対して意識的に注意を向ける必要はない。しかし書き言葉のシステムでは，話し言葉の音声に対して明確に意識することが求められる。ポール（Paul, 1995），カッツとヴァルシャイネン（Catts & Vartiainen, 1993），スタックハウスとウェルズ（1997）は，音韻への気づきについて次のように述べている。

①音節や単語の長さなどの側面への気づき。
②単語の音韻的性質の自覚化と，その単語のはじめや終わりは同じ音であることへの気づき（たとえば，しりとり）。
③単語を（つづるために），音節や音の要素に分け，音が文字によって表わすことができることを理解し，音と文字の対応ルールを学び，文字で表わされ

る音を組み合わせ，（読む時の）単語にすることが可能になる（日本語では音節分解ができることと関連する。アルファベットの場合には，もう少し複雑な分析と知識が必要になる）。

子どもの話し言葉と音韻への気づきと，読み書きの能力との間には密接なつながりがあることを示す証拠はたくさんある（Paul, 1995; Stackhouse & Wells, 1997）。ポール（1995）は音韻への気づきが読みの力を最もよく予測することを示している研究を多く引用している。また，彼女は，ウェブスターとプラント（Webster & Plante, 1992）の研究を引き合いに出して，子どもの音韻の自覚化は，少なくとも部分的には言語能力に依存していることを述べている。こうしたスキルは，一般的には生後4年目全般を通じて現われだす。表4-3は，ポール（1995）の業績に基づき，生後4，5年目における子どもの音韻への気づきに関する年齢的発達を概観したものである。

表4-3　英語圏における音韻への自覚化技能の年齢的発達

技　　　能	例
押韻	You silly billy willy
単語をシラブルに分ける	バナナちょうだい。ば・な・な
最初の音が同じ言葉を見つける	Milly and Molly and mop and Moo-cow
最後の音が同じ言葉を見つける	pin and hen and gone and in
言葉に含まれる音を数える	'hen' は3つの音だ。h…eh…n
ひとつの言葉を音に分解する	'up' は2つの音だ。uh…p
子音が重なった単語を音に分解する	'trip' は4つの音だ。t…r…i…p
	'paste' は4つの音だ。p…ay…s…t
	'crisp' は5つの音だ。k…r…i…s…p
言葉に含まれる音を操作する	'gone' から 'g' をとったら何になる？ 'on'
	'peach' の最初と最後の音をひっくり返したら何になる？ 'cheap'

出典：Paul, 1995

第4章の要約

●注意のコントロール

①生後4年目には，子どもは大人がうながさなくても今興味をもっていることから，話している人へ注意を向けることができる。生後5年目になると，注意の統合が起こる。このことは，活動を行なっている最中に指示が与えられることの多い教室での学習ができるようになることを意味する。

●遊びと言葉とのつながり

②生後4，5年目の子どものごっこ遊び。
  ・世界とくに社会的関係への理解が育っていることを反映している。
  ・現実とふりを理解し，世界についての心的表象がひとつだけではないことを認識する力があることを示している。
  ・積極的で効果的な社会的やりとりやコミュニケーション技能とのつながりが深くなる。
  ・物語を語る技能の発達と密接な関わりをもつ。物語を語る技能は，書き言葉の基本的特徴を含み，学業成績のカギとなる。

③子どもとテレビ番組やビデオの仲立ちをする親は，やりとりや会話，関連する活動のベースとしてテレビやビデオを使うことができる。テレビを長く見すぎると，子どもの注意や言葉の発達に悪影響をもたらすことが推測される。

●意味と語彙の発達

④5歳になるまでに数千語の理解が進み，機能的性質に基づいた語の定義をし始める。表現語彙もふえる。

●語と文の理解

⑤4歳になるまでに子どもは最も基本的な文法構造を理解する。より複雑な構造の獲得は就学後もつづき，それはある種の理解方略がとられつづけること

に反映されている。5歳児は物語を理解するのに絵を必要としなくなる。

● コミュニケーションスキルと表現スキルのさらなる発達

⑥ 5歳になるまでに子どもは,
・社会的目的や知的目的にあわせて幅広くコミュニケーションスキルを使えるようになる。
・文法構造を通して,隠れた意図を表現できる。
・明確なトピックをめぐり,やりとりの交代の長い会話ができるようになる。
・適切な情報の含まれた短い物語を話すことができる。お話には,初めと中盤,終わりが含まれていて,状況の記述や評価が含まれている。

⑦ 会話は子どもが言葉で表現する技能を磨き,様々な目的で言葉を使えるようになるための文脈である。

⑧ 生後4,5年目の間に,子どもは基本文法構造すべてを使えるようになる。とくに2つ3つの考えから成る複雑な文を使い始める。結果として発話は長くなる。

● 話し方の発達

⑨ 発音する際,単純化されたパターンが使われるが,概して4歳半になると明確に発音できるようになる。

● 読み書き技能の芽生え

⑩ 話し言葉の力と読み書き技能の発達とは密接に関わっている。
⑪ 音韻への気づきの技能は,読み書きの発達を支えるものであり,生後4年目ごろに現われる。

Key skills ☆ 4-1　通常 4歳までに達成されるコミュニケーションスキル

- 仲間との親密なつきあいを楽しむ。
- 筋書きのあるごっこ遊びを仲間と行なう。
- いろいろな人と上手に会話する。
- 今やっていることから誰かが言っていることへと自動的に注意を移し，再びやっていることへと戻る。
- 起こりえない指示（たとえば「赤ちゃんがお母さんにご飯を食べさせるようにしてあげて」）に対しては，普段やっているようにする方略を使いつづける。
- 文に含まれているキーワードが6つまでなら，その文を理解できる。たとえば「小さなかばんとコーヒーをお父さんのいすの下に置いて」。
- 基本文法構造すべてを理解し使えるようになるが，文法的誤りを犯すこともある（たとえば 'I went to the circus and sawed the clowns'）。
- 考えや感情を表わしたり，計画について話し合ったり，問題解決や交渉を行なう時に言葉を使う。
- 何回も質問する。とくに「どうやって」「なぜ」を使う。
- どんな時でも自分のことを明確に表現できる。表現は語彙の増加を反映している。
- 2つか3つの動詞を使って複文を作り，いくつかの考えをつなげる。
- 過去のいくつかのできごとについて語ることができ，その中には
  ―導入と適切な背景情報，起こったことについての説明，
  ―物語の結末についての情報，が含まれている。
- まだ成熟していない部分はあるものの，話し方の発音は明瞭になる。

Key skills ☆ 4-2　通常 5歳までに達成されるコミュニケーションスキル

- 公正に遊ぶ必要を理解し，仲間どうしで協力し合える。
- 筋書きのあるごっこ遊びをとくに仲間と一緒に行なう。
- コミュニケーションの主要な手段として言葉を使う。
- たくさんのトピックについて，いろいろな人と一緒に会話をつづけることが容易になる。
- 注意を向け，聞くことが成熟してくる。誰かが言っていることと自分がやっていることを容易に統合できるようになる。
- 文法構造をほとんどすべて理解できる。さらに複雑な文の理解についてはこれ以降も引きつづき理解を深めていく。
- 「どうやって」や「なぜ」を使った質問を正しく理解し，反応する。
- 絵がなくても，込み入った物語の筋をたどることができる。
- どんな時でも自分のことを明確に表現できる。表現は語彙の増加を反映している。
- 機能に基づいて語を定義できる（たとえば「車はドライブに行く時に使うもの」）。
- 物語の中で登場人物がどのように感じたり，登場人物の意図は何なのかという評価について話す。また予測を行ない始める。
- 物語を話す時に，代名詞や冠詞を正しく使う。
- 「いつ」を使った質問をし始める。
- 文法的な誤りを犯しつづける。
- 身近な聞き手に対しても，そうでない聞き手に対しても，話し方の発音は明瞭になる。

Warning signs! 4-1　4歳児の発達遅退の可能性を示唆する警告サイン

- 仲間入りしたり仲間と遊んだりするのが難しい，または関心を示さない。
- とりわけ遊び場面でほとんど想像力を見せない。
- 何事に対しても数分間以上集中できない。
- 過去や未来のできごとについて会話をつづけるのが難しい。
- 話している時にまごつくことが多い。指示を実行できない。
- 聞き手がその場にいなかったできごとについては明確に説明できない。
- 「どこ」「誰」などの'wh'質問をしないし，また，こうした質問にうまく答えることができない。
- 理解語彙と表現語彙がともに少ない。
- 物語に興味を示さない。
- 大きさや形，位置，色，数に関連した概念をはっきり理解できない。
- 文法構造を十分に用いることができない。
- 文を作ったり言葉をひねり出したりするのに苦労する。
- 話し方があまりにも不明瞭である。
- 吃音。
- 親が心配事を口にする。

Warning signs! 4-2　5歳児の発達遅退の可能性を示唆する警告サイン

- 普通に会話をしたり理解したりすることができない。
- 教室の中ですぐ他のことに気をとられてしまう。
- 異常に引っ込み思案だったり取り乱したりする。
- 自分のやり方を考えるのが難しく，教室の日常活動では仲間の真似をすることが多い。
- グループへの指示に注意を向けたり，理解したり，思い出したりするのが難しい。
- グループに対する指示を実行するのに，個人的なサポートがいる。
- 物語に無関心だったり，細かい部分ばかりに目を向けたりする。
- 視覚的に注意を向けやすい課題に反応することが多い。
- 大きさ，形，位置，数，時間的順序と関連する概念の理解に乏しい。また，順番に物事を行なう技能が育っていない。
- 語句や文を練り上げたり，言語情報に基づいて何かを行なったりすることが難しい。
- つい最近の経験について，筋のとおった説明をするのが難しい。
- 話している時に，正しい言葉を見つけるのが難しい。正しくない言葉を使ったり，言葉を勝手に作ったりする。
- 吃音。
- 不明瞭な話し方。6歳か7歳ごろまでには，すべての発音をきちんとできるようにすべき。
- 韻を踏んだり音節の数だけ手をたたいたりするのが難しい。
- 親が心配事を口にする。

Warning signs! 4-3　すぐに診断・評価を要する兆候

　フィリペックとプリザント（Filipek & Prizant, 1999）は，以下の注意事項を掲げ，このサインのうちひとつでも見つかったら，すぐに子どものコミュニケーションスキルの発達を専門家に評価してもらうべきであると述べている。
・生後5か月までの間に，あたたかで楽しげな活動（大きな笑顔など）が見受けられない。
・生後9か月までの間に，双方向のやりとりが見られない。たとえば笑いかけても笑い返さない，話しかけても声を立てないなど。
・12か月の間までに，喃語が見られない。
・12か月の間までに，指さしをはじめとする身振りが出てこない。
・16か月の間までに1語文が出てこない。
・24か月までに，2語文が自発的に（模倣ではなく）出てこない。
・年齢に関わらず，言葉や喃語が減少したり，社会的スキルが低下するなどの変化が起こる。

第5章 幼児期における複数言語の習得

> **ポイント**
> - バイリンガリズム（bilingualism）の定義とは。
> - 5歳以下の子どもの2言語習得に関する発達段階とその特徴（2言語を同時に習得する場合と習得時期が異なる場合），2言語習得理論入門。
> - 幼年期におけるバイリンガリズム，認知発達，読み書き能力発達の相互関係。
> - バイリンガルとして成長することの社会的・文化的要因，2言語習得に影響を及ぼす環境的要因，バイリンガルの子どもを家庭と学校で支援するための方策。
> - 重要事項の要約。

　第5章では，幼児期におけるバイリンガリズム（bilingualism）を理解するうえで必要な基本事項について，上で指摘した5項目を重点的に解説する。また，バイリンガル（bilingual）またはバイリンガリズムは2言語や2言語使用を意味するが，本章では，2言語以上の使用および習得をさす。

1　2か国語使用

① 定　義

　人は目的に応じて話し方を変えることができる。それは，母語しか使えないモノリンガル（monolingual）やバイリンガルでも同じである。たとえば，親しい友達にならば，「そこの砂糖，取って」と言うかもしれないが，あまり知らない相手に対してそのような言い方はしないだろう。おそらく「その砂糖を

取ってくれませんか」と言うであろう。しかし，話し手と聞き手の関係や状況など，会話に関わる様々な要素に応じて最も適切な言葉，文法，発音を選び使える能力は，ふたつの異なる言語を巧みにスイッチしながら話すバイリンガル話者の能力とは異なるとミラー（Miller, 1978）は指摘する。

　バイリンガリズムの定義を考える場合，時どきの状況（社会的，文化的，言語的状況が含まれている）を考慮しながら言語を使う話者個人の次元を超えたレベルで考える必要がある。バイリンガリズムの定義における力点は，言語的能力（linguistic competence）と流暢さ（fluency）に置かれている。たとえばホール（Hall, 1952）は，「第二言語の文法構造について，最低限の知識とその文法知識を使える能力が備わってはじめて，バイリンガリズムは始まる」（Miller, 1978, p.19より引用）と述べている。また，ブルームフィールド（Bloomfield, 1933）は，「母語話者のように2言語を使いこなせること」（Miller, 1978, p.18より引用）をあげている。ガルシア（Garcia, 1982）の定義によれば，バイリンガリズムとは生まれてから5年以内に2言語が同時に習得され，人との自然な交流の中で聞いて話す技能が発達することをさす。しかしながらイギリス，アメリカ，オーストラリアに暮らす少数派民族の子どもは，保育園・幼稚園に入ってはじめて英語（多数派民族の言葉）と接する。マドハニ（Madhani, 1994）が提案したバイリンガリズムに関する実質的な広い定義によれば，ふたつ以上の言語を理解し使えるならば，その習得の時期や言語能力は様々に存在してよいとしている。そして，この定義は，個人だけではなく地域社会全体に当てはまり，ここでいう「言語の使用」とは話し言葉と書き言葉の両方を含んでいる。

❷ バイリンガルの地域社会と言語使用のパターン

　2か国語以上話せる人が何人いるのか。その数字は正確にはわからないが，ベイカー（Baker, 1996）によると，世界の約3分の2は2か国語以上話せるという。ヨーロッパや東南アジアのある地域では，同じ言語を話す人々が異なった国々に住んでいる一方で，インドや南アフリカでは，ひとつの国の中でいくつかの異なった言語が使われている。アフリカ，インド，アジア，ヨーロッパの多くの地域では，バイリンガリズムはめずらしいことではない。これとは

対照的にアメリカやイギリスでは，モノリンガリズム（monolingualism）が規範と見なされている。

　バイリンガルな環境で育った子どもであっても，その環境は様々である。たとえば父と母の母語が異なる家庭環境，社会経済的理由から母語以外の言語を学ぶ必要に迫られる場合，少数派民族にはよく見られる国際的移住などがある。バイリンガル話者の言語の使い方には個人差はあるものの，多くのバイリンガル話者には共通して見られる言語使用のパターンが存在する。

■ 誕生からバイリンガルである子どもの家庭に見られる言語使用パターン

　ランドンとチェン（Langdon & Cheng, 1992）によると，子どものころからバイリンガルとして育てられていた場合，次のような4つの言語使用パターンがある。

①一人1言語（例：子どもに対して母はヘブライ語，父は英語しか話さない）
②一場所1言語（例：家の中ではヘブライ語，家を出れば英語を話す）
③一時間帯1言語（例：朝から夕方まではヘブライ語，夕方以降は英語を話す）
④交互使用（例：その場にいる人，話題，場所などの要因によって，親は使う言語を変える）

　このようなパターンはいずれの場合も，子どものコミュニケーション能力育成に支障をきたすことなくうまく作用しているという。

■ 少数派言語の地域社会における言語使用のパターン

　イギリスのベンガル語話者のように，少数派言語を話す者の言語使用パターンは，たとえ言語が違っていても他の少数派言語民族と比較することができる。ヘリテイジ言語（heritage language）または少数派言語は，主に家族，家庭，子育て，地域社会のならわし，宗教的または文化的行事で使われる。一方多数派言語は，教育，医療，職業，旅行，買い物のような言語的少数派地域社会の外部と交流する際により多く使用される。もちろん，少数派言語と多数派言語に関する能力や使いたいと思う気持ちには個人差が存在する。

■ バイリンガル話者における言語使用と言語能力との関係

　バイリンガリズムは相対的な現象であり，運用能力においてふたつの言語のうちどちらの言語のほうが優れているかは個人によって異なる。言語能力は異なる状況（たとえば，学校，家）における話者の言語使用パターンと密接に関わっている。ふたつの言語を等しく高い能力で運用するバイリンガル話者（balancedまたはproductive bilinguals）がいる一方で，ふたつの言語間で明らかに能力差があるバイリンガル話者（passive bilinguals）もいる。

　本章では簡略化のため，少数派言語を少数民族が家庭で使う言語とする。これに対して，多数派言語は多数派民族が社会地域で使用する言語とする。たとえばイギリスに住むバングラディシュ民族を考えた場合，ベンガル語が少数派言語となり，英語が多数派言語となる。

　多くのバイリンガルは，自分が使う言語の中でひとつだけ最も得意なものがある。言語優位とは，個人が使える複数言語間の相対的な能力レベルを意味し，優位言語とは個人が使用する言語で最も能力的に優れている言語をさす。言語的環境が変化すれば，たとえば別の国の親戚を訪れたり，家でずっと育てられていた子どもが幼稚園や保育園に入園した場合によく見られるように，言語優位はかなり素早く変化するものである。

　言語と力の間の関係は，多数派民族の文化の中で暮らす少数派言語話者にとって特別な意味をもつ。多数派言語の能力が高ければ高いほど，高い水準の教育を受けたり，高収入の仕事を得る機会がふえる。その結果，より高い社会的経済的地位を得て，社交関係もより広くなるのである。これは家族内の社会文化的期待，ひいては家族の役割に大きな影響を与える可能性を秘めている。

　少数派言語および多数派言語の言語使用パターンと能力において，世代間の著しい相違が見られることがある。移民としてやってきた者の子どもの場合，母語である少数派言語を犠牲にして，多数派言語の能力を伸ばすことがよくある。少数派言語の喪失は移民してから2世代から3世代で起こることがある。このような少数派言語の喪失は，移民としての様々な経験，自分が属する民族社会の大きさ，民族間の結婚による多数派文化への融和統合への度合いに対して移民がどのように感じているかに影響される。自分が用いる複数言語に対す

る態度は，それぞれの言語間の相対的な地位・価値の影響を受けると同時に，そのような態度は地位の低い少数派言語の維持に少なからず影響を与える。アメリカの北カリフォルニアに住むメキシコ系の子どもの場合，このような感情面の要因（affective variable）は，英語をどれほど速く学ぶか，どれほど高い英語能力を身につけるかを予測するよりも，むしろスペイン語を維持することを強く予測することに大きな役割を果たすことがわかっている。

■ 西洋におけるバイリンガリズムの増加

移民する人々の増加にともない西洋の国々ではバイリンガリズムの割合が増加しつつある。言語的少数派である子どもは1999年にイギリスで全児童の約10分の1にまで達した（Crutchley, 1999）。

難民など少数派言語話者でもとくに恵まれていない人々は，異なった言語使用パターンを示す。難民とくに幼児は，感情的なトラウマも含めて様々な理由から多数派言語を話そうとしない場合がある（Martin, 1994）。

バイリンガル話者や彼らの地域社会が時に共通の言語使用パターンを示しながらも，言語運用力において能力差が存在する。だが一方で，それぞれの家族には，その家族特有の歴史，少数派および多数派文化に対する関係，子どもをバイリンガルとして育てるための動機や理由，そして言語使用パターンが存在する（Watson, 1995）。

2 バイリンガルの発話の特徴と2言語獲得のパターンと発達

2言語獲得は2言語を同時に習得する場合と1言語を習得した後にもうひとつの言語を習得する場合がある。2言語同時獲得は幼いころに2言語を同時に学ぶ環境にあった場合に起こる。これに対して連続して2言語を獲得する場合は，母語の基本的獲得がある程度進んだ後，もうひとつの言語の習得が始まり，通常4歳になる前に第二言語習得は始まる。2言語同時獲得と連続獲得では，後記にて詳しく述べるが，言語発達に対して異なる意味をもつ。それぞれの言語獲得パターンについて見る前に，ここではまず子どもの2か国語獲得の発達

とつながりの深いバイリンガルの成人に見られる発話の特徴について考えてみよう。

❶ バイリンガルの発話の特徴

■ コード混用とコード切り替え

　大人のバイリンガルの場合，様々な要因で2言語を混ぜて話すことがある。2言語を混ぜて話す場合，ひとつの発話内で2言語が使われるコード混用（code mixing）と会話の中で2言語が入れ替わり使われるコード切り替え（code switching）のふたつのパターンがある。2言語の混合は，発声，語彙，文法，伝達情報のタイプなど，あらゆる言語レベルにまで及ぶ。ジニース（Genesse, 1993）が引用したコード切り替えに関する研究では，言語能力の高いバイリンガルの成人がコード切り替えをする場合，たとえば何かを協調するためや，ある役割を演じるため，また社会文化的アイデンティティを確立するためなど，様々な目的のためにコード切り替えは行なわれるのであるが，それは特定のルールに従って行なわれる意思疎通の方法として用いられている。

　コード混用やコード切り替えの頻度はバイリンガルの言語能力が伸びるほどに増すという研究結果が示されている（Poplack, 1979; Genesee, 1993より引用）。他の話者に話しかける時の適切な方法，民族的また言語的アイデンティティ，コミュニケーションの場面設定や目的のような微妙な意思疎通や社会言語的要因に関わる時にコード混用は起こる（Miller, 1978; Genesse, 1993）。バイリンガルの子どもは，3歳から6歳の間に2か国語を意識的に区別する能力を発達させる（Miller, 1978）。そして，言語を客観的にとらえる能力（metalinguistic awareness）をもっていることは，この年齢期のバイリンガルの子どもの強みである。というのは，この年齢以前のバイリンガルの子どもがコード混用をすると，大人のバイリンガルによる体系的なコード混用とは対照的に，その言語融合に規則性はない（Genesse, 1993）。

　高い言語能力をもつ成人のバイリンガルが2言語を混合する典型的な例は次のようなものである。正統派ユダヤ系の少数派民族地域出身の親と教師（ともに，イディッシュ語（Yiddish）と英語のバイリンガル）が幼稚園で会合を開いた。この正統派ユダヤ系社会は，英語が多数派言語である文化の中で何世代

もの間つづいており，通常人々はイディッシュ語を話していたが，この会合には，英語を母語とする人々も参加しており，話し合いは英語で行なわれた。教育に関わる内容を話し合う場合，主要言語は英語と決められているので，たとえ英語しかわからない人がいなくても，会議は通常英語で行なわれる。

　しかし，話の内容が正統派ユダヤ系社会に関わるような文化的または宗教的なものになる場合，バイリンガルの人たちはコード混用をして，ヘブライ語が会話で飛び交うこともある。これは，宗教的な内容に関わるヘブライ語が正統派ユダヤ系住民の生活で使われているからである。宗教的に大きな意味をもち，それゆえヘブライ語を使ったほうが自然である言葉は，英語で使われることはまれである。したがって，'We can help him do the actions to the brocha' というように，英語で 'blessing' と言い換えることできる言葉をあえてヘブライ語の 'brocha' という言葉を選んで使うのである。また，社会文化的アイデンティティに関する話題も，その内容の性質上，英語とイディッシュ語のコード混用が行なわれる。

■干　渉

　バイリンガルが使用する2言語間に能力差がある場合，劣位言語が優位言語の干渉を受けることがある。これを干渉効果（interference effect）とよぶ。この干渉はあらゆるレベルに及び，外国人特有のなまりは音声的干渉の表われである。文法レベルの干渉では，たとえばベンガル語と英語のバイリンガルが 'the dog eats the bone' と言うべきところを 'dog bone eats' と言う場合などに見られる。この場合，優位言語はベンガル語であり，英語とベンガル語の文法の違いが 'dog bone eats' という結果になったのである。ベンガル語文法における語順と定冠詞 'the' の規則が英語の文を作り出す際に影響を与えたのである。文法規則は言語によって異なるので，干渉効果の表われ方も千差万別である。

❷2言語同時獲得

　2言語を習得するバイリンガルの子どもは，その同じ言語を母語とするモノリンガルの子どもと同じ言語発達段階をたどり，人との交流をとおして与えら

れる言語的情報もモノリンガルと同じような時期に獲得する（Genesee, 1993）。ただ，3歳以前のバイリンガルの子どもの発話能力は，モノリンガルの子どもよりも2，3か月遅れることが報告されている（Watson, 1995; Watson & Cummins, 1999）。また，2言語を同時に習得するバイリンガルの子どもが発話時にする間違いは，モノリンガルの子どもの間違いと類似しているが，2言語を混合して単語や文の構造，イントネーションや発音においてバイリンガル特有の間違いをする場合もある。

2言語同時獲得に関して異なるモデルがいくつか考案されたが，それぞれ，根本的な言語処理システムについて異なる示唆を与えている。2言語を同時に獲得するバイリンガルの子どもは，認知能力，周辺世界に関する知識，コミュニケーション能力において，同年代のモノリンガルの子どもと比較しても根本的な違いは見られない（Genesee, 1993）。したがって，根本的な問題は次のようなものである。

①バイリンガルの子どもは，まず単一言語システムで2言語を習得し始め，幼児期をすぎたある段階で異なった言語システムを発達させるのであろうか。
②それとも，最初からそれぞれの言語のための，異なる言語システムをふたつ発達させるのであろうか。

これらは相反する考えではあるが，言語習得に関する重要な理論的考察であり，子どものバイリンガリズムを理解するうえで重要な観点である。

■ 同じ言語システムから異なった言語システムへ

ボルテラとテシュナー（Volterra & Taeschner, 1978）は，2言語を同時に獲得するバイリンガルは3つの発達段階を経て言語習得すると提案している。

ステージ 1

単語および単語を並べて文にするためのルールは単一言語システムで統括されている。したがって，子どもの心的辞書（mental dictionary）はひとつだけであり，ふたつの異なる言語の単語を混ぜ合わせて話すことが見られる。次の

例は，生後1歳10か月のアンドリュ（カタルーニャ語と英語のバイリンガル）と父親との会話である（カッコ内はスペイン語の日本語訳）。

父親　　：Where's that teddy?
アンドリュ：Aqui. （指さしながら「ここ」）
父親　　：No, that's not the teddy, is it?

アンドリュは父親が英語で話しかけているにもかかわらず，スペイン語で答えている。

ステージ2

子どもはふたつの異なる語彙システムを発達し始めるが，文法的なシステムに関しては2言語間で混合しつづける。もしふたつの言語のうち一方の文法構造がやさしい場合，その言語がしばらくの間優位な存在となる。語形変化が激しい言語（たとえば，トルコ語やパンジャブ語）のほうが，語順で語と語との文法的関係を推察しなければならない言語より習得しやすいことを示唆する研究結果がある。バイリンガルの子どもが発達的文法混合によって作り出す発話は，優位言語の干渉を受けた成人のバイリンガルの発話と類似している。ただ，発話という形で表面上に表われた結果は似ているが，その根底にある過程は異なる。なぜなら，バイリンガルの子どもはふたつの言語システムを同時に発達させる過程を経ているが，成人の場合すでにひとつの言語システムは確立しているからである。次の例は，生後2歳9か月のローラ（英語，フランス語，ギリシャ語を習得中）と母親（英語とフランス語のバイリンガル）がローラの絵について話している時の会話である（カッコ内はフランス語の日本語訳）。

ローラ：Ma p'tit mer a moi. （私の小さな海）
母親　：C'est la petite mer a toi. （それはあなたの小さな海ね）
ローラ：C'est Laura petit mer. （それはローラの小さな海）

ローラは母親とフランス語で話しているので，本来ならば 'C'est la petite

mer de Laura.'とするところを，英語の語順（Laura's petit mer）を用いて所有を表わしている。このような例（'la bebe mer'や'mummy's mer'）は，同じ日にローラの発話にも見られ，とくに英語での会話中に見られた'mummy's mer'（本来は'mummy's sea'）は英語とフランス語における語彙レベルの混合の例である。

ステージ 3

　語彙，文法ルール，発音，イントネーション，すべてのレベルでふたつの言語が個別のシステムとなる。人や状況と言語が結びつき，ある人にはその人特定の言語を用いる。またある状況では，その状況と結びついた特定の言語を使うようになる。それぞれの言語において間違いをすることもあるが，これらのミスはモノリンガルの子どもにも見受けられる言語発達段階で起こる正常な間違いである。また，それぞれの言語において特定の文法ルールを多用する傾向が見られることもあるが，それはふたつの言語を区別しようとする結果起こる現象と考えられている。その顕著な例は，英語では，形容詞はすべて名詞の前に置き，フランス語ではすべて名詞の後に置くような場合である。このような場合でも，それぞれの言語に対して自信をもち，柔軟に対応することができるようになると形容詞の位置に関する例外（たとえば，フランス語の'une grande maison'）を学ぶようになる（Watson, 1995）。

■ 誕生の段階から異なる言語システム

　2言語同時獲得の初期段階における単一言語システムという概念を疑問視したジニース（Genesee, 1993）は，バイリンガルの子どもは言語習得の初期段階からふたつの異なる言語システムを発達させることができるという考えを提案した。ジニースが引用した研究によると，生後数週間の乳児は今まで聞いたことのない言語の詳細な音声的相違に対して敏感に反応し，フランス語を母語とする生後4日の乳児はフランス語とロシア語を聞き分け，フランス語を好んだという。

　ジニースは，言語インプットの役割，とくに親からのインプットの重要性を強調し，バイリンガルの子どもの発話における2言語混合の度合いは言語イン

プットによって決定づけられると主張する。さらに，バイリンガルの子どもの発話状況に関わる要素の重要性を指摘し，両親が2言語混合して話しかける環境にいる子どもほど2言語を混ぜて発話すると報告している。バイリンガルの子どもは人と人とのコミュニケーションにおける要因に対して非常に敏感であると考えられており，大人が話しかけてきた時の言語に合わせて対応する言語を決定する。次の例は，生後2歳6か月のローラと母親がフランス旅行からイギリスに戻ってきて間もないころの会話である（カッコ内はフランス語の日本語訳）。

母親　：Chien jaune（黄色いイヌ）… do you want to see the pictures?
ローラ：Oui.（うん）
母親　：Ah … va chercher les photos.（写真を取ってきて）［ローラは戸棚から写真を取り，母のいるソファへと戻ってきて，写真を一緒に見ている］
ローラ：Chien jaune.（黄色いイヌ）
母親　：Chien jaune, oui.（そう，黄色いイヌね）
ローラ：Chien jaune, les ph … et les …（何か単語を言おうとして）les pictures.（'pika'と発音する）
母親　：The pictures.

英語とフランス語を混ぜた会話の中で母親が言った'picture'という英語と，ローラが後で同じ単語（'les picture'——実際は'pika'という発音であった）を使ったこととは何らかの関係があるように思われる。英語の'picture'と言う前にフランス語の'photo'を使おうとしてあきらめた経緯から，このフランス語と英語の混合は，フランス語の'photo'に対するローラの知識が英語の'picture'ほど確かではなかったことと，母親がフランス語・英語混合の発話の中で英語の'picture'を使用していたことを反映していると考えられる。

ジニース（1993）によれば，2言語を同時に習得中の子どもがモノリンガルの子どもが使う言語習得方略と同じ方略を使うことから，バイリンガルの子ど

もは，当初から異なる言語システムを発達させ，状況に応じてそれぞれの言語システムを別々に使うことができると考えられる。また，ジュアン=ガローとペレ=ビドル (Juan-Garau & Perez-Vidal, 2001) によると，コミュニケーションと関連の深い要素は，3歳のアンドリュが言語混合を修正する際に重要な役割を果たしたという。アンドリュがカタルーニャ語と英語を交ぜて話すことをやめたのは，アンドリュの父親がふたりの会話を英語だけで行なうことを決めてからすぐであったという。父親はアンドリュがカタルーニャ語で話しかけてきても「何って言ったの？」と英語で聞き返す方法をとりつづけ，アンドリュとの英語による会話環境を確立しようとした。それまではアンドリュにとってカタルーニャ語が英語よりも優位な言語であったが，アンドリュの父親がアンドリュに英語を使う機会を多く与えるために意識的に英語をインプットするようにした結果，アンドリュの2言語の混合が減少した。このように，子どもの言語使用に対する親の考えと親のコミュニケーションスタイルは子どもの2か国語能力の発達に多大な影響を与えることがある (Malave, 1997; Juan-Garau & Perez-Vidal, 2001)。ジニース (1993) によれば，ほとんどのバイリンガルは，生後3年目で言語能力が著しく発達するにともない2言語混合をしなくなる。この時期になると，状況や目的，他の話し手の言語的アイデンティティに従って，どちらかの言語を選んで用いるようになる。

　家庭で2言語を同時に習得するためには，両親は特別に意識して努力をすることが前提条件として必要であるとマラブ (Malave, 1997) はいう。2言語同時習得の環境では，少数派言語（劣位言語）に対する親の支援が，その言語能力を将来失わないために最も重要である。たとえば，子どもが学校に入学し，子どもの少数派言語以外の言語での教育が始まり，さらにより多くの人々と少数派言語以外の言語で交流するようになる場合，上記のような親のサポートは重要となる。またマラブは，子どもの言語能力を2言語を等しく伸ばすことに成功した親がどのような努力をしたかについて述べているが，とくに少数派言語の母語話者と交流する機会を子どもに与えることが効果的であるという。2言語をバランスよく獲得するためには，少数派言語を話す親や他の大人とバイリンガルの子どもが感情的によい関係を築くことが重要だと考えられている。
　バイリンガルの子どもがもつ言語に対する感覚について考察したり，バイリ

ンガルの子どもは異なったふたつの言語システムを発達させるのかどうかについての答えを探そうとするならば，次のような問題を考えることが役に立つかもしれない。

①状況に関する要素（例：会話でそれぞれの話者がどの言語を使っていたか）
②会話中に話した割合（子どもが会話の中で話していた割合はどれくらいか）
③大人の言語使用と子どもの言語使用の関係

　このような分析は，バイリンガルの２言語同時発達は根本的にはモノリンガルの言語発達と同じであるという立場を支持することになる。

❸ ２言語連続獲得

■ 基本的な対人関係コミュニケーション技能（BICS）

　１言語（通常，子どもの家で使われている言語）をある程度獲得した後もうひとつ別の言語を幼年期に習得する過程は，２言語を同時に習得するよりはるかに複雑で変化に富んだ長期にわたるものである（Watson, 1995）。ふたつの言語において適切な量のインプットを受けたとするならば，２言語を連続して習得する者が２言語同時に習得する者よりも能力が劣るという証拠はない。言語の根本的習得とは，カミンズ（Cummins, 1984）によって名付けられた基本的な対人関係コミュニケーション技能（basic interpersonal communication skills: BICS），すなわち状況に依存しながら行なわれる人と人とのコミュニケーションにほかならない。ほとんどの子どもは３歳までに基礎的であるが適切な文法知識，そして特定の状況でしか用いることができないが十分な語彙を有し，基本的な対人関係コミュニケーションスキルを発達させる。
　２言語を継続的に習得する者は，第二言語を学習する際に言語とコミュニケーションに関する潜在的な知識を使うことができる。どのように人と意思疎通すればよいのか，コミュニケーションを通じて何を達成することができるのかを知っている。人と話す時のルールや会話をうまく進める方法を知っているのである。このような知識は文化によってある程度異なる側面はあるが，この知識を子どもがもっているということと，もうひとつ別の言語を習得するという

ことには関連性がある。つまり言語に関する暗黙の知識（たとえば，言葉は事物やできごとを表わすこと，句や文は単語を結びつけてできること，文法ルールを適用して時制を変えることなど）は，コミュニケーションに関する知識と結びついて，子どもがもうひとつの言語を習得する時に応用できる方略を与えるのである（Madhani, 1994）。子どもが母語以外にもうひとつ言語を継続的に習得する時，その言語はたいてい多数派言語である。

■ 継続的2か国語学習者の特徴的なニーズと個人差

表5-1は子どもが第二言語を習得する際に経験する主要な段階を示している。ドルリー（Drury, 2000）は，保育園のような活発な学習環境にいれば子どもは自然にもうひとつの言語を習得するという単純な考えに対し疑義を唱えている。たとえその学習環境が，クラッシャン（Krashen, 1981）のいう言語発達の前提条件に適応した場合であっても，子どもの第二言語習得は，そのような単純なものではないと主張している。ここでいうクラッシャンの条件とは，学習者が常に自分の言語能力よりも少し上のレベルのインプット（comprehensive input）を人とのコミュニケーションを通じて得るような環境をさす。ドルリーは保育園で母語以外の言語を習得する子ども特有の必要性を強調し，このようなバイリンガルの子どものニーズは多種多様であり，バイリンガル幼児教育に携わる者は他の子どもと同等の教育機会がバイリンガルの子どもに与えられているか十分な注意を払う必要があると指摘した。

第二言語習得の各段階に必要な時間は子どもによって異なり，学習スタイルや性格とも関係している。そして，外向的な子どもほど第二言語を早く獲得するといわれている（Fillmore, 1979）。2言語を継続的に習得している子どもの教育に携わる者はどのような習得段階を経て子どもが言語を獲得していくのかを知っておく必要があり，口数の少ない子どもや理解力が劣っていると思われる子どもに対しては，慎重に「じっくりと待つ」姿勢で臨むことが必要である。適切な時期に子どもの言語能力（たとえば，母語と第二言語両方の発達レベル）を調べずに必要な措置をとらないでおくと，子どもは保育園ではいっさいしゃべらないような結果になることもある。ワトソンとカミンズ（Watson & Cummins, 1999）は，保育園に入園して最初の6か月間は何もしゃべらない時

表5-1 幼児の第二言語習得における発達段階

段階	第二言語におけるコミュニケーションと言語使用の主な特徴
段階1	母語使用 第二言語環境であっても母語を使いつづける。
段階2	非言語的コミュニケーション期間 母語を使ってはいけないと理解した段階から，物や行動を要求したり，注意を引いたり，反抗したり，ふざける場合，非言語的コミュニケーションを使う。観察やリハーサルといった方略を使いながら，第二言語に関する情報を集め，理解力を伸ばし始める。
段階3	言語的コミュニケーション初期段階 電報的発話（telegraphic speech）：短いフレーズをいくつかのキーワードを組み合わせて作る（例：Ahmed pencil, Ahmed blue pencil）。 慣用表現的発話（formulaic speech）：どこかで聞いた慣用表現（例：tidy up time, dinner time）を無意味に組み合わせて使う。
段階4	生産的言語使用 第二言語において基本的文法ルールと十分な語彙を習得した子どもは，第二言語を使って自由に自己表現し始める。

期があると指摘する。2言語の発達に関わる諸問題について適切な知識をもつことによって，母語の喪失など残念な結果を避けることができ，子どもが小学校に進学した後の母語習得における困難についても認識を深めることができる。クラッチェリー（Crutchley, 1999）は，イギリスのバイリンガルの子どもは言語学習における支援を十分に受けていないと指摘する。これは，ふたつの言語間の相違は認識していても2言語習得における困難に対する認識が十分でないことが原因のひとつと考えられている。

■ 継続的2か国語習得における社会的交流の役割

多数派言語を使う友達や大人との社会的交流は，バイリンガルの子どもの言語習得を促進するという点において非常に重要な役割を果たす。ドルリー（Drury, 2000）は，ひとつのケーススタディをとおして言語的少数派の少女が保育園での新しい言語（英語）に対して，どのようにして高い学習動機をもつようになったかを示している。そして，その少女は自宅で遊ぶ時にも保育園での言語を使って練習するという学習方略を積極的に使ったことを指摘している。

このような学習方略を使うことによって，その少女の学習は強化されたと考えられるが，それは単なる文法ルールや新しい語彙の学習ではない。保育所での規則や毎日の生活の流れを観察して，他者と新しいコミュニケーションを学び，新しい社会文化的環境で少女に対して何が求められ，受け入れられるのかについて理解し吸収する過程を通じて自分のアイデンティティを作り直したのである（Drury, 2000）。この少女は英語習得初期段階において英語母語話者である友達とはネイティブのようにコミュニケーションできなかったこともあり，保育園ではひとりでいることが多かった。

　新しい言語を学ぼうとするこの少女の非常に高い動機は，新しい環境に対する理解とその環境での積極的な活動を導き出すのであるが，家庭での遊びの中でもその動機の高さは見ることができる。少女は保育園で聞いた言語を使い，保育園での活動に関係した配役を作り，ロールプレイに取り組んだ。彼女の遊びはしたがって，保育園の文化と言語を強化した。彼女が家の遊びの中で使う英語は保育園で使う英語よりも創造的で柔軟であった。英語の能力が伸び英語に対する自信が大きくなるにつれて，保育園での遊びの中でおもちゃを取られないように慣用句（たとえば，'No, mine'）を使い始めたが，彼女の発話は仲間からほとんど無視されていた。

　この少女は限られた言語能力のため仲間とうまくコミュニケーションをとることができなかったが，言語能力を伸ばすためには仲間とコミュニケーションしなければならない状態，いわゆるテイバー（Tabor）の'double blind'を経験していた（Drury, 2000）。しかしながら大人とうまく意思疎通し始め，その会話が彼女の英語習得を高める重要なカギとなった。本章の最後に示すが，ドルリーは保育園でバイリンガル学習者を支援するための提案をいくつかあげている。

　もちろん子どもは一人ひとり異なり，多数派言語の学習について様々な背景をもっている。ワトソン（1995）によれば，'My turn'や'Give it to me'のような子どもどうしで使用する慣用句をとおして，習得過程の早い段階から仲間との社会的な交流を行なうバイリンガルが多く見られている。そして，このような慣用句の使用が，さらなる言語インプットを仲間から得るきっかけを作り，言語習得を促進する結果となる。

■ 認知的学業上必要な言語能力（CALP）

　基本的な対人関係コミュニケーション技能（BICS）を習得した子どもは，カミンズ（1984）が提唱する「認知的学業上必要な言語能力（Cognitive academic language proficicency: CALP）」の段階へと進む。CALPとは，さらに高いレベルの言語能力で，教育レベルが高くなるにつれて教室内で使われる頻度が多くなる「文脈に影響を受けない言語」（言語が使用される状況に依存しない言語），読み書き能力の発達，そして単語，文，テクストの意味を理解するために必要な言語に関する理解をさす。カミンズによれば，CALP段階に入り，学校でもうひとつ言語を習得し始めた子ども（通常4～5歳）は，1年から2年でその言語における基本的な対人関係コミュニケーション技能を習得するという。そして，子どもは言語に対する発達途上の知識を使い，その新しい言語を理解するようになると考えられている。さらに，新たな言語において認知的学業上必要な言語能力が発達するまでには5年から7年かかる。

■ 言語喪失

　子どもが多数派言語教育の恩恵を受けるまでには，母語（少数派言語）がある程度のレベルにまで達している必要があると，ワトソン（1995）は指摘している。子どもの少数派言語習得の支援体制が整っているならば，CALP段階へ進むチャンスは十分あり，第二言語でもうまくやっていくことができる。また，少数派言語に対する支援は母語の喪失という危機を軽減する効果もある。しかし，母語における十分なインプットが得られないまま，母語がそれ以外の言語によって取って代わられるような場合，母語喪失が起きる。このような現象をランバート（Lambart, 1975）は排除的バイリンガリズム（subtractive bilingualism）とよんでいる。排除的バイリンガリズムは，認知や言語能力にとって悲劇的な結果をもたらすことが多く，とくに子どもの認知的学業上必要な言語能力の伸長に影響を与える。バイリンガルの子どもの少数派言語が喪失することによって，その言語の文法や単語の意味は悪影響を受けるが，口語体の会話ではその文法や意味が失われないまま言語喪失が起こることも多々ある（Anderson, 1998）。

　バイリンガリズムが伸びつつある一方で，子どもの少数派言語の喪失が広が

っている。マラブ (1997) によると，多くの子どもは，英語で教育が行なわれている学校環境に入ってまもなく少数派言語である母語を喪失する。この現象は，英語と母語が入れ替わり使用されているような家庭ではとくに顕著である (Anderson, 1998)。子どもが英語で教育を受けるようになってから，家でも英語だけ使用するようになった家族もある。しかし，もし家庭で少数派言語が適切なレベルで維持されなければ，言語喪失の危機は現実となる。

■ 継続的2か国語学習者の方略

継続的2言語学習者が使用する多くの学習方略は，モノリンガルや2言語を同時に習得するバイリンガルが使用する方略と同じである。子どもは自分が立てた言語についての仮説を検証して文法ルールを過度に一般化し，そして言葉の意味を誇張しすぎたり過小に解釈したりする。モノリンガルも母語の習得過程において，継続的に2言語を習得するバイリンガルのように新しい言語をいろいろ試そうとする。ドルリーのケーススタディの少女は，短い英語の句を繰り返したり，結合させたりして，発話の長さを伸ばそうとしたのであるが，それは下記の例のように，モノリンガルの子どもが2語発話から3語発話へと移行する段階の試みと同じであった。

・Little bit
・Things back
・Little bit back

④ バイリンガリズムと発達的言語学習障害

発達的言語学習障害（詳しくは第6章を参照）をもつ子ども（バイリンガル）の親は，よく子どもに2言語を習得させるべきかどうか迷う。2言語を習得することで言語学習障害児の言語習得が悪影響を受けたという研究報告はいまだない (Watson, 1995)。しかしながら，ワトソンによると，キャロー=ウルフォークとリンチ (Carrow-Woolfolk & Lynch, 1982) は，重度の言語学習障害をもつ子どもは1言語の習得だけにとどめておくことを推奨している。このような子どもの言語学習システムは，1言語習得したうえにまた別の言語を学習するには不適格である。軽度の言語学習障害児の場合，家庭と学校で使う言語が

異なっていても差し支えない。しかし，障害のある言語学習システムには，言語学習の機会は通常よりも多くしかもよいものが必要であるとダンカン（Duncan, 1989）はいう。1言語だけ（ほとんどの場合，家庭で使用する言語とは異なる学校で使われる言語）に限って習得させようとすれば，バイリンガルの子どもが直面している現実や社会文化的ニーズに合わない結果となる。

　言語発達が遅れている子どもをバイリンガルとして育てることに関する親の決定に影響を与えるいくつかの要因をワトソンはあげている。これらの要因は，子どもに与えてやりたいと望んでいる言語経験や文化的経験に関する親の動機や長期展望と関わっている。言語発達が遅れている子どもをバイリンガルとして育てようと決心したならば，できるだけ早い時期に2言語に接する機会を子どもに与えるように，ワトソンはアドバイスしている。その理由は，2言語の同時習得が継続的に2言語を習得することほど複雑ではないことや，2言語を継続的に習得すれば，基本的な対人関係コミュニケーション技能（BICS）や認知的学業上必要な言語能力（CALP）の習得に時間がかかることである。実際，言語発達が遅れている子どもに早い時期からバイリンガルの環境を提供できた親は，学校に入学後の環境に子どもが早く適応することができたと感じている（Watson, 1995）。もちろん，このようなバイリンガル環境をすべての親が与えることができるとは限らない。言語発達遅延児に対する治療的かつ教育的支援を提供できるサービスは必ずしも整っているとは限らないからである。

　親がどちらの言語に対し安心感をもち，子どもとの対話を自然にできるのかということに関係している親の言語能力レベルもまた重要な要因である。ワトソンがいう言語能力とは，様々な場でも会話をつづけることができ，抽象的なものも含めて広い範囲の話題について話すことができ，説明や問題解決など，論理的に考える時に言語が使える能力をさす。

　言語発達遅延児の言語習得に関して決断を下す場合，親は自分自身の言語能力，責任と動機，そして子どもの障害の度合いにあった支援サービスが受けられるのかどうかなど，様々な要因を考慮に入れる必要があるとワトソンはアドバイスしている。そして，子どもが接するふたつの文化が与える潜在的な恩恵が大きいがゆえに，言語発達遅延児をバイリンガルとして育てようと希望する親に対し専門家が支援できることが重要であると，ワトソンは述べている。

3 バイリンガリズム，認知，そして読み書き能力の発達

❶ バイリンガリズムと認知発達

　長年の間，2言語使用と認知発達の間の関係について議論の的となるような発見が報告されてきた（Genesee, 1993; Malave, 1997; Watson, 1995）。1960年代以前に行なわれた研究は，2言語使用が知能指数，学業成績，言語能力などに悪影響を与えているという結果を発表したが，これらの研究は排除的バイリンガリズム環境（母語における言語能力が適切なレベルに達する以前に，別の多数派言語の教育を受けるような環境）を研究結果の分析の際に十分考慮していなかったことが後になって問題視された。

　その後の研究が明らかにしたところによると，2言語において高い言語能力を有するバイリンガルの多くは，概念形成，社交性，創造性，論理的思考，認知的柔軟性，言語に対する客観的な知識において優れていた。しかし，カミンズ（1981; Genesee, 1993より引用）によれば，言語能力が低いバイリンガルの場合，このような認知的能力差は見られないという。

　この研究の背景に対し，ビアリストックとハーマン（Bialystok & Herman, 1999）は次のように述べている。

　　　バイリンガリズムの影響が非常に幅広く，言語メカニズム全体に関わるほど全般的であるにもかかわらず，認知発達のような複雑な過程に対してバイリンガリズムが単純な関わり方しかしないならば，それは非常に驚くべきことだ。2言語使用と認知発達に関する関係はもっと精密に調整した分析を経て調査するべきである。たとえば，2言語使用のどの部分が認知発達のどの項目にどのような影響を与えているのかを細かく調べなければならない。したがって，バイリンガリズムが認知発達を促進するか，それとも妨げるのかといった二者択一の選択を迫られるような問題を提議しても，何の役にも立たない。（Bialystoc & Herman, 1999, p.35）

　バイリンガリズムは，その多面的な性質がゆえに，研究における独立要素と

してとらえ用いることから排除するべきであり，モノリンガルとバイリンガルの人々を比較して相違点や類似点を調べる研究での要因にはなりえない。より繊細なレベルの分析には，言語，相対的な能力，言語使用パターン，社会文化的期待などの要因を考慮する必要がある。たとえば臨床医，研究者，教育者は，しばしば子どもの遊びをとおして認知発達について研究するが，研究の妥当性という点からいって文化的に受け入れられる適切な遊び道具（たとえば，食べ物，服装，食器類など）を子どもに与えることは最も重要である。

　研究方法が進歩し，バイリンガリズムの多面的な性質に注意が払われるようになった結果，バイリンガルの認知発達に関する研究は，モノリンガルよりもさらに全般的な認知的順応性と言語に対する知識（Hakuta, 1990）について注目するようになった。生後2歳9か月で，ローラは学習しつつある言語についてよく考えるように母からたびたび求められた。その模様は次の例からもうかがえる（カッコ内はフランス語またはギリシャ語の日本語訳）。

ローラ：Sable.（砂）
母親　：Yes … Comment c'est en grec?（ギリシャ語では何て言うの？）
ローラ：Uh?　Uh?　Uh?（何？　何？　何？）
母親　：Comment c'est en grec?（ギリシャ語では何て言うの？）
ローラ：I don't know.
母親　：Yes, you do … sable?（砂は？）
ローラ：Simi.（雲）
母親　：Non … simi … ca c'est le nuage…（ちがうわよ，雲，それは雲よ）
　　　　come on … et en grec?（ギリシャ語では？）

　バイリンガル学習者が習得中のふたつの言語を切り離すために，言語の形式と意味を別々に扱わなければならないことは，言語に対する客観力の発達に貢献していると考えられている（Hakuta, 1990）。

❷ バイリンガリズムと読み書き能力の発達

　数多くの研究者が取り組んできた研究課題のひとつに，バイリンガリズムと

読み書き能力の発達の関係，すなわち2言語使用は読解習得の一要因であるのかがある。ビアリストックとハーマン（1999）は，研究レベルを上げることを念頭に，バイリンガリズムと読み書き能力の発達の関係に関する研究結果を，各言語での経験，各言語における能力の高さ，言語間の関係（たとえば，フランス語とスペイン語はフランス語と日本語に比べてはるかに近い関係にある），各言語の文字のタイプなどの要素を基準に分類し始めた。これらの要素を考慮しながら，ビアリストックとハーマンは社会的側面，認知的側面，言語的側面からバイリンガルの子どもたちの読み書き能力の発達を研究している。

■ 社会的側面

　本との関わり，とくに物語を読んでもらった経験は，子どもの「語る能力」の発達によい影響を与える。ここでいう「語る能力」には，文脈に頼らないで読み書きできる能力，テキストを論理的に構成する能力，そして代名詞の使用など物語の流れを維持できる能力が含まれている。バイリンガルの子どもにとって，本との関わりの効果は，それぞれの言語特有のものであり，使用された言語における「語る能力」にのみ影響を及ぼす。バイリンガルの子どもは，言語発達に関わる様々な領域で柔軟な能力を発揮しているが，読み書き能力に関しては，それぞれの言語において本に接する機会や物語を聞かせてもらった経験がなければ発達せず，2言語間で読み書きの技能を移行することはないようである。したがって，最低限の能力が必要とされる認知的学業上必要な言語能力（CALP）をバイリンガルの子どもが使う複数の言語で習得するためには，それぞれの言語で本を読み聞かせたり，いろいろな物語を聞かせたりすることが重要となる。

■ 認知的側面

　バイリンガルの子どもの文字に対する概念，言い換えれば，なぜ紙の上にくねくねと字を書くのかをバイリンガルの子どもはどれほど理解しているのか，また，その発達がモノリンガルの子どもとは異なっているのかどうかは，興味深い課題である。ビアリストックとハーマン（1999）の報告によると，バイリンガルの子どものほうが単語の形（単語の形状，また単語の発音）とその意味

との関係に対して，モノリンガルの子どもより注意を払うという。

　このような言語的な気づき（awareness）によって，バイリンガルの子どもは，活字になった単語とその形状が示す意味が互いに関連していることを理解し，その理解は幼年期のモノリンガルの子どもと比べた場合，より確かなものとして残る。モノリンガルや文字体系が単一（たとえば，フランス語と英語）であるバイリンガルの子どもと比べて，文字体系が異なる言語（たとえば，フランス語と中国語，英語と日本語）を習得しているバイリンガルの子どもは，より早い時期から活字の機能について理解するようになる。このような利点は，中国語と英語のバイリンガル（5歳児）が単語の音の数と文字数が対応していることを理解していたことからもわかるように，まったく異なるふたつの文字体系の原理を学ぶ必要性に直面した経験と関係があると考えられている（Bialystoc & Herman, 1999）。

■ 言語的側面

　音韻への気づき（phonological awareness），または言語音声に対して意識的に注意しその特性についての知識を有していることは，早期の読み書き能力発達を支援する知識・能力として広く知られている。この音韻への気づきに関しても，バイリンガルとモノリンガルの子どもの間に相違があるのかどうかという研究課題は多くの研究者を引きつけてきたが，2言語間の関係や実験課題などの要因が研究結果を決定づけるものとなっている。

　たとえば，単語の音声に対する敏感さを要求される課題において，幼児期に母語以外の言語に接する機会が少しでもあったバイリンガルの子どもは，モノリンガルの子どもよりも多少ではあるが優れた成績を示した。しかし，このような効果は6歳までに消滅することがわかっている。これは，小学校に入学すれば音韻への気づきに関する指導がすべての児童に行なわれることが原因ではないかと，ビアリストックとハーマンは示唆している。また，音声的に似ているふたつの言語（たとえば，フランス語と英語，イタリア語と英語）を習得する子どもは，音韻への気づきにおいて優位であるという報告がある。フランス語と中国語のように音声的に類似点が少ない言語の場合，このような利点は見られない。

4　2言語獲得に影響を与える環境的要因

① 言語インプットの質と量

　2言語を同時にまた継続的に習得する場合，高い言語能力を2言語において等しく習得する（balanced bilingualism）ためには，同時習得であろうと継続的習得であろうと，適切なインプットが絶えず必要であることは広く知られている。ひとつの言語にインプットが偏った結果起こる危険性については，先述の言語喪失の項を参照されたい。

② 社会的要因と文化的要因

　学校は中産階級の文化的価値観や考えを反映されるものとして広く知られている。少数派言語の移民でも上級または中産階級に属する人々は，多数派文化の教育システムに適応するのは比較的容易と感じる。しかし，社会的にも経済的にも下層階級に属する少数派言語の移民は，学校が有する特有の教育文化を理解することが困難である（Madhani, 1994）。学ぶ権利を十分に保証されていないと感じるこの階級（たとえば，貧しい移民や難民）の子どもは，学業面で大きく不振に陥っている。イギリスでは多くの教育機関で，バイリンガルの子どもの学校におけるニーズやバイリンガリズムに対する態度への対応は改善されているが，下層階級のバイリンガルの学業不振はいまだに解決されていない（Crutchley, 1999）。

　イギリスでは，多くの領域で変化が起きている。たとえば白人の中産階級の文化的価値観だけを反映しているような教育関連の限定的な体制から，すべての子どもがより多くの恩恵を受けられるような多文化・多言語体制へと変化しているが（Crutchley, 1999），この変化は必然的にカリキュラム内容や方針において根本的な長期の変更をともない，それゆえに時間がかかる。しかし教育システムの移行期間中でも，下層階級に属する少数派言語の子どもは複雑な状況の中で学校生活を送っている。このような複雑な状況は，クラッチェリーが

引用した研究からも容易にうかがえる。たとえば，各教科内容の学習と学校で使用される言語の習得が同時に起こることから生じる混乱，言葉の使い方や文化的に認められることがらが家庭と学校では一致していないことから生じる混乱，そして様々な形の人種差別や自分とは対立する社会的，経済的環境から生じる混乱などがあげられている。

　バイリンガルの子どもと大人がどのような関係にあるかが，母語以外のもうひとつの言語を獲得するうえで重要である。クラッシャンは，多くの情緒的要因（affective variables）が第二言語習得の促進に役立っていると指摘する。動機，不安の低さ，自己に対する自信やよいイメージなどが含まれる。このような情緒的要因が欠如していると，精神的に言語インプットを遮断してしまい，理想的なインプット（comprehensive input）であっても吸収されずに第二言語習得に悪影響を及ぼす。多数派言語を話す大人がバイリンガルの子どものニーズに敏感に反応し，意思疎通がうまくいかない場合はわからない点を聞くように求め，お互いのレベル合った方法で理解できるように心がけることによって，バイリンガルの子どもの言語習得によい影響を与える。

　アイデンティティに関わる根本的な問題も含めて，情緒的要因に影響を及ぼす要素は多くある。文化は言語を通じて伝えられ，文化的アイデンティティは言語を使うことによって発達し強化されると，ハリデイ（Halliday, 1975; Madhani, 1994, p.12より引用）も述べている。マドハニ（1994）はこの点に関して，「少数派言語の子どもが学校環境の中で別の言葉と文化に囲まれた時，子どもの文化的アイデンティティにどのような影響が生じるのであろうか」と問うている。ベイカー（1996, p.48）によれば，イギリスで行なわれたある研究では，「自分はアジア人なのか，イギリス人なのか，または，ヨーロッパ人になりつつあるのだろうか。アイデンティティなどないのではないか。それとも，母国の文化とイギリスの文化の混血ではないのか」と思い悩む移民の姿が報告されている。

　このようなアイデンティティに関して明瞭さが欠如していることは，忠誠心の衝突を経験するかもしれない子どもと関わっている。なぜならば，バイリンガルの子どもは多数派言語を獲得する過程で，その文化を反映する価値観や行動を習得するからである（Baker, 1996）。ほとんど1言語しか使用されない西

洋の国のバイリンガルの移民は，母語と多数派言語の文化の間で忠誠心が引き裂かれ，バイリンガルであることに関して不安定な気持ち，恥ずかしさ，そして罪の意識をもっているという（Baker, 1996）。親が多数派文化に対し矛盾した価値観・感情をもち，少数派文化に対して羞恥心を抱いている場合，子どもの言語発達に悪影響を及ぼすとカミンズは指摘する。

❸ 幼児のバイリンガル習得を支援するための提案

　言語喪失を防ぎ，基本的な対人関係コミュニケーション技能（BICS）から認知的学業上必要な言語能力（CALP）の段階へと進み，バイリンガルとしての自信を築くためには，特定の支援が必要である。次にあげる提案はワトソンとカミンズ（1999），レッティング（Retting, 1995），ドルリー（2000）から抜粋したものである。

①親は，会話，遊び，歌，とくに物語や本の読み聞かせをとおして，少数派言語である母語のインプットを与えつづけるべきである。
②バイリンガルであることや家庭で使用する言語に対して，親も子どもも肯定的な態度をもつように支援するべきである。
③多数派言語を使う教師は，多数派言語の習得に役立つ大人との1対1の交流の機会をバイリンガルの子どもに与える必要がある。
④多数派言語を使う教師は，短い語句，ジェスチャー，また言語的シグナルを補うような他の視覚的手がかりを使うことで，子どもの2言語習得を促進することができる。
⑤多数派言語を使う教師は，理解力向上を促進するような教師指導型のグループ活動にバイリンガルの子どもを参加させるべきである。
⑥子どもが緊張せずに言語を習得できるように，歌や音楽をとおして多数派言語を獲得できるように支援するべきである。
⑦多数派言語の社会や文化ではどのようなことが求められるのかをバイリンガルの子どもに理解させ，言語発達を支援しそして家庭と学校の連続性を築くために，バイリンガルの助手や支援スタッフを置くべきである。
⑧簡単な慣用句を教え，多数派言語と少数派言語の子どもをペアーにし，また

⼩グループでの遊びを支援し，学校で多数派⾔語の仲間と交流する機会を作る必要がある。
⑨少数派⾔語の⼦どもが学校に慣れるように，学校でのルールや⼀⽇の活動の流れについてあらかじめしっかりと理解させるべきである。
⑩⽇々の学校での学習経験の中に，多⽂化的活動や，教材を取り⼊れることによって，すべての⼦どもの家庭環境や⽂化的背景について，説明するべきである。

第5章の要約

● バイリンガリズム

①バイリンガリズムの定義にはいくつかあるが，マドハニ（1994）の「習得の時期や⾔語能⼒の違いにかかわらず，ふたつ以上の⾔語を理解し使えること」が実⽤的な定義である。
②世界のほとんどの国では，2か国語以上を習得し使うことが標準になっているが，アメリカ，イギリス，オーストラリアのモノリンガルはバイリンガリズムを例外的と考えている。
③⽣まれてすぐに2か国語を同時に習得し始めるバイリンガルの⼦どもの家族には，コミュニケーション要因に関係する⾔語使⽤に関して同じようなパターンが⾒られる。
④少数派⾔語の社会における交流の⽬的と場所と密接に関係している⾔語使⽤は，あらゆる⾔語で同じようなパターンが⾒られる。
⑤⾔語能⼒はその⾔語使⽤と密接に関わっている。2か国語以上を⾃由に使いこなす⼈がいる反⾯，聞いてわかる程度なら2か国語以上知っているが，話すとなると1か国語だけという⼈もいる。
⑥主に国家間の移⺠の増加により，⻄洋諸国ではバイリンガリズムがふえている。しかし，少数派⾔語の喪失は移⺠して2，3世代で起こる可能性がある。

●バイリンガルの発話における特徴と2か国語獲得のパターンと段階

⑦2言語獲得は誕生してすぐ2言語同時に習得する場合と，母語の基本的な対人関係コミュニケーション技能（BICS）を習得した後にもうひとつの言語（たいていは多数派言語）を習得する場合がある。

⑧バイリンガルの大人は，ひとつの発話内や会話の中で2言語を交ぜて使用する。その混合は単語，イントネーション，発音，文法にまで及ぶ。このようなコード混用やコード切り替えはバイリンガルの洗練された言語行動として考えられている。

⑨大人のバイリンガルは，たいていの場合ふたつの言語のうちどちらかの言語の能力が優れている。この場合，劣位言語が優位言語の特定の要因の干渉を受けることがある。

⑩誕生後すぐ2言語を習得し始めたバイリンガルの子どもは，認知能力，周辺世界に関する知識，コミュニケーション能力において，同年代のモノリンガルの子どもと比較しても根本的な違いはない。

⑪2言語を同時に習得するバイリンガルは，最初からふたつの異なる言語システムを発達させると考える研究者もいれば，もともとはひとつの言語システムが後になってふたつに分かれると考える研究者もいる。

⑫大人のコード混用やコード切り替えの頻度は，子どもの2言語混合に影響を与えると考えられている。

⑬子どもの劣位言語に対する親の支援は，その言語における子どもの能力と密接に結びついている。

⑭2言語を継続的に習得する子どもは，第一言語で習得した言語やコミュニケーションに関する知識を用いて第二言語を学習し始める。

⑮バイリンガルの子どもの言語的コミュニケーション能力または非言語的コミュニケーション能力は多様であるが，その発達は段階的に進む。

⑯2言語を継続的に習得する子どもは，多数派言語を使う友達とうまく意思の疎通ができない環境にあるが，その多数派言語能力を伸ばすためには，多数派言語を使ってコミュニケーションする機会が必要である。

⑰2言語を継続的に習得する場合，まず第一言語における最低限の基本的な対

人関係コミュニケーション技能（BICS）を習得してから第二言語における教育を受けるべきである。

⑱ 2言語を継続的に習得し、教育レベルが高くなれば必要となる認知的学業上必要な言語能力（CALP）をふたつの言語で伸ばすためには、第一言語と第二言語の両方で絶えず適切なインプットが必要である。

●バイリンガリズム、認知、読み書き能力の発達

⑲ モノリンガルよりもバイリンガルのほうが柔軟な認知能力をもち、言語に対する感覚が優れていると一般的に考えられている。

⑳ バイリンガリズムと読み書きの発達の関係を決定づけるのは、2言語の文字体系や音韻システム、そしてそれぞれの言語における経験と言語能力である。バイリンガリズムと認知発達の関係と同じように、バイリンガリズムを独立要因として扱うことは不可能である。

●2か国語獲得に影響を及ぼす環境的要因

㉑ モノリンガル社会である西洋諸国で暮らすバイリンガルの子どもが直面する困難は、文化的、言語的アイデンティティに関わる問題や、学校入学と同時に迫る認知的、文化的、言語的な問題、そして人種差別や経済問題など複数にわたる。

㉒ バイリンガルの子どもが多数派言語を習得するには、多数派言語を話す大人との信頼関係が必要であるが、それだけでは不十分である。

㉓ バイリンガル幼児教育に携わっている専門家は、どのようにすれば子どもの言語システムの発達を支援できるのか知る必要がある。また、排除的バイリンガリズムが長期にわたって及ぼす悲惨な結果について認識し、モノリンガルの子どもよりも多くの支援が必要があることを知らねばならない。

第6章 会話と言語とコミュニケーションの発達に関する諸問題

ポイント
- 幼時期のコミュニケーションの難しさの特徴とその記述方法。
- 子どもたちが発達させる会話と言語とコミュニケーションスキルのタイプ。
- 環境的要因と内的要因による幼時期のコミュニケーションの難しさについての理解。
- 重要事項の要約。

1 コミュニケーションの難しさの特徴

① 多要因からなるコミュニケーションの難しさ

　幼時期のコミュニケーションの難しさは，たいてい子どもの発達に悪影響を及ぼす多くの要因の結果であることを強調する必要がある。このうちのある部分は，人のコミュニケーションが多要因からなっているという特性によるものであり（序章を参照），ある部分は，子どもにはたらきかける内的あるいは外的要因の相互作用によるものである。そして，その中には，難しさをさらに悪化させたり，維持しつづけるものもある。難聴の両親から生まれた健常な聴覚をもつ子どもは，両親との相互作用をとおして普通のコミュニケーションを多く経験しているが，両親の前では明確な会話をほとんど聞いてはいない。それでも，その子どもは健常な会話や言語を発達させるかもしれない（Mogford

& Bishop, 1993b)。なぜならそのような子どもは，たいてい他の人々の会話にもふれる機会があるからであろう。同様の境遇にある子どもでも，両親に慢性的に無視されて，そのために両親との相互作用をとおした普通のコミュニケーションを経験していない子どもは，会話や言語の発達に困難を示す危険性がある。様々な要因が会話，言語，そしてコミュニケーションの発達に影響を与える可能性を考える場合，それぞれの子どもを独自な存在として取り扱うことが必要である。そして，たとえば同じように聴覚障害と診断されたという先行経験だけに基づいて，特定の子どもの会話や言語がどのように発達するかを判断したりしないようにする必要がある。さらに，モグフォードとビショップ（Mogford & Bishop, 1993b）は，子どもたちの体質の違いが，潜在的に有害な内的または環境的要因に直面した時に，子どもたちのコミュニケーションスキルの発達がどのように影響を受けるのかを考慮する必要があると指摘している。

② 幼時期のコミュニケーションの難しさの記述

■ 一次的な，連動した，獲得されたコミュニケーションの難しさ

コミュニケーションの難しさは，自閉症や学習障害や脳性まひのような発達のより広範囲に影響を及ぼす他の状態と連動して生じるであろう。コミュニケーションの難しさの中には，他の領域に発達的困難がなくても生じることがあり，しかも会話や言語の処理における一次的問題によるものもある。これらに困難を示す子どもたちは，明確な理由がなくても会話や言語を健常に発達させるのに失敗する。すなわち，彼らが示す難しさの原因を，環境的剥奪や感覚障害，学習の困難さ，身体的精神的問題によって説明することはできないのである（Mogford & Bishop, 1993b）。ほかには，たとえば頭部外傷やいくつかの他の原因による脳の損傷の結果として，幼時期のある時点でコミュニケーションに困難を示す子どもたちもいるだろう（Lees & Unwin, 1991）。

■ 遅滞か，障害か，差異か？

子どものコミュニケーションスキルの発達の速度や様式が同年齢の他の子どもたちと比較して差異がある場合，その差異は遅滞や障害として述べられるかもしれない。発達が遅滞するということは，コミュニケーションスキルが同年

齢の他の子どもたちと同じ道筋で発達していくが、よりゆっくりと発達することを示している。遅滞は、運動や認知や社会的スキルのような他領域の発達においても明白であるかもしれないし、そうでないかもしれない。会話、言語、もしくはコミュニケーションの発達の障害とは、大部分の同年齢の他の子どもたちに普通に期待され、観察される発達の経過やパターンとは異なることを意味する。すなわち、本質的に同じ道筋で生じるが、よりゆっくりとした速度で進む発達とは別ものなのである。「障害」という用語を、すべての幼時期のコミュニケーション障害を表わすために用いる人々がいる（たとえば Paul, 1995）。ポール（Paul, 1995）は、「遅滞」という用語を単純なものとしてみなしすぎている。なぜなら、コミュニケーションスキルに「遅滞」をもつ子どもが、同年齢の仲間と比較して、受ける経験や発達における差異というものを考慮していないからである。子どもが同年齢の大部分の他の子どもたちよりもゆっくりとコミュニケーションを発達させているのか、異なる道筋で発達させているのかどうかにかかわらず、子どもはコミュニケーションスキルを発達させるのに困難を示しているということができるのである。

2 コミュニケーションの難しさに関与している環境的要因と内的要因

　子どもの発達しつつあるコミュニケーションスキルに影響を及ぼす発達的条件や獲得されている条件の範囲は広く、本書ですべてを記述することはできない。しかし、子どもたちのコミュニケーションスキルの発達に関与する環境的要因と内的要因を再確認することは可能である（序章や図6-1に図式化されている）。そしてこれらの中にある妨害要因が、どのように会話、言語、もしくはコミュニケーションの発達に影響を与えるかを説明することも可能である。

　ここで再び、コミュニケーションの難しさは多くの要因に起因して起こるということを強調しておくことは重要である。この後、見出しを再分化して、そのことについて述べる。というのは、コミュニケーションの難しさは単一の主要原因で突き止めることができるとか、介入には単一のアプローチだけでよいといった間違った印象を与えるべきではないからである。様々な環境的要因や

220　第6章／会話と言語とコミュニケーションの発達に関する諸問題

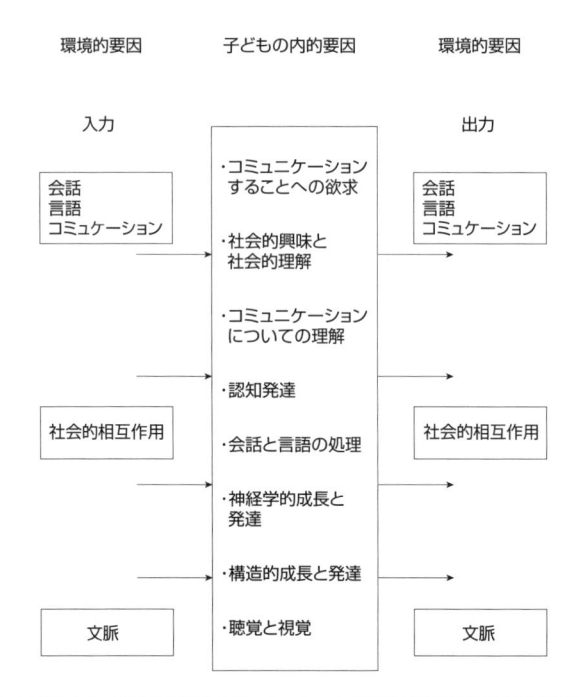

図6-1　子どもたちの会話と言語とコミュケーションの発達に関与する内的要因と環境的要因

環境的要因：入力
- 会話／言語／コミュニケーション
- 社会的相互作用
- 文脈

子どもの内的要因：
- コミュニケーションすることへの欲求
- 社会的興味と社会的理解
- コミュニケーションについての理解
- 認知発達
- 会話と言語の処理
- 神経学的成長と発達
- 構造的成長と発達
- 聴覚と視覚

環境的要因：出力
- 会話／言語／コミュニケーション
- 社会的相互作用
- 文脈

　内的要因が，子どもの全体的な会話，言語，そしてコミュニケーションシステムにどのように影響を与えているかを考慮することが必要である。
　しかし同様に「おそらく，有害な要因の特定の組み合わせがひとりの子どもの中で同時に生じる時に，これらの"コミュニケーション"障害が生じることを念頭に置いておくことはより重要である。単独では言語の発達に影響を与えなくても，組み合わせの中に重要なものがあると仮定することができるかもしれない」(Mogford & Bishop, 1993b, p.260)。

❶ 環境的要因

■ 健常な人間的コミュニケーションの文脈の中で
　問うべき必要な問いは，「子どもの会話，言語，もしくはコミュニケーションは環境的要因によって否定的な影響を受けるのか」ということである。コミ

ュニケーションを考える場合，環境的要因は子どもたちが発達していく過程でさらされるコミュニケーション，言語，そして会話の入力によって定義される必要がある。しかし，一般的な経験の剥奪によって，学習や概念発達や周囲の世界についての知識の減少を招き，結果として言語の発達が制限されることもありうる。

モグフォードとビショップ（1993b）は，コミュニケーションの発達に及ぼす環境的な影響の問題にアプローチしてきた人々の知見を要約している。その報告によると，コミュニケーション領域での子どもたちの発達は，明らかに有害な環境条件に直面した時に，著しくたいへんな事態を招くという。これらの条件は，他の同年齢の子どもたちと比較して，その子どもたちがさらされる会話の量が減少することと関連している。

たとえば，両親が難聴であるが健常な聴力をもった子どもたちは，最初にふれる言語がサイン言語であるため，他の同年齢の子どもたちよりも会話にさらされる量が少ない。バイリンガルの子どもたちは，1言語を使用する同年齢の子どもたちと同様に会話そのものにはさらされるが，彼らが学習する言語のそれぞれにされされる量は少なくなる。双子は時々軽度の言語遅滞を示す。その原因に，子どもと養育者間の共同注意の成立と会話の維持にとって最も重要な個別の相互作用のエピソードが少なくなることが関連していると考えられている（Mogfod, 1993によって引用されている研究）。これは，養育者の能力には限界があり，双子のそれぞれが注意を向けたものを認める方法で一貫して反応することが物理的にできないからである。しかしこれらのいずれの条件も，他のすべての条件が同じであるとすれば，長期間にわたって会話，言語もしくはコミュニケーションの困難をますます大きく引き起こすものではない。「他のすべての条件」というものは，おおまかには健常な人間的コミュニケーション（相補的社会的相互作用，相互作用のための適切な機会，養育者との肯定的な感情的関係）の中にあるのである。

■ 産後うつ病

いくつかの研究によると，次のことがわかっている。すなわち女性が産後数か月以内にうつ病を経験する場合，その子どもたちが，発達の諸領域（コミュ

ニケーションスキルを含む）においてすぐに影響を受けたり，長期にわたって影響を受けることがある（Murray, 2001）。このように出産後の数か月間に，産後うつ病によって母親が感情的に無反応になると，子どもたちがその後の情動統制や愛着に困難をきたし，発達テストではうまく遂行できなくなるという危険性が高まるのである。うつ病の母親は，ほとんど声を発せず，応答が遅く，より気まぐれな発話や休止をするし，誇張した抑揚のある発話（「育児語（マザリーズ）」や「子どもに向けられた発話（child directed talk）」といういろいろな名前でよばれている用語。序章の25～27ページを参照せよ）を乳児に対して使うことが少ない。母子の対面的相互作用の研究でも，うつ病の母親は，うつ病でない母親よりも赤ちゃんに敏感に調子を合わせることが少ない点が示されている（Murray, 2001）。

　うつ病の母親は，赤ちゃんとの相互作用の間，非常にそっけない態度もしくは押しつけがましい態度をとることが見いだされている（Murray, 1992）。これらの相互作用スタイルのどちらであっても，子どもの発達に悪い影響を与えうる。母親が，赤ちゃんに自分が望むことをさせようと方向づけるというよりはむしろ，2か月の赤ちゃんの経験に焦点をあてた話しかけを行なう場合，結果としてその赤ちゃんは9か月の時点での認知課題でよい得点を獲得できるのである（Murray, 2001）。この効果は，トマセーロとトッド（Tomasello & Todd, 1983, p.50-51）の知見を支持する。この研究では，子どもの注意や行動を方向づけようとする大人の試みと，21か月の子どもの語彙における事物名称の割合の間には負の相関関係が見られるが，それとは逆に，子どもが注意を向けている事物の名前を母親が言うことは，21か月の子どもの語彙における事物名称の割合の増加を引き起こすことが見いだされている。

　こうした影響は，学齢期の間までもつづいていく。たとえば，赤ちゃんの視点からものを見ることが難しい母親のもとに育った子どもは，5歳の時点においても認知的に遅滞しているというより大きな危険性を示していたのである（Murray, 2001）。子どもたちの認知的遅滞は，たいていの場合，会話と言語の遅滞に連動している。行動面での困難においても（睡眠の問題，癇癪，食事や分離の問題），母親がうつ病であった18か月の子どもたちは，高い割合でそれが出現していることがマレイ（Murray, 1992）によって見いだされている。こ

れらの事象と関連する知見を踏まえる中で，マレイは赤ちゃんとよい関係をもっているうつ病の母親もいるし，うつ病でないのに赤ちゃんとよい関係をもてない母親もいることを強調している。しかし，産後うつ病であるということは（とくに剥奪された環境の文脈において），子どもたちの発達に否定的な影響を与える危険性を高めることになる（Murray, 2001）。コミュニケーションスキルの発達を含む子どもの発達への産後うつ病の影響に関して幅広く知るためには，マレイとアンドリュー（Murray & Andrews, 2000）を参照するとよい。

■ 虐待とネグレクト（無視）

子どもと養育者間の虐待や異常な関係の場合のように，健常な人間的コミュニケーションが崩壊したり欠如したりする時には，コミュニケーションスキルの発達が阻害されやすくなる。身体的，情緒的，もしくは性的虐待を受けているか，もしくは受けてきた子どもたち，またネグレクト（無視）されてきた子どもたちは，会話，言語，そしてコミュニケーションスキルの発達に問題をもつ危険性がある。とくに，それらは子どもたちがどのように言語を使用するかの方法やコミュニケーションすることへの欲求に関係するものである（Law & Conway, 1990）。

虐待が子どもに直接的影響を与えるケースを除いて（たとえば，絞殺によって咽頭に損傷を受ける場合），ネグレクト（無視）は言語発達により広範囲の強力な影響を与えることが見いだされている。このことは，親子関係が深刻に異常であり，相互作用が事実上崩壊している場合にとくにそうである。フォックスら（Fox et al., 1988）は，ネグレクト（無視）と言語理解を含む言語獲得の困難さとの間に直接的なつながりがあることを見いだしている。すなわち子どもたちに対するネグレクト（無視）の慢性的な性質が，言語獲得の難しさに重要な役割を果たしていると考えられた。エッジランドら（Egelland et al., 1983）は，赤ちゃんが両親から苦しめられる虐待の種々のタイプによって，その後の4年間にわたって行動の表出の仕方に異なるパターンが結果的に引き起こされることを見いだしている。すなわち，身体的虐待を受けた子どもたちは，非常に注意散漫であり持続性が低く，教育課題に集中することがなかった。ネグレクト（無視）された子どもたちは，低い自尊感情をもち，最も不幸感が高

く，課題に直面し，完成させようとする時にも自分自身をうまく系統だてることに困難を示す。

> **ケース研究6-1　ベラルのケース**
>
> 　ベラルが，4歳半の時にコミュニケーションスキルの診断測定のために母親に連れてこられた。彼は，少数民族の言語を話す家族の出身で2か国語を話せるように成長していた。彼の母親は主婦で，父親はレストランで働いていた。彼は以前もそのサービスを受けていたが，途中でやめていた（欠席が続いたため）。しかし勉強に影響する彼の注意と言語の発達について，かねてから心配しつづけていた彼の教師によって紹介されて再び訪れたのである。
> 　測定の間，それは両方の言語について行なわれたのだが，彼の行動面での最も顕著な特徴は，非常に注意散漫であり，聞く力が弱く，視覚的に課題に集中できないということであった。両言語の彼のスキルは，同年齢の子どもに比べると有意に遅れていた。彼はひとつの言語の測定では，9か月前よりも低い得点になっていた。そして，どうしてこのような退行状態になったのかその可能性について重大な問題が浮かびあがった。彼には，母親や検査者となんらかの相互作用を始めるということが観察されなかった。そのミーティングの後まもなく，ベラルは一時期彼の父親の手で身体的な虐待を繰り返されていたということが明らかになった。

　バイリンガルの家族や少数民族と，虐待やネグレクト（無視）の増加傾向との間にある関連を引き出すつもりはない。むしろ，ベラルのケースは，一人ひとりの子どもの発達に及ぼす様々な影響を考慮する場合に生じる複雑な特徴を説明しようとして選んだものである。

　子どものコミュニケーションスキルの発達に及ぼす虐待やネグレクト（無視）の影響を考える時，その他の原因となる要因についても考慮する必要がある。発達的困難を示す子どもたちは，全体的に他の子どもたちよりも，虐待によって傷つけられやすい。つまり，コミュニケーションに困難を示す子どもたちは，報われないいらだたしい相互作用の相手として扱われる。たとえば口腔の機能不全があり，摂食（や会話）に問題がある子どもたちは結果的に親子関係に大きな影響が出てくるかもしれない（Mathieson et al., 1989）。したがって，子どもの行動とコミュニケーションが環境にどのように影響を与えるのか，そして先在するコミュニケーションの困難が養育者との多くの否定的な相互作用によって悪化させられるのかどうかを考慮することも必要である。

　ローとコンウェイ（Law & Conway, 1990）は，コミュニケーションの困難を虐待やネグレクト（無視）に起因させようとすることにかなりの無理があるという。なぜならば，子ども間の健常な言語発達は多様であり，またコミュニ

ケーションは多くの要因からなり，幼時期のコミュニケーションの難しさには多様な原因が関係しているからである。彼らは，会話や言語行動に虐待やネグレクト（無視）が果たした役割に関する見解を裏付ける専門的根拠を示すように求められている専門家に対して，次のような忠告を行なっている。

①言語発達を妨げるものを探すこと（たとえば成長というように，他領域で妨げられる発達としばしば同時に生じているもの）。
②子どもが言語を使用する道筋において重要な変化が見られるかどうかを考慮すること。たとえば，性別化された言語が増加するといったようなこと。
③子どもが周囲の世界に対して防衛的であったり，親密な接触を避けるような言語を使用しているかどうかを考慮すること。

うれしいことに，虐待されたりネグレクト（無視）された多くの子どもたちは，より通常の環境に置かれた時，会話と言語の発達を改善させている（Law & Conway, 1990; Mogford & Bishop, 1993b）。ローとコンウェイは，これらの子どもたちのコミュニケーションスキルを保護措置をとおして定期的に検査することを薦めた。その評定の結果によって，子どもの環境を変えることが成功しているかどうかを調べることができるからである。

この項目の結論として，子どもたちのコミュニケーションスキルの発達に危険性があるのは，極端な虐待やネグレクト（無視）の場合だけであるということを明らかにしておく必要がある。コミュニケーションに問題をもっている子どもたちの両親の大部分は，子どもが示す困難の原因となるようなことをしてきているわけではないし，むしろそのようなことがないように，注意を払い避けてきている。このことを両親に伝えることは非常に重要である。

❷ 内的要因

■ コミュニケーションすることへの欲求

家で会話をしているにもかかわらず，ある文脈，とくに話すことが期待されている場所（たとえば学校）で，言語的にコミュニケーションをしない子どもたちがいる。

環境的要因と内的要因に関連した様々な原因がこの行動の基底には流れており，この行動を持続させているのである（Johnson & Wintgens, 2001）。たいてい会話と連動した不安，また時々会話と言語の困難さに連動した不安がある。不安や，会話と言語の困難に関して家族暦があるかもしれない。また，家族内のコミュニケーションの否定的なモデルがあるかもしれない（Cline & Boldwin, 1994; Imich, 1998; Johnson & Wintgens, 2001）。

　ここで述べられている子どもたちのグループは，1994年版の精神疾患の診断・統計マニュアル（DSM-Ⅳ）（アメリカ精神医学会：American Psychiatric Association, 1994）において「場面緘黙」とよばれているもので，「選択された」特定の状況においてのみ話さないという意味である（Johnson & Wintgens, 2001）。

　場面緘黙は，女児に，とくに民族的，言語的に少数の家族出身者や地理的にまた社会的に孤立している家族においてよく現われる（Cline & Boldwin, 1994）。発症はしばしば気づかないうちに進行しているが，子どもたちが家庭外で広範囲の人々と一緒に多く話すことが期待されるころに生じる。また，同年齢の大部分の子どもたちが，3歳から5歳の間で，流暢な会話を発達させている時期に生じる。

　場面緘黙の子どもたちの識別は重要である。なぜならば，見逃されたまま長く経過すると治療がより困難になるからであり，またより年少の段階での治療が効果的であることが多いからである（Johnson & Wintgens, 2001）。治療されずそのまま持続している場面緘黙や，軽度ではあるが明らかにコミュニケーションすることに拒絶を示す場合は，長期的に継続する重大な影響をもたらす危険性がある。つまり，ジョンソンとウィントゲンズ（Johnson & Wintgens, 2001）が述べている不適切な感情や傷つきやすさのように，後の人生において治療・改善することが難しいのである。コミュニケーションすることを拒む人たちは，特定の文脈で緘黙であるというわけではないが，そのような文脈で最小限の反応しかしない人を含んでいて（たいてい反応があったとしても，言語的相互作用を始めることはまれである），彼らは見られているということに傷つきやすい人々なのである（Johnson & Wintgens, 2001）。彼らは，数年間にわたって緘黙や他の不安に関連した行動を示す危険性をもっている

（ケース研究6-2を参照）。ジョンソンとウィントゲンズ（2001）は，場面緘黙の開始は，しばしば学校や保育園の開始時と連動していることに注目している。そのために，子どもが学校や保育園に行き始めて落ち着いてきたにもかかわらず，まだ話をしないでいる2，3か月後には，関連の専門家と両親が最初にミーティングをもつべきであると彼らは忠告する。

ケース研究6-2　レベッカのケース

　レベッカは，会話と言語に重度の障害を示す少女で4歳の時に保育園に入園した。彼女はいつも，家庭では自由によい話し手であったし，彼女の家族は彼女の話し方に慣れてきていた。しかし，保育園が始まり出した後には，彼女は家庭の外では大人と自由にコミュニケーションすることを拒むようになった。このコミュニケーションの拒否はなくならず，次第に8歳のころまでに，彼女は大人との相互作用の仕方に不適切な表現法を身につけてしまった。
　その表現方法の仕方とは，たとえば彼女の体の向きを反対にしたり，注意を得るために物を投げたり，あいさつを返さなかったり，必要な時に感謝を示さなかったといったような方法である。しかし彼女は，彼女が親しくしている他の子どもたちとの間でコミュニケーションしたり話したりすることには困難を示さなかった。レベッカの会話と言語障害への治療は，多くの点で成功した。しかし，情緒的側面や心理的側面は，大部分が見落とされたままであった。

　場面緘黙の子どもたちは，コミュニケーションすることへの欲求が減少しているだけではないことはもちろんである。限定された文脈においてのみ会話を使用する子どもたちと，別の発達的もしくは精神的な障害のために文脈を超えて会話を使用しない子どもたちを区別することは重要である。他者と純粋にコミュニケーション（言語的か非言語的か）をしたがらないように見えるどんな子どもに対しても，注意深い処遇が必要である。その問題については，手助けしようとする人は両親と話し合うべきであり，関連の専門家の専門的知識がもし必要であれば求めるべきである。

■社会的行動とコミュニケーションについての知識

　他者と関わる能力に障害を示している子どもたちは，コミュニケーションを理解したり，適切に反応したりする際に困難を経験したり，とくに社会的目的のために言語を効果的に使用することに困難を経験するであろう。したがってここでは，これらの内的要因のふたつの側面について考えていく。もちろん，すべての内的要因と環境的要因との間には潜在的相互作用がはたらいているが，

社会的相互作用についての知識とコミュニケーションについての知識との間には切るに切れない関係がある（Happe, 1994）。コミュニケーションについての知識は，人がコミュニケーションをする様々な目的（第2章の表2-2，第4章の表4-1，子どもがコミュニケーションする理由を参照）や，他の人々のコミュニケーションに対してどのように反応するかの仕方を知ることに関する知識である。社会的理解とは，情緒的および社会的水準で人々の行動を動機づけるものは何かを知ることである。自分自身や他の人々の心の状態を表象し想像する能力は，状況（とくに社会的状況）や人々の行動を理解するのを助ける。「心的状態」というのは個人の意図，感情，信念，欲求，プランを表わしている。心的状態に照らして他の人々を理解することは，人のコミュニケーション過程の中心である。この能力は，「心の読み取り（mind-reading）」と名付けられているが（Happe, 1994; Baron-Cohen, 1999），他の人々と関係を作る基盤である。「心の読み取り」は，他者の視点や見え方から，状況を考えることをわれわれに可能にするのである（Happe, 1994）。心の読み取りの能力が欠如していることによってどのような影響が見られるかの一例が例6-1に示されている。

> **例6-1　心の読み取りの能力が欠如している実例**
>
> 　先生はふたりの5歳の少年アダムとネイルと一緒に教室にいる。ネイルは自閉症である。先生は，少年たちにボールを見せて，テーブルの上の箱の中に入れて，箱のふたを閉める。テーブルの上には中に何も入っていないバスケットもある。両方の入れ物は不透明で中が見えない。先生は，アダムにしばらくの間部屋から出て行くように言う。アダムが部屋の外にいる間に，先生はボールを箱から取り出して，ふたを閉めて，ボールをバスケットの中に入れる。
> 　彼女は，ネイルに「アダムはボールを見つけるのにどこを捜すと思う」と尋ねる。ネイルは「バスケットの中」と答える。彼は，心の読み取り能力や他の少年の「頭の中を推測する」能力が欠如している。つまり，ボールについての相手の知識の状態が，「現実」のものである自分自身の知識と異なっているということを理解できないのである。

バロン=コーエンら（Baron-Cohen et al., 1985）による研究では，全体的に自閉症の子どもが社会的理解において独特の欠如を示すと結論づけられている。自閉症の子どもは，他の人々が現実世界の状態とは異なる心的状態をもっていることを理解しない。また他者の心的状態は，自分自身の心的状態とも異なっているということを理解しない。

　バロン=コーエンら（1985）は，ダウン症候群の子どもたちの心の読み取り

の能力は，健常に発達している4歳児と同様な心的能力の状態にあることを見いだしている。この知見は，多くの追試や関連する研究によって繰り返し確認されている。自閉症の中核をなす障害の3組，つまり社会的相互作用と社会的コミュニケーション，社会的想像力（柔軟な思考と想像遊びにも困難を示している）の問題は（Wing & Gould, 1979)，フリスら（Frith et al., 1991)とハッペ（Happé, 1994）によると，大部分が心の読み取り能力の欠如によるものであると考えられている。

たとえば想像遊びの欠如は，想像遊びを構成している要素すなわち自己と他者の行為，思考，信念，行動を心的に表象できないことと関係していると考えられる。もしこれらが心的に表象されなければ，子どもの遊びや描画や言語に移し変えられないということになる。社会的障害は，一人ひとりは独立した心をもつ別々の存在であるということの理解の欠如から生じている。自閉症のコミュニケーション障害は，意図を概念化したり，他者が「言うことや，行なうこと」と他者が「考えること」との間を関連づけるための能力に障害を受けていることから生じるのである（Happé, 1994）。

すべての自閉症の子どもたちは，この「障害の3組」(Wing & Gould, 1979)を示すが障害の重さは様々である。ある自閉症の子どもたちは会話に障害を示すが，ある者はより洗練された言語スキルの発達を示す。多くの自閉症の人々が，長い文章を形成することができるし，広範な語彙を使用することもできるけれども，彼らが言語を使用する方法は他の人々の言語の使用法とは質的に異なっている。この違いの大部分は，社会的気づきの不十分さ，コミュニケーションの目的に対する認識の弱さ，さらには他者の行動を制御するのにその人の欲求をあてはめてしまうことによるものである。

これまでの研究では，一次的な困難がコミュニケーションを適切に理解したり使用したりすることにある子どもたちと，社会的ないし想像的発達には障害をうけていない子どもたちを区別していなかった（Happé, 1994）。しかし，言語を発達させるのに特異的な困難を示していて，社会的相互作用や効果的にかつ適切にコミュニケーションを行なうのに問題を示す子どもたちがいる。ひとつの領域に問題があると疑われる時には，子どもの会話，言語，そしてコミュニケーションのすべての側面について考えてみる必要がある。

社会的発達やコミュニケーションの発達における問題は,「社会的コミュニケーション障害」として記述される。自閉症でない子どもたちの中にも,社会的コミュニケーション障害を示す者がいる。人々との関わり方,コミュニケーションに対する反応の仕方,コミュニケーションの仕方,言語の使用の仕方に見られる特異的な奇妙なやり方が,社会的コミュニケーション障害の指標である。より微妙で明らかに「軽度」の社会的コミュニケーション障害は頻繁に見逃され,誤解されてしまうことを心にとめておくことは重要である(第2章のLee & Urwin, 1991や第7章のダニエルの記述を参照)。

ここでの焦点は,社会的相互作用とコミュニケーションにおける一次的な障害に置かれていたけれども,社会化やコミュニケーションの問題は,会話と言語の処理の問題や注意の障害を含む一連の状態と連動して生じる,また不適切な環境的入力とも連動して生じるということを指摘することが重要である。

■ 認知発達

認知発達とは,学習過程による世界についての知識の獲得と保持にともなうものである。学習は,一般的に注意,知覚,記憶,問題解決,そして思考のような過程を含んでいる(Gross, 1992)。認知障害や「学習障害」を示す子どもたちは,同年齢の他の子どもたちよりも学習するのに時間がかかり,学習を効果的に進める方法をもっていない。学習障害を示す子どもたちは,彼らの仲間よりも,発達のすべての領域においてよりゆっくりと発達する。つまり発達の各段階に到達するのが遅く,しかもかなりの長い間それぞれの段階に留まっている。

子どもたちの認知障害の重さには違いが見られる。認知と言語との間には,いまだに直接的な結びつきは見いだされていない(Rondal, 1993)。しかし子どもたちの概念発達や他の認知領域における発達の遅さ(slowness)は,コミュニケーション,言語,そして会話の発達遅滞(delays)に結びついている。認知発達と言語学的発達は,一般的に相互に平行して発達するといういくつかの根拠がある。しかし,認知と言語の発達が相互に関連していない子どもたちもいる(Bernstein Ratner, 1989)。それぞれの子どもは,他の人とは違った学習プロフィールをもっているが,いくつかの発達的な学習困難に関連した特有

の学習プロフィールをもっている場合もある。たとえば，ダウン症候群のような独特の長所と短所をもっているような場合である（Buckley, 2000)。学習困難を示す子どもたちの多くは，コミュニケーション能力は本質的には健常であるが，遅れた発達のパターンをたどる。つまり，開始が遅れると同時に，達成の最終的なレベルも低いが，しかし健常児と類似した獲得の過程を踏むのである（Bernstein Ratner, 1989)。

学習困難を示す子どもたちは，周囲の世界の事象とそれらを表わす語の間を結びつけるのにより時間がかかる。したがって，彼らの言語発達は他の子どもたちよりもゆっくりなのである（Bernstein Ratner, 1989)。学習困難を示す子どもたちは，文法の使い方を学習するのに非常に困難を示すが，コミュニケーションの目的のために言語を使用する方法を学習する際にはそれほど困難を示さない。また彼らの言語的理解は，彼らの認知的能力レベルからの予想よりもはるかに進んでいるかもしれないということを示唆するいくつかの証拠がある（Bernstein Ratner, 1989)。学習困難を示す多くの者はまた，聞くことや話すことにも障害を示す。

学習困難を引き起こす要因としては，多くの様々な原因が考えられる。一般的な学習に問題をもっている大部分の子どもたちは，会話や言語を発達させる点においても問題をもっている。学習の困難性と連動する会話，言語，そしてコミュニケーションの発達に遅れをもつ子どもたちの識別は，時々他の発達領域についての心配からもたらされる。他の領域とは，たとえば運動発達の遅れのようなものであり，時々これらが最初に心配される主な領域なのである。ダウン症候群の子どもたちのように，学習困難を示すことが誕生の時から明らかな場合もある。

学習困難を示すとわかった子どもたちが，適切なアドバイスや介入を受けられるために，彼らのコミュニケーションスキルが十分に診断測定される必要がある。学習困難を示す何人かの子どもたちは，コミュニケーションや言語や会話の発達に困難を引き起こす異常なパターンももっている。これらの子どもたちのニーズを満たすためには，様々なアプローチが必要であるということを心にとめておくことが必要である。

子どもたちの遊びのスキルは，彼らの認知発達と連動して発達するので，そ

れはいくつかの認知的スキルのよい指標となる（たとえば，象徴能力の発達や概念発達）。このことは，音声言語をもたない子どもたちや，言語的相互作用を成立させるのが難しく，話すのをいやがる相手と一緒に活動をする時にとくに役に立つ。

認知障害は，事故（たとえば頭部傷害）や疾病（たとえば変性疾患）を含む多くの理由から幼時期に生じる。そして，すべての学習に影響するように一般化されるか，もしくはさらに特定の影響を与えるかもしれない。

■ 会話と言語の処理

会話と言語の処理に関する問題は，社会的スキルやコミュニケーションスキルの発達における一次的な障害（たとえば自閉症）や他のタイプの神経発達的問題（たとえば幼時期てんかんのような脳の発達の問題から生じるもの）を含む認知障害や状態と連動して生じうる（Lees et al., 1991）。非流暢性発話（吃音）は，会話や言語のプランニングや処理に関する問題と，子どもに対する過度に高い要求やよい会話や行動に対する親の高い期待のような他の要因との間の相互作用によって生じると考えられている（Starkweather, 1987）。しかし，子どもたちの中には，言語と会話の発達に特異的な困難を示す者がおり，子どもの会話と言語のスキルにおいてもともとは遅滞のように見えるかもしれないものが，言語障害として現われるのである。リーら（Lees et al., 1991）は，時々「特異的言語障害」とよばれるこのタイプの障害を次のように定義している。

言語障害は，言語プロフィールが聞くことや学習することや環境的あるいは情緒的困難の経歴と連動しているだろうが，これらのうちのどれかひとつの要因だけに起因するものでなく，これら全体の影響に起因するものでもなく，以下のひとつかそれ以上の要因に起因しているといえよう。

①言語発達に特異的な困難を示す明白な家族歴。
②発達過程の中での，あるいは神経学的徴候が原因である脳の機能不全に関する証拠。
③認知発達の他の側面と関連している言語の様々な下位システム間の不釣り合

い。
④「一般的に使われる」言語に関する支援によって，これらの差異を埋めることの失敗。　　　　　　　　　　　　　　　　（Lees & Urwin, 1991, p.15）

　乳児期や幼時期（ケース研究6-3を参照）に会話や言語の障害として始まったものは，たとえ最初の会話や言語の問題がうまく取り扱われているようであったとしても，後の学齢期には読み書きの問題として現われてくる。会話，言語，書字，そして読みに関する過程は密接に関連している（Stackhouse & Wells, 1997）。なぜなら，それらすべては，根底にある同じ言語システムから生じているからである。したがって，書き言葉に問題を示す子どもたちと一緒に活動をする時に，話している言語や会話や音韻への気づきスキルについての彼らの理解や使用に対しても，同時に考慮することは重要なことである。多くの幼時期の言語障害は生涯つづくものであり（Lees et al., 1991），友人を作ったり学業を達成したりそして就職する場合など，人生の様々な領域においてその個人に影響をもたらす。

> **ケース研究6-3　テッサのケース**
> 　テッサは，会話と言語のための専門家の支援を受けている3歳の少女である。彼女は，まるで赤ちゃんのようにしばしば「彼女自身の世界」の中にいるようだと言われ，時々，「スイッチを切っている」ように見える。彼女が自分の名前に反応したのは，他の子どもよりかなり遅かったし，11か月までは喃語もしゃべり始めなかった。彼女は，約18か月のころ，開いた手で興味あるものを指さそうとした。彼女は他の人々にも興味をもつのだが，たいていは他者と相互作用を始めることはなく，相互作用をしつづけるのに多くの支援を必要としている。
> 　テッサの動作の発達は，同年齢の大部分の他の子どもたちよりもわずかにゆっくりである。彼女は，健常な聴力をもっているし彼女の認知的スキルは彼女の年齢で期待される範囲内であると考えられている。彼女の母親は言語的刺激についてのいくつかの一般的なアドバイスを受けた。しかし，テッサの言語と会話が非常にゆっくりと発達していたので，これは十分ではないとみなされた。テッサは，2歳の終わりごろに単語とそれが表わす物の関係づけをし始めた。彼女の言語の獲得はずっとゆっくりであり，また彼女には，学習が極端に難しいいくつかの単語のタイプが見られた。それらは，「中に」「下に」というような単語を含んでいるが，会話の入力を支援する視覚的情報があるならば彼女はより簡単にそれを学習できる。

　言語障害は，言語システムの様々な側面に遅滞がある子どもたちや（たとえば理解はよいが表出スキルが不十分である），言語が異常な道筋で発達していっている子どもたち（たとえば単語の検索やそれを適切に使用する困難さや，

単語の語尾を含む文法の学習や使用の困難が通常より多い場合や，意味の理解できる会話を生み出すための発音の使用法を学習する際の困難が通常より多い場合）において疑われる。言語障害が現われるのには多くの様々な道筋があり，そのためひとりの子どもの言語障害のパターンは，他の子どものパターンとは非常に異なっているかもしれない。この障害のタイプが「一般的な」言語支援ではどうにもならず，それだけに専門家の支援が必要であるということを心にとめておくことは非常に重要である。

■ 神経学的成長と発達

脳の発達は，会話，言語，コミュニケーションスキルの発達，そして発達のすべての領域に関して重要である。脳は，調音器官や咽頭にメッセージを送る。そして，脳では概念発達や言語の処理，形成，理解が生じる。脳の構造的損傷や機能不全や成熟遅滞は，コミュニケーションスキルの学習と発達にともなう困難にすべて関連している（Kolb & Wishaw, 1990）。遺伝的要因や環境的要因もまた脳がどのように発達するかに影響を与える（Mogford & Bishop, 1993b）。筋ジストロフィー症（デュシャンヌ型）と脳性まひは，発達しつつある脳の会話のメカニズムに対する脳の損傷によって，会話の問題に高い危険性をもたらす。これは，呼吸，音声，明瞭な会話に必要な筋肉に影響を与える。筋肉は，表情やジェスチャーや身体的言語をとおして表現される非言語的コミュニケーションにも影響を与えうる。

コミュニケーションに困難を示す子どもたちの中には，脳の損傷の明らかな証拠（たとえば穿通傷害や脳出血）を見いだすことができる者もいるが，コミュニケーションに困難を示す子どもたちの大部分にこれらの徴候があるわけではない（Kolb & Wishow, 1990）。「微細脳損傷」と関連した注意の障害，動作のぎこちなさ，過動，多動，不十分な身体イメージ，知覚的欠損，左右の問題，そして不十分な目と手の協応（Kolb & Wishow, 1990; Milloy & Morgan-Barry, 1990）といったような「軽度の神経学的徴候」を示す者もいる。このことは，脳への永続的な損傷があるということを意味しているわけではない。しかし，そこにはどのように機能するのかについてのいくつかの問題があり，それが機能する道筋に一貫性がないということを意味している（Stock

Kranowitz, 1998)。

　動作スキルや注意に影響を与える「軽度」の神経学的徴候を示す子どもたちが，たとえば彼らの会話，言語，そしてコミュニケーションにも問題をもっているのかどうかを考慮する必要がある。たとえば注意に重大な困難を示す多くの子どもたちは，会話や言語にも問題を示す (Goldstein & Goldstein, 1992)。すなわち，社会的状況を「読み取ったり」，コミュニケーションに適切に反応したり用いたりすることにも困難を示す子どもたちもいる。てんかんは脳の機能不全の徴候であり，その中には会話や言語に障害を示す多くの子どもたちが見られる (Robinson, 1987)。そして左利きの人や両利きの人と同様に，大部分の他の子どもたちと比較して，脳がどのように発達するかの様式に違いを示すのである。しかしそのような違いは，何か悪いものがあるに違いないということを必ずしも示しているわけではない。特異的な言語障害や読み障害に小脳が関与しているという証拠もふえつつある (Tallal et al., 1993; Fawcett & Nicholson, 1999)。

> **ケース研究6-4　マシューのケース**
>
> 　マシューはちょうど4歳の誕生日の後，母親と一緒に彼のコミュニケーションスキルの診断測定のために訪れた。彼は，つまずかずに部屋を横切るのが難しかった。また，彼の会話は不明瞭で，彼が言っていることを理解するのは難しいことが時々あった。彼の注意は常に的からそれていた。
> 　彼の母親は，非常に心配していた。なぜならば彼女は，彼の機能の他の領域（とくに運動技能）に加えて，会話と言語の能力の低下にも気づき始めていたからである。彼女は，他の専門家への関心も示していた。しかし，まだ，彼女の息子に何が起きているのかわからなかった。マシューは，結局，神経科医に見てもらった。神経科医は，彼が水頭症であることを発見し外科的な介入を要求した。

　肺や喉頭や調音器官の構造や機能（序章の図2を参照）に影響を与える身体的な障害を示す子どもたちは，会話，言語，そしてコミュニケーションスキルの発達に問題を示すかもしれない。顔や調音器官や声帯（序章の図3を参照）に影響を与える口蓋裂や他の構造的異形は，たいてい会話の発達に直接的に影響を与えるし，聴覚障害も同時に起こっている可能性が高い。
　明らかな身体的原因と関連した会話に困難を示す子どもたちとともに活動す

る時，子どもの全般的な会話，言語，そしてコミュニケーションの発達を考慮する必要がある。明確ではない言語やコミュニケーションの困難が会話の問題と共存しうるからである。

■ 感覚入力：聴覚

聴覚障害は，子どもたちにおける会話，言語，そしてコミュニケーションの発達に重大な結果をもたらす可能性がある。子どもたちは，感音性難聴（sensori-neural hearing loss，内耳の聴覚器官の損傷か内耳からつづく脳への感覚経路にそった損傷からの結果として生じる）をともなって生まれてくるか，もしくは，彼らの発達の過程で難聴をもつようになるかもしれない（たいてい耳の中間部分に影響を受けて，頻繁に耳の感染歴と連動して生じる）(Northern & Downs, 1984)。サンチョらとハガード（Sancho et al., 1988; Haggard, 1992）の中で引用されているダウンズ（Downs, 1975）によると，誕生から5歳の間の子どもたちの70％から80％が一度は難聴を経験するという。聴覚に影響を与える中耳疾病に苦しむ子どもたちの一部には，長期間にわたる損傷の影響がありうる（Sancho et al., 1988; Hall, 1989）。何人かの子どもたちに生じる軽度だが持続的な聴覚障害の潜在的な影響に関しては，専門家間でも十分に認識されているわけではない。このために，子どもたちは会話，言語，そしてコミュニケーションスキルを支援するための適切な時期に適切なサービスを受けられないでいるのである。ホール（Hall, 1989）は，聴覚障害のスクリーニングが，次のような子どもたちのために行なわれるべきであると示唆している。

①会話や言語の発達に重大な障害がある。
②慢性的もしくは反復的な中耳疾病や上部の気道に閉塞がある。
③発達的もしくは行動的な問題をもっている。

行動的問題は，中耳炎（otitis media）の結果として生じる変動性難聴（fluctuating hearing loss）を示す子どもたちや，しばしば「不注意」や「注意散漫」や「叫びへの反応のみ（only responds to shouting）」と記述される子

どもたちに共通して生じる。

　中耳や内耳の問題から生じる聴覚障害は，会話の信号を知覚する困難を引き起こす。障害が重度になればなるほど，会話言語の獲得がますます遅れることになる。視覚的手がかりによってある程度埋め合わせられるが，しかし，これはいつも適切であるとは限らない。もし視覚的コミュニケーションシステム（たとえばサイン言語）が，早期に十分に自然な文脈において使えるならば，重度の聴覚障害を示す子どもたちはその言語を使って流暢にコミュニケーションすることができるであろう。

> **ケース研究6-5　パトリックのケース**
>
> 　パトリックは，4歳半の時に重度の難聴であることがわかった。彼の母親も重度の難聴だったのだが，彼の家族は表面上はそれまでは健常でない何かがあるという可能性を受け入れることに抵抗を示していた。
> 　彼の行動に関していえば，学校では心配があった。彼は，相手を強く引っ張ったり，相手から物を横取りしようとするようなやり方で他者と相互作用していたからである。最初はサインを用いて彼自身を表現することを手助けし，彼の言語的理解を促進させるための強力な援助を6か月間行なうことによって，彼が他者と相互作用する方法は顕著に改善を示した。

■ 感覚入力：視覚

　視覚障害は，子どもの言語発達の過程で，何らかの影響を与えるかもしれないが，たいていは最終的な言語の熟達にはほとんど影響を与えない（Mogford & Bishop, 1993b）。会話や言語の発達において，同年齢の他の子どもたちと比較していくらかの遅滞や差異が見られるのが典型的である。このことは，共同注意の形成における差異（たとえば，他の人の注意を興味ある何かのほうへ方向づける視線の不完全さや欠如）と関連しており，文脈の中の参照物（その単語が示すもの――おもちゃ，動物，人々，行為など）を見ることをとおして，

> **ケース研究6-6　サラのケース**
>
> 　サラは，重度の視覚障害を持つ5歳の少女で，「～の前に」のような位置を示す単語の学習に問題を持っていた。サラは，これらのタイプの単語の意味を他の子どもたちと一緒にお互いの前（後，隣，間）に立ったり，飛んだり，座ったりするようなゲームをすることによって，学習し始めた。

単語の意味を学習する経験を少なくすると考えられる（Mogford & Bishop, 1993b）。

❸ コミュニケーションの難しさと連動する危険因子

下記は，幼時期のコミュニケーションの困難さと連動する危険因子のリストである（Paul, 1995; Shipley & McAfee, 1998）。

①感覚障害
②早産
③子宮内時期や幼時期に催奇物質（胚芽期や胎児期の構造的異常を引き起こす異質な病原体）や感染源にさらされること
④これから生まれる子どもの健常な成長に影響を与える母親の疾患
⑤出生時外傷
⑥家族の中で明白なコミュニケーションの困難が見られる
⑦コミュニケーション障害と連動する医学的先天的状態
⑧環境的剥奪と，もしくは異常な環境的入力
⑨多様な有害要因

第6章の要約

●コミュニケーションの難しさの特徴

①幼時期のコミュニケーションの難しさは，たいてい多要因に起因しており，環境的要因と内的要因の相互作用によって特徴づけられる。
②幼時期のコミュニケーション障害には，子どもの発達のより広範囲に影響を及ぼす他の状態と連動して生じるものや，他の発達的困難がなくても生じるものや，幼時期の発達過程にわたって生じるものがある。
③コミュニケーションの困難は，遅滞がある（つまり，健常のパターンをたどるが速度がより遅い）か，または障害がある（異常な経過をたどる）コミュ

ニケーションスキルの発達によるものである。

●コミュニケーションの難しさに関与している環境的要因と内的要因

④子どもたちは，もし，彼らが「健常な人間的コミュニケーション」を経験するのであれば，不完全な会話や言語しか与えられない文脈においても，たいてい健常なコミュニケーションスキルを発達させる。

⑤母親が赤ちゃんの生後最初の数か月間うつ病であった場合，その子どもたちは，会話や言語の発達に遅れを含む発達上に困難を示す危険性がある。

⑥もし，人とのコミュニケーションの経験が，保護者との虐待的もしくはネグレクト（無視）的関係の文脈の中にあるならば，その子どもたちのコミュニケーションスキルの発達には問題を生じる危険性がある。

⑦他者とのコミュニケーションが著しく少なく，コミュニケーションすることへの欲求が欠如している子どもたちは，コミュニケーション障害を示す危険性をもっている。たとえば，ある子どもはある文脈においては「話す」が他の文脈においては「話さない」。

⑧異常な社会的理解をもっていたり，制限されたコミュニケーションの知識しかもっていない子どもたちは，他者と関係をもつことや適切にコミュニケーションを行なうことに困難を示す。

⑨一般的な学習困難を示す子どもたちも含む認知発達に障害を示す子どもたちは，たいていコミュニケーションスキルも遅れている（時々障害を示している）。

⑩多くの子どもたちは，他の発達的困難と連動した会話や言語の処理に問題を示す。しかし，会話と言語の処理に特異的な困難を示す子どもたちもいる。そしてこのことが，結果的には障害のある会話や言語の発達を導くのである。

⑪脳の構造的損傷や機能不全や成熟遅滞は，脳の発達への遺伝的，環境的影響をともなっており，コミュニケーションスキルの発達に影響をもたらす。

⑫言語的・非言語的出力に影響を与える身体的な異常は，コミュニケーションスキルの発達に影響をもたらす。

⑬聴覚障害は，コミュニケーションスキルの発達に多大な影響をもたらす。と

くにもし子どもたちが，早期に十分適切なコミュニケーションシステムにさらされなかった場合には影響がきわめて大きい。

⑭視覚障害はたいてい，異なる過程でのコミュニケーションスキルの発達を引き起こす。しかしこのことは，長期的にはコミュニケーションスキルに重大な影響を与えるものではない。

⑮子どもの発達しつつあるコミュニケーションシステムのすべての側面は，どのようなタイプのコミュニケーションの困難が疑われる時でも，注意深く考慮される必要がある。

第7章 コミュニケーションに困難を抱えた子どもたちの親とどう関わるか

> **ポイント**
> - コミュニケーションに困難を抱えた子どもたちの親についての理解。
> - よりよい関係づくりをめざした親と専門家の連携についてのモデル。
> - 子どものケアの異なった段階における親への関わり。
> - 重要事項の要約。

　本章では，コミュニケーションに困難を抱えた子どもを含む広範囲の発達的困難を抱えた子どもたちの親と関わる専門家について述べている。本書は子どものコミュニケーションの発達に焦点をあてているが，本章はコミュニケーションの発達に困難をもつ子どもたちの親に焦点をあてる。本章では，この「コミュニケーションの発達に困難をもつ」という用語は，コミュニケーションの困難が主たる発達上の問題となっている子どもに対しても（たとえば第6章で述べている特異的言語障害），また，より広範囲な発達困難の一部としてのコミュニケーション障害を示すもの（第6章で述べているような学習困難）をもさすものとして用いることとする。

1　どの専門家が関わるのか？

　子どもの発達過程において子どもと接触する機会のある専門家は，子どもの

コミュニケーションスキルの発達上の問題を特定する役割をもつことになると考えられる。幼児期にコミュニケーションに困難があることが識別されることもあれば，就学前の健診において，あるいは学童期に入ってから識別されることもある。しかしながら，すべてのコミュニケーションの困難がこれらの時期に識別されるわけではなく，成人期にならなければ同定されないものもある。

一般的に，コミュニケーションに困難があることを識別する機会が多いと考えられる専門家は，保健師あるいは早期教育に関わる幼児教育の専門家，教育・心理の専門家，学校の先生たちである。社会福祉士や保育担当者，学校の保健室の先生，一般医，小児科医，耳鼻科医もまた子どものコミュニケーションスキルについて所見を述べる立場にある。また，彼らは親に対してこれらの所見について話をし，必要があれば検査を受けることができる専門機関を紹介する立場にもある。AFASIC（Association for All Speech Impaired Children, 1993）が行なった親を対象とした調査によれば，言葉に障害をもつ子どもに対するサービスについて親の経験を尋ねたところ，親は自分の子どものコミュニケーションスキルの発達について気になることを相談する相手として最も多く選んでいたのは，保健師と一般医であった。これらふたつの職業グループに属する人たちが，子どものコミュニケーションスキルの発達について，いかに注意深く見ていくことができるかが非常に重要となってくる。

2 コミュニケーションに困難を抱える子どもの親を理解する

❶ 親が感じていること

子どもに対して適切なサポートを提供するために子どもたちの親と関わるうえで重要なことは，親の感じていることをどれだけくみ取ることができるかということである。親と子どもの間には，子育てのうえで最も重要な情緒的絆があり，それが子どもたちの発達の差異について何らかの説明を求めようとし，子どもを援助しようとすることを親たちに動機づけているのである。

2. コミュニケーションに困難を抱える子どもの親を理解する

■ 困難があるということを知って

　他の障害をもつ子どもの親と同じように，わが子がコミュニケーションに困難をもつことが疑われたり，コミュニケーションに困難があると識別された親の多くは，深い悲しみをともなった大きな感情の変化を体験する（Cunningham & Davis, 1985; Lansdown, 1980; Porter & McKenzie, 2000）。悲嘆にくれるプロセスの中で特徴的な各段階については様々なことがこれまで記述されてきた（Gross, 1992）。子どもが障害をもっているということを認識することをとおして，これまで親が自分自身について理解していたこと，あるいは子どもについて理解していたことが意味をなさなくなってしまうといわれている（Cunnigham & Davis, 1985）。とくに学習困難や自閉症圏障害のように生涯にわたり何らかの形でつづく障害があるとわかった親の中には，それまで心に描いていた子どもについてのイメージを失ってしまうケースもあるだろう。自分自身の親としてのイメージと彼らの子どもに対するイメージを再構築する必要に迫られるだろう。以下に紹介するキングスレイ（Kingsley, 発表年不詳）の「オランダへようこそ」の抜粋は家族支援協会（Family Support Institute）のニューズレターでも取り上げられており，先に述べたことをよくあらわしているといえるだろう。

オランダへようこそ

　　あなたに赤ちゃんが生まれたら，イタリアへ旅行に行くような気分かもしれません。あなたはとても興奮するでしょう。あなたはガイドブックをたくさん集め，少し歩き回ることができるように片言ながらイタリア語のフレーズを勉強して，荷物をまとめて空港へ，イタリアへ向けて旅立つことになるでしょう。

　　航空機が着陸すると同時に客室乗務員が「オランダへようこそ」と言う。不信感とショックでお互いの顔を見合わせ，「オランダだって？　何を言っているんだ？　イタリアに行くことになっていたはずだ」。

　　しかし，客室乗務員はプランに変更があったためオランダに着陸し，そこに滞在しなければならないことを説明する。「だけど私はオランダについては何も知らないんだ！　私はそこに滞在したくはない！」とあなたは言うだろう。

　　しかし，あなたは滞在しなければならないのだ。あなたは外に出歩き，新しいガイドブックを何冊か買い，いくつかの新しい言いまわしを学び，それまで存在すら知らなかった人々とも会う

ことになる。重要なことは，疫病や飢餓がはびこる汚らしいスラムにいるわけではないということだ。単にあなたは最初に計画したところとは違うところにいるというだけのことだ。イタリアよりのんびりしていて，無味乾燥なところかもしれないが，そこに少し滞在し一息入れた後に，オランダには風車が，チューリップが，レンブラントの芸術があるということに気づくだろう。

　しかし，あなたが知っているその他大勢の人々は，イタリアから来たり行ったりすることで忙しい。彼らはみなそろって，そこでどんなにすばらしい時を過ごしたかについて自慢し，そしてあなたは残りの人生の間中「そうだよ，あれは自分で計画したことなんだ」と言うだろう。

　その痛みは決して消え去ることはないだろう。あなたはその痛みを受け入れなければならない。なぜならば，あの夢を失ったことは，あの計画を失ったことは，とてもとても大きな損失だからだ。しかし，もしあなたが，イタリアにたどり着かなかったという事実を嘆くことに残りの人生を費やすのならば，あなたはとても特別で愛すべきオランダを思う存分に楽しむことはできない。

　わが子のコミュニケーションスキルの発達について専門家からよくない知らせをきいた直後に，親は何分もあるいは何日間もつづくようなショックを経験するだろう。そのような時に，親は最も傷つきやすく，情緒的なサポートを強く求めるだろう。親は自分の子どもについて告げられた現実に対しての不信感と拒絶を経験することになるだろう。そして不信感は数年つづくこともあれば，ほんの数時間続くこともある。親は，たとえば別の専門家の意見を求めることをとおして，子どもの示す困難について別の見解を求めようとする時期を経験する。よくない知らせを受け入れることは，とても難しいことだとわかるだろうし，よくない知らせに暗に含まれる喪失感を認めざるをえなくなり，それはとてもつらいものとなるであろう。不信感に怒りがともない，あるいはつづいて怒りがこみあげ，それがよくない知らせに関係する専門家に向けられることもある。

　多くのケースでは，親の怒りは診断に動機づけられているものであり，個々の専門家のせいではないということを覚えておくことは重要である。怒りの次に深い悲しみをともなう絶望がつづき，自分ではどうにもならないくらい悲嘆し，沈鬱とした思考がつづき，やがて震えや心の痛みに抗しがたくなる。カニンガムとデイビス（Cunningham & Davis, 1985）によれば，よくない知らせを聞いた親の反応は，不信感，怒り，拒否，憤り，悲しみをともなった絶望，喪失感，不安，自責の念とみずからを保護する形式をとるという。そして，悲

しみといった感情についての他の研究者が明らかにしたところによれば，その状況を探究していくことが，悲しみを受容するには前もって必要なことであるという。「何がなされうるのか？」「われわれは援助のために何ができるだろうか？」といった質問は，その状況に適応し受け入れていくことのあらわれとしてとらえることができるかもしれない。ランズダウン（Lansdown, 1980）によれば，悲しみの過程における最終段階では，いくらか自制心を取り戻し，心配をしながらも将来への見通しをもてるようになるという。しかし，これは人生には不確定な要素はないとか，その段階が現在においても未来においても繰り返されることはないということを意味するわけではない。

　専門家は，親が直面する様々なステージにおいて，ありうる感情的な状態について注意深くなくてはならない。なぜならば，これらの感情が彼らの置かれた状況を受け入れ，適応させていく過程の助けになるからである（Cunningham & Davis, 1985）。カニンガムとデイビスによれば，親がみずからが置かれた状況によりよく適応する過程を援助するために，慎重に，きちんと組織化されたカウンセリングを受けることが考慮されなければならない。彼らによれば，親の反応は変わっていくものであるが，親の奥深くにある感情は長い間つづくものであり，解決されないこともある。もちろん，子どもが示すコミュニケーションの困難さは実に様々であり，その多くは幼児期に克服することができる。専門家は，自分の子どもにコミュニケーションの困難があると知らされた親の反応の仕方や感じ方は，親によってそれぞれ異なるということを認識しておかなければならない。つまり，親の反応の仕方や感じ方について，あらかじめある一定の仮説を規定することはできないのである。

■ 将来についての不確かさ

　親は，現在直面している状況に適応する中で，子どもの要求により大きな理解を示すようになる。もちろん，親はわが子の将来についてほとんど常に疑問を抱いており，不確かさの要素はいつも少なくともつきまとっているために，子どもの要求を親が理解することが，不安や現在の子どもの様子，予後についての不確かさを低減させることの助けになる。コミュニケーションに困難を抱えた子どもの親は内容の異なる多くの質問をしてくる。

その質問は，たとえば，①彼らの子どもが完全に話せるようになる可能性についてや会話をもつことができる可能性，②親と視線が合わせることができるようになるのかどうか，③簡単な冗談がわかるようになってくれるのだろうか，④自分自身あるいは他者の感情が理解できるようになるのかどうか，⑤友達をつくったり，つきあいをつづけることができるほど言葉が育っていくのだろうか，⑥自分の不安な気持ちに対処できるだろうか，⑦欲求不満や攻撃的な行動をうまくコントロールすることができるだろうか，⑧会話のルールを学び，他の人を飽きさせたり，会話をあきらめさせることがないようにすることができるだろうか，⑨感じたことを表現できるだろうか，⑩普通クラスに入ることができる可能性はあるのだろうか，⑪仕事を得てその後の人生において親密な情緒的関係を確立することができるようになるだろうか……。こうした質問リストはあげればきりがなく，子どもや親によってまた，彼らが直面しているコミュニケーション困難のタイプによっても変わりうるものである。

■ 自責の念

ランズダウン（1980）によれば，自責の念は「つかみどころがない問題で，正確に定義することが難しく，親をよく知るまでは親と話し合うことが難しく，容易には突き止められないもの」である。カニンガムとデイビス（1985）は，自責の念を「自分自身に対する期待と実際の行動との間の乖離について意識すること」と定義している。自責の念は次のような場合に起こりうる。

① 親が，自分の行動が何らかの形で子どもの発達上の困難に対して責任があると考えてしまう時。
② 親が，自分の子どもに対して適当な時期に十分な手助けをしたり，援助を他に求めたりしていなかったと感じる時。
③ 何をすべきかについての知識が不足している時。
④ ひとりの子どもの特別なニーズのために，家族の他の成員に対して十分な配慮ができていないのではないかということを感じている時。
⑤ 子どもの状態は遺伝すると知っており，親はそのリスクを疑うが，それ以上は何もわからない時。

これらの理由に対して，カニンガムとデイビス，またランズダウンは，親が発達的に困難をもった子どもを生み出しているというしごく単純な理由のために，あるいは親が子どもが悪くなるのをみすみすそのままにしてしまっているために，親の罪の意識が存在しているのだと決めつけることに対して警鐘を鳴らしている。コミュニケーションスキルに問題を抱えている子どもの親が，自分の子どもの問題は自分たちが何かしたこと，あるいはしなかったことのせいではないかと尋ねてくることがよくある。親は，自分たちの行動のせいで子どもの困難が起きているわけではないことを，認識し安心する必要がある。また，自分たちがサポートを受けることによって，子どものコミュニケーションスキルの発達に違いを引き起こす中心的な役割を自分たちは担っていることを知る必要がある。

■ 苦　悩

　子どものコミュニケーションの困難さは大きく変化するものであるが，同じ診断を下される子どもたちであっても，どのくらい機能的疾患あるいは情緒的な問題があるのかといった側面においては，大きく異なっている。その一方で，子どもの発達障害の重症度とその親によって経験された苦悩のレベルの間には，一対一の対応関係があるわけではないこともいわれている（Lansdown, 1980）。専門家は，言語発達に重篤な遅れのある子どもの親が明らかに低いレベルの苦悩を示し，そして発音がやや未熟である子どもの親がとても高いレベルの苦悩を示すことに驚くだろう。

■ 親の健康と人間関係

　発達的に困難を抱えている，とくに学習面に困難を抱えている子どもをもつ親は，精神的，身体的に健康が損なわれる確率が高いことが明らかにされている（Lansdown, 1980）。さらに「結婚してよかったと思うものほど関係がよく，結婚してよくなかったと思うものほど関係が悪く」といったような親の間の関係には，疑いなく余計な緊張関係があるとランズダウンは報告している。

■ **ポジティブな感情**

　コミュニケーション困難を含む特別な援助を必要とする子どもたちの親によって示されたポジティブな感情については，ほとんど研究がなされていない。これはおそらく適切な質問がなされていないか，あるいはなされていてもネガティブな感情についての質問について答える時と同じような形式に沿って質問紙が書かれていないためであろう。もちろん，このことから困難をもった子どもの親は，他の健常の子どもをもつ親と同様のポジティブな感情を経験しないと決めてかかるべきでも，他の親がするように子どもの成功や進歩をほめたたえないと決めてかかるべきでもない。

② コミュニケーション困難の見えにくさ

　コミュニケーションに困難をもつ子どもの親の多くは，彼らの生活の中で広範な領域に影響する子どもの困難の見えにくさに対処していかなければならない。親と子どもの社会生活をどのように営んでいくか，どのように人前に出ていくか，そして，どうやって自分たちと子どもを専門家にみてもらって理解してもらうかということも含まれる。イギリスの自閉症協会（The National Autustuc Society UK）は，自閉症の特徴についての簡単な記述がなされた小さなカードを作っている。このカードは，親が自閉症の子どもと外出した時に，外出先で子どもと関わることが予想される人々に必要に応じて親が配るものである。このカードは，自閉症の子どもの行動とそれに対する他の人々の反応によってもたらされる困難な状況を解消するのに役立つものである。幼児期のコミュニケーション困難の多くと同じように，自閉症には外から見てわかる身体的特徴がないからである。

　多くのコミュニケーション困難の見えにくさのせいで，子どもの行動の潜在的な理由について，同年齢の他の子どもたちや大人の誤解を招く可能性がある。同年齢の子どもたちがしているのと同じやり方で言語やコミュニケーションを理解し用いる能力に困難を示す子どもや，他の人とどのように関わったらよいかといった面に影響を与えるような微妙なコミュニケーションに困難を示す子どもも，中にはいるのである（幼児期のコミュニケーションの困難さについて，詳しくは第6章を参照）。ケース研究7-1は，このタイプのコミュニケーション

> **ケース研究7-1　マリアのケース**
>
> マリアは彼女を知る多くの人々にとっては頭を悩まされるような子どもだった。6歳のころの彼女の文章はとても形式がしっかりしており大人の文章のようであった。彼女はたくさんの物語を暗記しており、ことあるごとにこれらの物語の一節を暗唱してみせた。マリアは大人との関わりを好み、彼女の明らかに高いと思われる言語スキルによって多くの大人を感心させた。しかしながら、彼女の教師たちはマリアについて何かが健常だとはいえないと報告している。彼女はとてもたくさんの質問をしていたが、与えられた答えには関心がないようだった。彼女は会話を独占し、役割交代については何も考えていないようであり特定の話題のみを好んだ。
> 学校で指示を与えられるとすぐにそれが苦痛に感じるようになった。そして、「きのう」「すぐに」「〜の前に」などのとくに時間に関連した抽象的な言葉の理解に困難を抱えていた。彼女は時々そうと気づかずに架空の話をした。そして頻繁に言葉の間違った使い方をした。マリアは親しい友人関係を形成するのが難しく、同年齢の子どもと遊ぶ時には、遊びを自分中心に進めようとする傾向があることがわかった。
> 彼女の親はマリアの教師が彼女のコミュニケーションスキルのアセスメントに言及することに同意したがらなかった。彼女の学業成績の伸びが、期待されたよりも低いことがわかったのは、それから学校でわずか2年たった後のことであり、そうしてはじめて専門機関への紹介を受けることになった。マリアの言語についてのアセスメントによれば、彼女の能力プロフィールにはとてもむらがあることが示された。彼女の言語理解は、彼女の親が考えていたよりもとても低く、彼女は絵に名前をつけるに際して正しい言葉を選ぶことに困難を抱えており、ものごとを説明することに問題があった。数々の物語の中から長い引用章句を暗誦する能力は、マリアの見聞きしたことに関する記憶のよさによるものであったが、彼女の話し言葉についての理解は非常に乏しいものであった。

困難の兆候が、どのように現われるかを示している。

ダニエルの母親は、ダニエルが見えにくいコミュニケーション障害を示していた7歳のころに起こったできごとについて次のように、記述している。

> それは子どもたちがスポーツで競い合っていた日のことだった。その競技には色つきの輪回し遊びの輪やボウリング用のピンや手提げのカゴが使われていた。その競技の目的は地面に置いてある輪回し遊びの輪を拾い上げて、一番近くにあるカゴをめがけて走り、その輪をカゴの中に落とし込み、走って戻って、別の輪を拾い上げ、また次の（コースのより遠くにある）カゴに走り、そして輪をまたその中に落とし込むことであった。そのプロセスはそのコースの終端にあるカゴに最後の輪が落とし込まれるまでつづけられた。そこから子どもたちはスタート地点に走って逆戻りした。ダニエルはそれが競争だということをわかっていないようだった。むしろ、すべての輪を（彼および彼の競争相手の）入れ損なったカゴにきちんと入れようとしていた。彼はとくに急いだ様子もなく、その競技での他のすべての子どもとは明らかに対照的であった。その様子を見ていたすべての親から笑いがおこったが、ダニエルは何か間違ったことをしているとはまったく知らなかった。

これは，いくつかのコミュニケーション障害が，いかに誤解されているかということを強く心に訴える例である。ダニエルには，コミュニケーション障害があるという外面的な兆候がない。そのため他の人々，教師でさえも，どの程度ダニエルが言語的な教示に従うことができずに多くのイベントや活動でポイントをはずすのか，またどの程度，一般的なコミュニケーションの理解が制限されているかに気づけず，繰り返し彼の行動を誤解していたのである。とくに彼の問題を理解していない中学校の教師によって，彼は一般に「不器用」あるいは「難しい子ども」というように評価され，ダニエルは今気落ちしている。ダニエルの母親は，彼の障害とニーズを学校の教師に認識させるのに「長く厳しい戦い」を強いられた。母親の息子に対する思いと何かがおかしいという気づきが実って，7歳の時に教育心理学者によって専門家の助言を求めるようにすすめられ，ついにそのサポートを受けることになった。専門家によって十分にみてもらうことができていない子どものコミュニケーション障害について，心配している親は数えきれないほど存在する（AFASIC, 1993）。一生涯に与えられた機会の中で，障害があるか，ないかの結果があらわれてくるのに長い期間がかかり，子どもの発達上のニーズが満たされていないことから，親は高いレベルのストレスと不安を経験することになる。

　ダニエルの兄弟ジェームスは，軽度の感音性難聴をもって生まれた。彼が3歳になるまで，この障害があることがわからなかったが（はじめは友達をとおして気づいたことだった），その後，専門家は，彼の母親に関連するサポート機関と連絡をとらせ，息子を援助するにあたって適切な情報を提供した。大きな制約があったにもかかわらず，結果的にジェームズの状態が大きく改善したのは，彼が受けたサポートのレベルの高さと適切さのためだと彼の母親は述べている。聴覚障害はより「具体的な」ものであるために，ジェームズのニーズは同定され，その後満たされたが，ダニエルはそうならなかったと，ジェームズとダニエルの母親は述べている。

❸ 他の人々の反応

　とりわけ，子どもの障害に対する他の人々の態度が，コミュニケーション困難を含む発達的に問題を抱えている子どもの親に，自分たちは健常な子どもの

いる他の家庭とは違うのだと感じさせてしまうことがある（Lansdown, 1980）。このことによって社会的に孤立してしまうことになりかねないが，同様の問題を抱えた他の家庭と関わることで，いくぶんその可能性を低めることができる。

外見や行動やコミュニケーションが人によってどう違うのかについてあまりよく知らない人々は，これらの違いにより恐怖を感じ，その恐れによって壁ができてしまうこともある。特定の障害について知識を深めることは，恐れをなくし，感受性をうながすことに常につながっていくのである。

❹ その他の問題

■ 経済的な問題

コミュニケーションに困難をもつ子どもの親は，発達障害をもつ子どもの親と同様に，子どもの面倒をみたり異なるサービスや専門家によるケアを調整するために，ある親は仕事をやめるといったような様々な要因によって，経済的に状況が悪化していることに気づくことになる。病院やクリニック，場合によっては専門家のいる施設や学校へ通うための交通費を支払わねばならない。とくにセラピーサービスのような資源がその地域で限られているがゆえに，私立の医療保健機関が選択されることもある。

■ 社会生活とサポートシステム

親はコミュニケーションに困難をもつ子どもの特定のニーズに対応できるベビーシッターを見つけることができず，彼らの社会生活に影響が出るかもしれない。何が起きるかわからないという恐れから，親は子どもを他の人の世話に任せることに気が進まないだろう。

いくつかのケースによると，家族のメンバーや友人や親の仕事仲間は，子どもが困難を抱えているとの診断を受けた時期にはその親を避けていたと報告しているが，このような場合には，結果的にサポートシステムも分裂してしまうことになる。

■ きょうだい

コミュニケーションに障害をもった子どもたちが11歳になる時までに，6分

の5の子どもには，きょうだいがいることになる（Lansdown, 1980）。研究の対象となった発達的に困難を示す子どものおよそ3分の2のきょうだい姉妹は，過度な緊張をすることなく状況に十分な対処をしていることを示した。ランズダウン（1980）は，残りの3分の1のきょうだいの問題についてわかっていることを，次のように要約している。

①発達障害をもつ子どもより年下の子どもは，とくに不安に対してより脆弱である（Coleby, 1995）。年齢が近いきょうだいほど，同年齢の子どもたちとの接触が少ない。
②女の子は男の子よりも傷つきやすい。年長の男のきょうだいは，障害をもった子どもを好意的に認識するのに対して，年長の女のきょうだいは，より行動面での問題を示しやすい。おそらく，このことは子どもの世話に対する責任から過度の負担がかかってしまっていることと関係しているのかもしれない（Coleby, 1995）。
③遺伝的要因が考えられ，生命を脅かされる可能性のある子どものきょうだいには，多くの不安や心配が見られる。ほとんどの場合，子どもたちはしばしば適切な情報を得ていないし，また，自分あるいは自分の子どもが同じ状況になるのではないかと恐れているのである。
④嫉妬や注目を求める行動や退行が，すべてのきょうだいにはっきりと見られる。
⑤家庭内で，きょうだいは，障害のあるきょうだいを愛しており，優しく保護しようとするかもしれないが，家の外ではきまり悪い思いをしたり，学校でからかわれたりして，家に友達を連れてくることはない。

これらのことが示しているのは，コミュニケーションに困難を含む発達障害をもつ子どもの親の多くは，想像以上に，より彼らの家族にうまく対処しなければならないということである。特別なニーズをもった子どものきょうだいが，自分たちは「障害をもった子どもほど大切にされていない」とずっと感じつづけることがないように，子育てをバランスよくする必要がある（Trachtenberg & Batshaw, 1997）。きょうだいはしばしばより成熟を示すこ

とが報告されており，責任感が強く，「違いがあること」に対する寛容さをもち，多くは最終的には社会的な援助に関係する専門的職業に就く（Trachtenberg & Batshaw, 1997）。障害をもつきょうだいの世話をする人々を含む，若い介護人について，詳しくはチェイス（Chace, 2000）を参照されたい。

■ 虐待を受けやすいということ

未熟児や低体重児，ある種の発達障害の子どもたち（学習性困難や身体障害）は，他の子どもたちよりも親からの虐待を受けやすいという研究結果が示されている（Hetherington & Parke, 1986）。これらの子どもたちの多くは，騒ぎ立てることがあり，なだめることが難しく，とくに周りをイライラさせるくらい過度に泣くことがある。そのことが，身体的なニーズや相違があることもあり，親に子どもに対する敵対的な感情を与えてしまう。カルプら（Culp et al., 1991）は，これらの特徴により，子どもの世話が難しくなったり，あるいはやりがいをなくしていると，マーティン（Martin, 1976）を引用し述べている。

マーティンはまた，軽度の障害をもつ子どもは，最も親による虐待を受けやすいと述べている。なぜなら，そうした子どもの問題はより見つけだすのが難しく，専門家からのそれに関連した援助がすぐに用意されていないためである。カルプら（1991）はまた，他の研究者が述べている言語性困難を示す子どもたちが陥りがちな脆弱性について言及している。すなわち，子どもたちの限定された言語スキルのために子どもの世話が難しくなる。その結果，やりがいのない会話ややりとりをもたらす可能性がある。言語障害のようなとらえにくい障害と親による虐待の起こりやすさとの間に存在していると考えられる関係については，まだ十分に取り扱われていない領域であるため，より詳細な研究が望まれる。

3 親と専門家との間の関係

この節の重要なポイントは，子どもの状態が大きく改善するのは，親が感度

の高いサポートを効果的に受け，子どものマネジメントと支援プログラムに積極的に関わった時であるということである（Landsdown, 1980: Porter & Mckenzie, 2000）。

ポーターとマッケンジー（Porter & Mckenzie, 2000）は，早期介入においても，学校生活から社会人生活への移行に際しても，それがうまくいくかどうかを決定する主な要因は，親の関わりであるということを彼らの研究の中でとくに述べている。これらの事実は（現在多くの専門家にとって明らかであろう），親と専門家の関係の長年にわたる数々の変化の結果として見い出されてきたものである。

長年の間，親と専門家との間のコンタクトは増してきているが，それは部分的には特別なニーズについての理解が進んできているためであり，結果としてサービスが改善してきているのである（Cunningham & Davis, 1985）。この領域についてより深く話を進めていく前に，発達的に困難を示す子どものケアに対して，親と専門家がそれぞれ何をもたらすかについて考える必要がある。

❶ 親とは？　専門家とは？

発達的に困難を示す子どものケアについてのこれらの質問に対する答えは，以下に示されている（Porter & Mckenzie, 2000; Cunningham & Davis, 1985; Lansdown. 1980らの研究に基づく）。

1）親とは
①子どもの法律上の保護者
②子どもの主たる擁護者
③子どもにかわって道理に合った，あるいは道理に合わない要求をする権利がある者
④子どもの興味の方向づけをする者
⑤子どものニーズや願望や好みについての情報を専門家に提供する者
⑥子どものニーズと家族の他のメンバーのニーズとの間のバランスをとらなければならない者
⑦専門家の援助が必要になった時に，彼らと関わり，専門家が誠実さと的確さ

を期待する者
⑧子どもや家庭環境について専門的な知識のある者
⑨子どもに対して綿密な関わりをする者
⑩子どもと深い感情的な関わり合いがある者
⑪特別なニーズをもつ子どもをもっているという直接的な経験がある者

2）専門家とは
①子どもの発達と障害について専門家としての知識を有する者
②適切なサービスについて知っており，どうしたらそれが受けられるか知っている者
③子どもと家族に対して短期的な関わりをもつ者
④親が子どもについて話すことに耳を傾けるべき者。また，みずからの専門的知識と能力の限界をわきまえている者
⑤子どもや家族のニーズがみずからの役割を超えたところにあると認める時，他のサービスが必要な時は，進んでそれを紹介すべき者
⑥みずからの雇用者やより広いコミュニティへの責任に見合うだけの，子どもと家族の利益を促進するサービスを提供すべき者

❷ 親と専門家との関係についての漸進的モデル

　すべての人が子どもの発達を促進する方向で仕事をすることができるために，また生活のあらゆる面でよりよい結果を確実にもたらすためには，専門家と親との間に信頼でき，誠実で協力的な関係が必要である（Cunningham & Davis, 1985）。多くの親が提供できる子どもに関する情報や子どものケアに対する高いレベルの動機づけ，自由に使える専門家のもつスキルや知識を考慮に入れつつ，子どもにとって最もよい成果は，相互的なニーズが存在する親と専門家の間のパートナーシップをとおして達成されるものであるといわなければならない。何年もの年月をとおしての変化と発達の課題の主体として，どのようにパートナーシップが実現していったのか，その過程については以下に手短に述べられている。

■ エキスパートとしての専門家

　従来，一般の人々は，一般とは異なる意見や専門的知識をもっていることによって専門家に高い地位があると見てきた (Porter & Mckenzie, 2000)。

　発達障害をもつ子どもたちの親は，専門家からすると子どものニーズにとってはあまり重要ではないとみなされており，結果としてそのような子どもたちの多くが特殊施設に収容されて生活を送ることになる。障害に対する見方や親と専門家の相互的な役割についてはかなり進歩してきているにもかかわらず，「エキスパートとしての専門家」のモデルは提案されておらず，あるケースにおいては，いまだにまったく知られていない。親は専門家が妥当と思う情報だけを与えられている。先述のダニエルの母親は，以前彼と関わった専門家と偶然スーパーマーケットで出くわすまで，息子の診断を受けることはなかった（この時ダニエルは20歳になっており，大学をドロップアウトし，仕事に就くことはできていなかった。このことは彼の母親と彼のことをよく知っている他の人々が彼のコミュニケーション障害にきちんと関係づけられているかどうかという要因に大きく依存するのであった）。

　その会話の中で専門家がダニエルの診断について口をすべらせたことにより，彼の母親は今まで関わったことのない情報の洪水に遭遇した。ダニエルの母親が彼女の経験を詳しく述べた中で，彼女の息子と関わっている専門家は，レッテルを貼ることを好きではなかったと回想している（その診断の詳しい内容については後述している）。ダニエルの母親は次のようにコメントしている。

　　私は打ちのめされたように感じました。専門家たちはその診断についてどのように調査したのか，私には詳しく教えてくれず，気楽な感じで私を援助しました。なぜなら彼らはただレッテルを使いたくなかっただけです。私は多くのことを学びましたが少し遅かったようです。

　彼女が例の専門家と偶然出くわしたのは2001年のことだった。専門家による親への関わり合いが欠如していることは，高いレベルの不満足，不完全なあるいは不正確な理解，専門家に質問することへの抵抗，一方の親に対する協力のレベルが低いことと関連している (Cunningham & Davis, 1985)。さらに，親は過剰に専門家に依存するようになり，それにより力不足や不適格といった意

識が強くなっていく。カニンガムとデイビスは，親の子どもに対する視点を見つけ出そうとしない専門家が，彼らの専門家としての枠組みだけで問題に決着をつけようとし，子どもを限られた範囲でしか理解しないという危険を冒してしまうことを指摘している。そのことは，子どもが抱えている重要な問題を見失うことにつながる可能性がある。また，さもなければ子どものサポートプログラムの中で，資源として用いられている子どもの物質的・社会的環境における付加的な要素を無視することにつながる可能性がある。

■ 知識とスキルを伝えること

　専門家が短期・長期の介入のねらいや用いる技法についての意思決定を管理し維持するのに対し，親が子どもの介入に対して適切な人物であるという視点は，すべての専門家が発展させてきた考え方である。専門家は自分たちを専門的な技術や知識をもつものとみなしているが，親をひとつの重要な情報資源としてみなしている。専門家によって与えられた知識とスキルは，親が子どもに役立てるように方向づけされる。子どもの生活には幅広い側面があるがゆえに，他に遭遇した問題については専門家によって見落とされることがあまりなく，親の自尊心が低まることは少なく，また必要とされる対応をよりよく行なうことができる。

　この専門家と親の関係のモデルに内在している危険性は，親を等しい活動力，資源，動機，時間をもち，何が期待されているかわかっている同質のグループとして見てしまう危険性である。介入のねらいについて，専門家と親は，必ずしも同じ見方を共有しているわけではなく，用いられる臨床技法についても親は同意しないかもしれない。実際に，親の子どもとのやりとりのスキルをサポートしたり，子どもとの相互作用がいかに子どもの会話と言語の発達に影響を与えるかということへの親の意識を高めることによって，コミュニケーションスキルに遅れをもつ就学前の子どもを治療する言語聴覚士の数がふえている。サポートプログラムは，親個人あるいはグループに対して計画されたもので，子どもと親の両方に対してポジティブな結果を多くの研究が報告している (Girolametto et al., 1996a; Girolametto et al., 1996b; Weitzman, 1996; Watson, 1998)。しかしながら，このタイプの介入は，すべての子どもたちに適してい

るわけではない。またそのような臨床技法を歓迎しない，あるいは価値を見いだせない親に対しては，まったく適していない。

■ 協　調

　協調的な関わり合いのモデルは，親と専門家の間の力の等しいバランスと親の専門的な領域を認め，彼らの権利を補強する。親と専門家が関連する情報を集め，介入の対象となる部分を一緒になってプランし評価する責任を共有する時に，協調は起こるものである（Friend & Cook, 1996; Porter & McKenzie, 2000より引用）。専門家は，専門的な知識とスキルを提供することに加え，手に入る資源やサービスや介入方法といったことに関する適切な情報を親に提供し，子どもを助けるために，これらのうちのどれが役立つかを決定する手助けをする。専門家と親が話し合いのプロセスに携わる間，親が現実的で効果的な決定ができるよう援助するために専門家の果たすべき役割は，親の意見や目標，期待に耳を傾け，現在置かれた状況や今ある資源を理解することである（Cunningham & Davis, 1985）。専門家の役割は，専門家の選んだ役割の中で親をサポートすることであり（Cunningham & Davis, 1985），多かれ少なかれ，より積極的な関わりが必然的にともなうものとなる。

❸ 効果的な関わりのために

　事実，専門家は，子どもや家族に少しでも変化があるようにと強い願望を常に示す親から相談される。専門家は，それに耳を傾け，援助するという意図をもって応えなければならない。親が専門家から受けるサービスについて不満を示すのは，主に以下のことがらに集中する。コミュニケーションが不足している，熱心さや同情心，能力や資源の入手のしやすさ，サービスの受けやすさが欠けているように見受けられる，サービスが系統だてられていない，専門家どうしの連携がとれていない，子どものケアの継続性の欠如と効果のなさなどである（Cunningham & Davis, 1985）。これらのポイントのいくつかをここでは取り上げる。専門家と親との間には，お互いに対する期待や親と専門家の関係に対する明快さをもった効果的なコミュニケーションが必要とされる。これは，誤解や疑いを避け，信頼と強い期待を築き，専門的知識を共有するために必要

なことである。親と専門家の役割の本来の姿である相補的な関係を認識し、お互いの知識や経験やスキルを合わせていくことが必要である。カニンガムとデイビスはさらに、専門家としてのスキルがすべて発揮できるような、親との効果的な関係がどのようにしたら確立できるのかについて考える時、専門家には特定のトレーニングが必要であると付け加えて述べている。ポーターとマッケンジー（2000）は、特別なニーズをもつ子どもの親の多くが、子どもの生涯において、数多くの専門家と出会うため、親と専門家の関係について様々な経験をすることになると述べている。その中で「システム」やサービスの中身によって失望し、専門家の能力とスキルに対する信頼を失う人たちもいる。専門家にとって必要なことは、これまで述べてきた中で強調してきた彼らの知識や技術の制約と限界への気づきである。

4 それぞれ異なる段階で子どものケアをしている親と関わる時に考慮すべきこと

　子どものケアの各段階において、以下の質問について考慮していくことが、コミュニケーションに困難を示す子どもの親との有効な関係を発展させるための専門家の助けになる。そして、そうすることによって、子どもの成果をよりよいものにすることができる可能性を増すことができるのである。

①親は何を必要としているか？
②親の要求をかなえるうえで、専門家である自分が今現在関わる目的は何か？
③子どものコミュニケーションスキルをサポートする親を手助けするために、自分には何ができるか？

　発達障害をもった子どもの親にとって、子どものケアのそれぞれの段階において何が必要かについて、サマーズら（Summers et al., 1990）、ポーターとマッケンジー（2000）、ビビングス（Bibbings, 1994）、カニンガムとデイビス（1985）は、共通して次のようなことをあげている。

①親が子どもに有効な援助ができるようにするための情報。
②親と子どもに対して十分に対処すること。
③いつ，いかなる時でも可能な限り実際に役に立つサポートを行なう。
④感情面・心理面のサポート。

　感情面のサポートを提供することに関して，ポーターとマッケンジー（2000）は，専門家は親と関わる時に，形式的な「専門家の」役割に徹するよりも，むしろごく自然なやり方で心を通わせていくことを勧めている。

❶ コミュニケーション障害を識別する

　エンダビーとフィリップ（Enderby & Philip, 1986）は，イギリスの就学前あるいは学齢期の50万人にのぼる子どもたちが何らかの面でコミュニケーションに困難を示すと予想されると述べている。1998年，NHSセンターは，100人に6人の子どもが何らかの面で彼らの生活において話し言葉や言語あるいはコミュニケーションに困難を抱えていると述べている。ホール（Hall, 1996）は少なくとも500人に1人の子どもが，重度で長期にわたるコミュニケーション障害を経験することを明らかにしている。

　親は自分の子どもについてはエキスパートであり，子どものコミュニケーションスキルの発達にどのような問題があろうともそれを識別することの助けとなる情報を提供するのに最も適した人物として位置づけられている。

　親あるいは専門家の一方が，子どものコミュニケーションスキルについて懸念を示す間は，それぞれの異なる状況に基づいて，親と専門家との間のミーティングがなされる。コミュニケーション障害をもった子どもの親の多くは，彼らの子どもが生まれた時から問題があると知っている。たとえば，適切なスクリーニング手続きによって聴覚に障害がある，すなわち生まれつき耳の聞こえない赤ん坊であると識別されている場合のように。親の中には，子どものコミュニケーション障害を識別し，専門家による説明を求めて，結果的に子どものコミュニケーションスキルのアセスメントに関して専門機関への前向きな紹介をうまく受けることができた親もいる。

　その一方で，多くの親は何か月も何年も明らかに問題があることを知らない

ことが多い。親が子どものコミュニケーションスキルを診断してもらうために，子どもを専門家のところへ連れていく時まで，長い間，何かがおかしいと疑いをもっていたが，以前に心配なことを表明した専門家にきちんと取り上げてもらえなかった親もいる。話し言葉と言語の障害をもつ子どもが，サービスの提供を受けたことがある親に対する調査によると，大多数のケースでは，親は子どもの問題を認識しているが，「多くの親は，専門家に彼らの心配していることを真剣に取り上げてもらうのがとても難しいと感じる経験をしている」（AFASIC, 1993）という。このレポートの中で取り上げられた論点や概説の多くは，とくに就学前の時期における早期診断と話し言葉と言語の障害への援助の必要性についてであった。

しかしながら，自分の子どもがコミュニケーションスキルの発達に問題を抱えていることに同意しない親もいる。それは様々な理由によるものであるが，とくに健常の言語発達に関する知識が欠如していることがあげられる（Hall, 1996）。高学歴の者を含め多くの親は，理解しやすい形式での言語発達についてのガイダンスや情報から多くのことを得るだろうと，ホールは述べている。訪問保健師は，子育てグループや母子のグループ，出産後の母親のグループに対する保健教育を行なう中で，言語発達についての情報を提供する役割を担っている。

いつ，どのようにして，子どものコミュニケーションスキルが偶発的に識別されるか否かは，コミュニケーションスキルの発達についての不適切な知識とコミュニケーションの本質そのもののふたつの要因に起因しているといえよう。

■ 不適切な知識

幼児期におけるコミュニケーションスキルの発達について，親と専門家の間には，時々不適切な知識がある。親に対する調査（AFASIC, 1993）によると，コミュニケーションに問題があるのではという最初の兆候は，明瞭に話し言葉が表出される前に認められる（83％のケースでは親によって気づかれる）。それは生後およそ18か月の間だという。その認められる兆候は，以下のものを含むものである。

①喃語が見られない。
②初期に言語音が見られない。
③赤ん坊の時にまったく泣かない。
④絶えず泣きつづけている。
⑤アイコンタクトに異常がある。
⑥人から孤立しており声を出さない。
⑦摂食が困難。

　ダニエルの母親のコメントによれば，ダニエルの発達における障害の早期兆候は，次のようなものであったという。

> 　私の経験によれば，確かにダニエルは幼児の時に摂食に問題がありました。ダニエルに授乳できない時に私が感じた悩みや拒否反応やフラストレーションは今でも記憶に残っています。ダニエルは，非協力的で，感応の鈍い哀れな赤ん坊であり，友人の赤ちゃんとは劇的に対照的でした。もし彼が故意に育児放棄されたりあるいは虐待されなかったとしても，あの子のコミュニケーションの障害の結果として愛情を逃してしまったと，私は強く思います。

　しかしながら，AFASICによる調査の中では，早期に親が気づいているにもかかわらず，3人に2人よりも少ない子どもが4歳までに援助を受け，3人のうち2人だけが，5歳までに診断を受けている。明らかではないことは，①コミュニケーションの困難に早期兆候を認識しながらも，専門家に対して心配していることを打ち明けずにいる（あるケースでは数か月あるいは数年）親の割合と，それとは逆に，②困難の早期兆候に気づいているが，専門家に心配していることを表明しても真剣に取り上げてもらえていない親の割合である。どちらの場合も，結果として，発達的なコミュニケーション障害をもつ多くの子どもは，適切な診断を下すことのできる適格な専門家に十分早い時期に紹介されていないのである。それでも，子どもの発達のすべての領域の問題に目を光らせ，親の心配に対して，適切に応えることが専門家の権限に託されているのである。子どものために，専門家の間で，あるいは，機関の間でどのように連携するかの原則は，イギリスでは法律として制定されており（The Children

Act, 1989），子どもと家族への診断のガイドライン（たとえば，The Assessment Framework: Department of Health, 1999）といった文書にも公式に記載されている。それらは，イギリスにおける中心的で先駆け的なコミュニティベースのものであり，支援を要する幼い子どもを抱えた家族をサポートし，子どもが生活していくうえで，彼らに対しよりよい機会を提供するためのものである（Sure Start Unit, 2002）。

■コミュニケーションの本質とそのスキルの発達

　コミュニケーションとコミュニケーションスキルの発達は一般的にあたりまえのものと見られていることが多く，明らかに普通とは違う証拠が見られるか，あるいはコミュニケーションが成り立たないようなことがないかぎりは，それについて分析を迫られるようなことはない。たとえそうなったとしても，多くの場合，コミュニケーションにおける違いはそれぞれの親にとっての問題であり，何が健常で何が異常なコミュニケーションかといった理解は専門家の問題である。コミュニケーション障害には，身体の障害や目が見えないこと，まひのようなはっきりとした違いはなく，さきに述べたように（幼児期のコミュニケーション障害の範囲についての情報は第6章を参照），多くの幼児期のコミュニケーション障害は，目に見えないものである。また，多くのコミュニケーション障害には，本質的に，複数の要因が関係しているものであり，言語の理解や使用における困難や身体的な制限による明瞭な話し言葉における困難，聴覚障害におけるように聴覚器官への適切な入力の困難さを内包している。

　補聴器あるいは，外科手術によって縫合された口唇や口蓋のように，子どものコミュニケーションの障害についての外見上のあらわれがある場合もあるかもしれないが，訓練を受けていない観察者がコミュニケーション障害の本当の範囲やレベルを見つけるのは難しいことである。それは多くの「明らかな」障害が，目に見えない障害にともなわれているためである。たとえば，口蓋裂のある子どもは，他の同年齢の子どもよりも言語発達が遅く，変動性のある聴力損失を受けやすいのである。これらの要因のために，多くの子どもの話し言葉と言語そしてコミュニケーションのニーズが学齢期まで，時には成人期に近くなるまで，識別されないこともある（AFASIC, 1993），また最後まで結局は識

別されないこともある。

コミュニケーションに障害があると子どもを適切に識別するために専門家はどのような側面に配慮するのか

　この質問に対する答えの多くのポイントは，以下に示されている。以下に強調されていることを全部行なうことは，すべての専門家にとって常にできることではないが，これらの要因についての気づきは，少なくとも親と専門家の間で有効な関係を築くためには，必須となることである。

①親の言うことに耳を傾け，コミュニケーションスキルを含む子どもの発達について心配していることを真剣に取り上げるようにせよ。この中には，子どものコミュニケーションスキルやあるいは他の発達の領域に関する診断に関連したサービスを紹介するといった適切な行動をとることも含まれている。子どものコミュニケーションスキルの発達について，親あるいは専門家が気になることがあれば，資格を有する言語聴覚士による診断をあおぐことも必要である。
②みずからの知識を新しいものとし，あるいは異なる年齢における子どもにどのようなコミュニケーションスキルが期待されるのかについて，確実な情報源にあたり，その情報を得るように努力せよ。
③親に対して誠実であり，敏感であり，心を開き，どのような心配についても，取り上げて話し合うようにせよ。専門家は，心配が示された理由を具体化する時に，子どもについての知識と子どもの発達についての知識，とくにコミュニケーションスキルの発達についての知識を使う必要がある。はっきりとした専門家の懸念を親に伝えるためには，親を情報についての質問責めにしないことと，必要な情報を見落とさないことのバランスをとることが，重要である。
④家庭の中でのふるまいを含み，異なった文脈における子どもの能力やパフォーマンスについて関連する情報を入手するようにせよ（Porter & Mckenzie, 2000）。
⑤もし，適切な資格がなければ，診断を先取りしてはならない（Porter &

Mckenzie, 2000)。

⑥地域において，どのような関連サービスが受けられるのか，それらの紹介手続き，特徴や待ち時間，家族が受けることを期待しているサービスのタイプは何かについて知っておくこと。

⑦上にあげた情報について親とコミュニケートし，地域のサービスについて現実的な期待をすることによって，彼らが援助を探し求める前に失望を感じないようにすること。

⑧親に対して，さらに関連した追加情報を提供すること。たとえば，発達障害をもつ子どもの親を援助し，情報を与えることができる地域のあるいは国内のサポートグループや慈善団体，その他の組織の詳細について情報を提供すること。しかしながら，この種の情報を提供するタイミングを慎重に判断することが重要である。ある親にとっては，子どものケアに関して後の段階まで待つほうがよいこともあるからである。

⑨子どもの発達や要求について話し合っている時の親の感情的な状態に，敏感になり，抵抗やショックや安心，感謝といった様々な反応に対して，対応できるようにしておくこと。

⑩地域のサービスに関連した専門家との有効な連携を維持し，お互いの役割について理解することに努めよ。

⑪優先事項を決めて援助するために，コミュニケーション障害をもつ疑いのある子どもを専門機関に紹介する時には，関連するサービス機関に対して適切な情報を提供すること。それらのサービスとの連携の過程をとおして，必要とされる情報のタイプと詳しさのレベルが得られるのである。

⑫親に適切で可能な援助を提供すること。これには，書類を記入することを手伝ったり，約束のとりかたを練習させたり，この約束に親を連れて行ったり，もし関連があれば通訳のサービスに関する情報を提供することが含まれる。

⑬コミュニケーションスキルを含む子どもの発達について懸念が表明されたということは，用心することに越したことはないということを，覚えておかなければならない。専門家は，ある種の障害を見落とす危険性をとるよりも，子どもをみて職務を果たすことをとるべきである。

⑭親との話し合いの機会を慎重にプランし，親が心配していることを打ち明け

た時には，細心の注意を払ってこれに応じること。これは，ディスカッションや親が認識していることやその反応に十分時間をかけて耳を傾けることによって達成することができる。
⑮一般的に親や家族として，彼らの子どもについて親が思い描いている「夢を不用意につぶす」（Porter & Mckenzie, 2000）ことがないようにすること。

② コミュニケーション障害の診断

■ なぜ診断を下すのか？

子どもに対して診断を下すことには，ネガティブな側面とポジティブな側面がある。そして，診断をすることとしないことの相対的な長所は，専門家のグループと親たちの間では，異なるものである。子どもについて何らかの意見を形成する時，専門家は診断に対して常に確信をもつことはできない。いくつかの診断は，子どもの生活の一部分の行動，およびそれまでの子どもの行動歴に基づいてなされるものである。これらの子どものうちの何人かは，後の発達段階で異なった診断を受けることになるかもしれない。診断に内在するネガティブな側面は，子どもの現在のスキルと伸びる可能性のある能力について，親がどう認識するかに影響を及ぼしてしまうことである。

重度で重複したコミュニケーション障害をもった子どもの診断が異なることがあるのは，専門家が確信がない時に起こりうることであり，結果として，実質的な診断あるいは仮の診断（専門家が大部分ではあるが完全には確信がない時に適切とされる）が提供された場合よりも，親に強いストレスをもたらすことがわかってきた（Filipek & Prizant, 1999; Filipek & Prizant, 2000）。自閉症圏障害の診断を受けるまで，結果的に，6か月から2年の間待った親もいることが報告されている（Prizant, 2001）。プリザント（Prizant, 2001）によれば，障害の目に見えなさと診断の不確定さの組み合わせが，親のストレスのレベルをより高くする。AFASIC（1993）によって行なわれた親の調査によれば，話し言葉と言語の障害をもつ子どもの3分の2は，最初にみてもらった専門家から診断を受けたのではなく，5歳になって診断されたという。すべての残りの3分の1の子どもは，幼児期あるいは小学校の時期に診断を受けた。そのため，200人に1人の子どもだけが診断を下されることなく12歳になったという。レ

ポートの中では，そのような診断が他の診断よりも後に下される理由として，そのような診断が子どもの発達の後の段階でより確信をもってなされうる可能性を含んでいる。しかしながら，これらのことは，通常，言語聴覚士や小児科医などの専門的技術を必要とする，より複雑でより発生率の低いコミュニケーション障害の場合であることを注意しておきたい。そのレポートの中で，親から得た診断の問題についてのコメントのいくつかを，次に示す。

> 診断を受けるのに3年かかりました。そして，それはもう少し詳しい答えを出そうと自分自身で決心したことによってはじめて実現したことなのです。小児科医は手がかりがないというのではなく，子どもの問題に対して確実に言及すべきではないでしょうか？
> 私たちは1年以上も，もがきのたうちまわっているように感じました。私たちは適切な人を待っているのかどうか確証がないまま，誰かにみてもらうのを待っていました。そして問題があるかどうか子どもが大きくなるまで待つように言われてきました。
> もう少し物事が早くすすむべきです。ものごとが動くまでに，しつこく苦しめられ，いじめられているようで，そうこうしているうちにあなたの子どもは大きくなってしまうのです。

診断というレッテルをはられた個人への潜在的にネガティブな効果にかかわらず（診断について不確定であるとみなす専門家と関わりつづけなければならないことや，親による子どもの認識に及ぼす潜在的にネガティブな影響），多くの親は，診断的なレッテルは，彼らの子どものニーズや障害や行動を理解するのに役立つと感じている。レッテルは，子どもの発達の状況を記述し，説明し（あるケースでは）予測するのに役立てることができる（Porter & Mckenzie, 2000）。早期に診断を受けることは，サポートを探すことへ家族を動機づけることと関連しており，診断は子どもにとってのよりよい成果と関連している早期介入への最初のステップである（Prizant, 2001）。

■診断時に専門家は親をどのように援助することができるか

親を援助するにあたって，専門家に何が現実的に期待されるかについては実践的な制限があるが，以下のようなポイントを意識していることは重要である。

① 子どもの状態，可能な原因や，受けることができる治療法や予後など，可能な限りの情報を提供すること。親の質問をうながし，彼らが答えられない質問については信頼できる情報源に親をガイドする。子どもの現在の障害と将来の発達の可能性に関する専門的知識の現状について正直であること。
② ミーティングの中で，異なった時期に異なった方法で情報を提供し，専門用語の使用や言葉の混乱を避けること。
③ 診断を下す時は，親が質問できるだけの十分な時間を確保してやること。専門家によっては，ミーティングの内容をテープレコーダーで録音し，それを家庭に持ち帰るように親に渡す者もいる。そのようなミーティングの中で議論がなされたすべての情報を記憶しておくこと。後でパートナーに対して詳しく述べることは，親にとっては難しいからである。そして最初のニュースが十分に浸透した後，より深い議論や質問を受けるために，最初のミーティングのすぐ後に，2回目のミーティングを申し出るようにすること。
④ 実際的な援助を提供し，可能な限り現在の子どもを親が援助することを助けるために共同で対策を考えるようにすること。言葉の遅れをもった子どもの親の多くは，たとえば言語発達を刺激するようなアドバイスを歓迎する。
⑤ 家族にとって望ましく利益をもたらす情報を提供し，そしてその領域における関連するサービスや，それらにどのようにしてアクセスするかといった情報を提供するようにすること。
⑥ 情緒的，心理的なサポートを提供し，診断に対する親の反応に幅があっても対処できるようにしておくこと。親を適切なサポートを行なうところにガイドし，彼らの感情的な状態や，短期あるいは長期といった基準での状況に対する反応について仮定することを避けること。
⑦ 子どもの障害が識別された時期に，親は最も脆弱であることを心にとめ，この時期にどのように親が関わってほしいと思うのかを慎重に考えること。
⑧ すべての親に対して，彼らの文化的背景によって左右されるのではなく，それぞれ一個人として接すること。
⑨ 他の文化圏出身の家族がもつ文化的価値観とくに社会的な協力や競争，学業成就，不利な点や社会的な情緒的な発達についてよく知ること（Porter & Mckenzie, 2000）。この知識を他の文化圏出身の家族がサービスについて何

を期待しているのかについて考える際に用いる。また，彼らの子どもの発達上の問題をサポートするためには，これらの知識をどのように効果的に用いるかを考えなければならない。

⑩親がコンタクトをとることに関心を示した時には，親と子どもの要求に適切な親支援団体や慈善団体など，地域および国内の組織の情報を親に提供するようにすること。

⑪情報や役立つ可能性がある連絡先を紹介しすぎて，親を当惑させないようにすること。どのくらいの情報をいつ提供するかについて，親をガイドする。

⑫親を守りたいという気持ちから，ネガティブな情報を無視してはならない（Porter & Mckenzie, 2000）。思いやりと同時に鋭敏な感覚をもちつづけるように努力すること。

⑬障害に対する自分自身の態度がどのように親との関係に影響を与えるか，そして，子どもの障害について親がどのような印象を受けるのかについて，知っておかなければならない。

⑭関連するサービスを親がどのように認識しているのかを理解し，適切にサービスを使うことをうながすようにすること。

❸ 診断がなされた後のこと

　子どものコミュニケーションの障害が診断されると，親は心理的，情緒的なサポートが引きつづいて必要とされる。どのように彼らの子どもを支援するかといった情報や，できる限り実際に役立つ援助が必要である。診断がなされた後の子どものケアにおいて，専門家はどのように親を援助することができるのかについての提案が，以下に示されている。

　子どもの教育における問題について親が知るようになった後に，重要な論点がもち上がってくる。イギリスでは，多くの子どもたちが，彼らのコミュニケーションのニーズを適切にサポートするのに必要なレベル，あるいはタイプの教育的なサポートを受けていないのである（AFASIC, 1993）。このことの背景にある理由のひとつは，コミュニケーションのニーズを見る視点や彼らがどのようにサポートされるのかについて教育界の当局者の間で一貫した関わりがないことと関係している。もうひとつの理由は，イギリスにおいて資格を有する

言語聴覚士の数が極度に不足しているということである。また，親は子どもの　コミュニケーションのニーズに対し，適切なサポートを得るために努力し，一生懸命がんばっていることについて話す時,「戦争」「戦い」というような言葉をしばしば使うのである（AFASIC, 1993; Lorenz, 1998, 著者が親から個人的に聞いたところによる）。

■ 診断が行なわれた後にどのようにして専門家は親を援助することができるのか

①教育関係の資源と，それらをどのように入手するかについての情報を提供すること。

②親が子どもの適切な教育的サポートを得るために，それらを探し求める活動を援助すること。

③子どものケアに関わるすべての専門家の有効な連携を維持し，子どものコミュニケーション障害について教育的な関わりをする人々に説明し，理解を求め，教育的な環境が適切であるようにサポートを提供すること。

④子どもの適切な教育的サポートを保証するうえで影響を及ぼす関連法律について知っておくこと。

⑤ローレンツ（Lorenz, 1998）は，保育所と学校が連携して発達障害のある子どもの親に対して仕事をし，学校生活の中で活動的になることをうながし，定期的に顔を合わせ，彼らの心配していることやニーズに耳を傾け，子どもの教育プログラムの中に親を関わらせ，彼らの子どもと関わる専門家が訪れた時には専門家について情報を与え，対応を変える前に彼らの視点を理解し，子どもに何らかの進歩向上が見られた時には彼らを祝福し，もし問題がある時には協力するために彼らを信頼し，彼らの子どもの教育のパートナーとして親を評価することをすすめている。多くの親は一部の専門家よりも，子どもの状態について最新の情報をもっており，親と指導方略や情報を共有するようにサポートするべきだと，ローレンツは専門家に助言している。

⑥外の世界とコンタクトをとることをとおして，普通の感覚を維持するように親を励まし，実用的な情報を提供し，とくに子どものケアに関する情報を親が望むのであれば集めるように助言してやること。

⑦家族が，それぞれのニーズについて理解するように援助すること。同じよう

な状況にある他の家族とコンタクトをとったり，関連するサポート機関とコンタクトをとること（Landsdown, 1980）。
⑧必要に応じて，手助けを一時的に中止できるようなことも含み，適切な援助が受けられるようなところに親が出向いていけるように励まし，サポートすること。
⑨親が子どもの障害について何を子どもに伝えるか，他の家族のメンバーに何を伝えるかを決定する手助けを必要とした時には，親を援助してあげること。
⑩公の場に出た時に起きると考えられる困難な状況に，どのようにうまく対処するかを考える手助けが必要な時には，親を援助してあげること。
⑪親の感情的な反応を理解することに努めること。感情面，心理面のサポートや情報が必要であれば，どこで得ることができるのかについての情報を提供すること。親は様々なできごとや子どもの生活の様々な段階で起こったことがきっかけで，繰り返し同じことを考えたり，一生つづくような深い悲しみや喪失感を経験しているということを認識し，これらについて敏感に応えるようにすること。
⑫専門的な知識，とくにサービスについての知識や，親が将来に対する現実的なプランをたてることを援助するために子どもや家族の理解についての知識を活用すること。
⑬子ども全体に焦点をあてるために診断が示されたら，それを越えて将来を思い描き，親にも同じようにしてもらうように援助すること。親と専門的な知識を共有し，子どもの行動や進歩向上，能力について親が理解するのを助け，子どもが発達し進歩するたびに，彼らの知識を構築しつづけるように，親を援助すること。
⑭治療や教育的なプログラムを共同でプランし，効果的に提供するために，子どもの現在のニーズに焦点をあわせるように親を援助し，親が「燃え尽きてしまう」危険性を減らすこと。
⑮子どもの親の行動の仕方が，「子どもが自分自身の状況にどのように対処するかということにとって，非常に重要である」ということを忘れてはならない（Lansdown, 1980）。

5 最後に

ランズダウン（1980）による示唆に基づき，コミュニケーション障害をもつ子どもの親と仕事をする専門家について，いくつか考えを述べて，本章の締めくくりとしたい。

①親が心配するたびに「心配しないで」と言ってはいけない。
②「あなたが感じていることはよくわかります」と，感じていないのに言ってはいけない。
③専門家だからという理由だけで，親が信頼し尊敬するのは当然のことと，決め込んではいけない。誠実さ，敏感さ，能力に自信をもって親と子どもと接することが，親と専門家との間に信頼性のある有効な関係を築くことをうながす。

親と専門家の努力，知識，経験とモチベーションを合わせ，子どもの潜在的な発達の可能性を，最大限に引き出すように援助する。子どものコミュニケーションの発達に関わる人々のすべてが共同して責任を負うことによって，子どものコミュニケーションスキルの発達を最もうまくうながすことが保証される。親と教師のような子どもの生活の中でカギとなる大人が努力し，機能的な介入的アプローチがなされることによってのみ，子どもに必要とされるコミュニケーションスキルが確実に教えられるのである。

専門家と親は同様に，どの子どもの発達にとっても，コミュニケーションスキルの発達が重要であることを知る必要がある。これらのスキルがどのようなものであるか，どのようにしていつ発達するかをよりしっかりと理解することにより，異なった年齢で何が期待されるかについて知ることになり，すべての当事者にとって大きな自信へとつながる。このことは，コミュニケーション障害の早期発見と早期介入のみによってもたらされ，子どもにとって最も利益をもたらすということが現在広く認められている。

第7章の要約

●どの専門家なのか？

①子どもに関わるいかなる専門家も，コミュニケーションスキルを含む，発達のあらゆる側面の障害を識別する立場にある。

②小さな子ども，とくに幼児のコミュニケーションスキルの発達についての豊富な知識や気づきが，幼い子どもと関わる専門家や保健師，一般医の間で必要とされる。

●コミュニケーション障害をもつ子どもの親を理解する

③専門家は，子どものケアのそれぞれ異なった段階で親が経験すると考えられる感情や反応の幅について知ることによって，彼らに対して敏感に応えることができるようにしておく。そして親の変化していく気持ちを理解し，彼らの置かれた状況への適応を助ける。

④子どものケアのそれぞれ異なった段階において，親がどのように感じるかについて，専門家はあらかじめ決めつけるようなことをすべきではない。

⑤多くの幼児期のコミュニケーション障害は，外部からわかるような身体的なサインがないことを，専門家は知る必要がある。あるものは，明らかに「良好な」言語スキルに隠されていたり，異常な行動，他の面では同じ発達段階にある他の子どもたちに予想される範囲を越えた行動をともなうことがあるのである。

●親と専門家の間の関係

⑥専門家は，子どものコミュニケーションスキルの発達について，親が示すどのような心配に対しても耳を傾け，真剣に取り上げる必要がある。

⑦専門家は，子どものコミュニケーションスキルの発達についての自分自身の知識と経験の限界について知らなければならない。言語聴覚士による意見が示されている時には，それを求める。言語聴覚士は，子どものコミュニケー

ションスキルについて，診断・評価をすることについて特別な訓練を受けた唯一の専門家である。
⑧コミュニケーション障害をもつ子どものケアをしている親が直面すると考えられる様々な困難について，専門家は知っておかなければならない。
⑨親が子どものマネジメントやプログラムに有効に，そして敏感に対処することによって，子どもはよりよい成果を得られるのである。
⑩専門家と親の関連するスキルや知識や経験の領域は，お互いに補い合うべきものであることに，専門家は気づかなければならない。
⑪専門家は，親と仕事をしていくうえでのモデルについて知る必要がある。そして，どのように親と有効なコミュニケーションを発展させていけばよいかを知る必要がある。

●子どものケアのそれぞれ異なった段階で親と仕事をする時に考慮すべきことがら

⑫子どものケアのそれぞれの段階において，親が子どもの援助をするのを助けるためには，情報や実際的な援助，感情面でのサポートが必要であることを専門家は覚えておかなければならない。
⑬幼児期および就学前の段階でのコミュニケーション障害の早期発見が強く望まれる。
⑭子どもの発達障害の診断についてどのような視点をもつのか，診断が親による子どもの障害の理解，適切な援助を探し求めようとするモチベーション，情報や実際的な援助，心理的サポートの必要性にどのような影響を及ぼすかを専門家は考える必要がある。
⑮子どものケアのそれぞれの段階において，コミュニケーション障害をもつ子どもの親に対して細心の注意を払って，どのように情報を提供するかについて専門家は考えなければならない。
⑯それに関連する点として，親が適切な教育的サポートを受けることをどのようにしたら援助することができるかを専門家は考える必要がある。関連した法律について熟知し，コミュニケーション障害をもつ子どもの教育的な処遇や，その準備に影響する地域および国内の教育の最新の情報に常に通じておく必要がある。

用語一覧

あ行

■**愛着；アタッチメント（Attachment）**
ふたりないしそれ以上の人の間の結びつきの発達を表わす。乳幼児にとって重要な養育者に対する初期の**愛着**の強さと安全確保は，後の発達に重大な影響を及ぼすと考えられている。

■**アクセント（Accent）**
ある特定の地域や集団を特徴づけている**発音**パターン。

■**Yes-No疑問（Yes-No question）**
答えとして'yes'（はい）または'no'（いいえ）を必要とする質問。たとえば，'Did you eat breakfast?'（朝食を食べましたか）のような質問。

■**育児語（Child directed talk）**
マザリーズを参照。

■**一言語使用（Monolingual）**
ひとつの**言語**を表わす。つまり，一言語使用者はひとつの**言語**だけを話す。

■**一語期（Single-word period）**
一語段階を参照。

■**一語段階（Single-word stage）**
たとえば，「お母さん」，「飲む」のように，子どもが1回の発話に**語**しか使えない**言語**発達の段階。

■**意図的コミュニケーション（Intentional communication）**
目標指向的である**コミュニケーション**。

■**意味論（Semantics）**
語や文の意味のことをいう。

■**韻（Rhyme）**
押韻を参照。

■**咽頭（Pharynx）**
いわゆる喉（のど）のことで，気道（呼気の通路となる管状の空洞）のことをいう。その上には扁桃（tonsil）があり，その下には喉頭（larynx）がある。また，咽頭の上方は，鼻腔（nose）への開口部につながっている。

■**イントネーション；声の抑揚（Intonation）**
ひとつの**発話**全体にわたって起こるリズムと**ピッチ**（音の高さ）のパターンの変化。英語の場合，話し手は，質問をする時には，通常，文末の**ピッチ**を上げて話す。

■**受け身文（Passive sentences）**
受動文を参照。

■**運動（Motor）**
動作（movement）に関していう。たとえば，運動発達，運動スキル。

■**押韻；韻（Rhyme）**
2個以上の**語**において，強勢のある最終音節の母音とそれにつづく子音の音が同じである時に，韻を踏むという。なお，その母音のよりも前の音は異なっている。たとえば，'rabbit'と'habit'，'bit'と'fit'。

■**遅れ；遅滞（Delay）**
発達の遅れ。**話し言葉**（speech）の遅れや**言語**の遅れが含まれる。これは，発達が同一年齢の子どもに比べて遅いが，基本的には同一パターンで経過する。

■**オノマトペ（Onomatopoeic）**
擬声語のを参照。

■**音韻；音韻学（Phonology）**
ある**言語**の音声システムで，**言語音**（speech sound）の使い方，**語**や文の**イントネーション**・パターンがどのようであるかを決定している。

■**音韻への気づき（Phonological awareness）**
語の音と**音節**の特性に関する知識で，この知識によって子どもは，**韻**を踏んだ詩（rhyme）を理解したり作ったりすることや，「しりとり」遊びでしりとりをつづけることができるようになる。

■**音感語（Vocable）**
原言語（Protoword）を参照〔訳注：意味をもたない，音または音の構成としてのみ価値をもつ語〕。

■音響の（Acoustic）
　音（sound）に関することがら。
■音声言語の（Verbal）
　言葉（words）に関することをさし示す。
■音声言語理解（Verbal understanding）
　言葉（words）の理解に関していう。これは，**非言語**（nonlinguistic）情報の理解と対立する。
■音声の；発声の（Vocal）
　声のことや，音を作り出すために**声**を使うことをいう。
■音声発達（Vocal development）
　喃語に先立つ時期に，赤ちゃんが産出する音声の発達。
■音節（Syllable）
　1回の音声努力（single effort of voice）で作り出されるひとつの**語**，または語の一部。たとえば，'but' は1音節で，'button' は2音節である。
■音の高さ；ピッチ（Pitch）
　音の周波数に関する感覚のこと。周波数が高い**声**は，**音の高さ**が高いという知覚を生じる。

| か行 |

■ガーグリング（Gurgling）
　クーイングを参照。
■概念カテゴリー（Conceptual categories）
　事物や経験を，それらの間の共通性や差異にしたがって心的にグルーピングしたもの。
■会話（Conversation）
　ふたり以上の人の間で行なわれる一連のコミュニケーションのやりとり。
■会話修復（Conversational repair）
　会話に中断が起こったことに気づき，**会話**を進行させつづけるための方略を使うこと。
■学習障害（Learning difficulties）
　学習の速度と学習の様式に影響を及ぼす認知障害。たいていは，記憶，**注意**，**知覚**，問題解決，思考に影響を及ぼす。
■拡大（Expansion）
　子どもの発した**発話**に，語を付け加えて言いなおすこと。
■過去時制（Past tense）
　過去に起こったできごとを表わすための文法構造。
■可算名詞（Count nouns）
　1個または1個以上存在しうる実体を表わす**名詞**。それゆえに，**複数形**が存在する。たとえば，cup/cups，dog/dogs（質量名詞を参照）。
■過剰一般化（Overgeneralize）
　規則を不適切に当てはめようとする**言語**学習者の傾向のこと。たとえば，'wented' の語尾の**過去時制** '-ed' が過剰一般化の例となる。
■過小外延（Underextension）
　語の意味についていう。子どもの**語**の使い方が大人の**語**の使い方よりも狭いことをいう。たとえば，「父ちゃん」という語を自分の父親を示す時にだけ使って，他の子どもの父親に対しては使わないこと。
■過剰外延（Overextension）
　語の**意味**に関していう。たとえば，すべての男性に対して「父ちゃん」というように，子どもが大人の使い方よりも広い意味に語を使うことをいう。
■仮説検証（Hypothesis testing）
　学習者が（新しい）情報を理解しているか，たとえば，新しい**語**の意味を理解しているかを検証する際に学習者が用いる方略のことをいう。
■カテゴリー化（Categorization）
　類似性と差異にしたがって対象物を分類する能力。
■感音（性）難聴（Sensori-neural hearing loss）
　蝸牛（**内耳**内の聴覚器官），または，蝸牛から脳へつながる**感覚**伝導路の損傷によって起こる聴覚障害〔訳注：伝音（性）難聴（conductive hearing loss），つまり，音を外耳から内耳に伝える伝音系の病理学的障害に

よって引き起こされる難聴と対立する概念〕。
■**感覚障害**（Sensory impairments）
個人の感覚が障害されていること。最もよく問題にされるのは，聴覚と視覚の障害である。
■**環境剥奪**（Enviromental deprivation）
ある個人の属する文化内でノーマルとみなされている経験で，子どもの発達に影響を及ぼす経験（遊びやインタラクションなど）を剥奪すること。
■**関係節**（Relative clause）
従属節の一種で，話者が話している事物や人（つまり，**名詞**）をより明細に記述するはたらきをする。たとえば，'The man who is wearing a hat is climbing the tree'（帽子をかぶった男がその木に登っている）は'The man is climbing the tree'（男がその木に登っている）よりも明細である。
■**冠詞**（Article）
英語の**語**の「the」（定**冠詞**）「a」「an」（不定**冠詞**）。
■**干渉効果**（Interference effect）
二言語使用の人が**劣位言語**のほうを話す時に，**優位言語**に特異的な要因によってその劣位言語が障害されること。こうした干渉効果は，**発音**，**文法**規則などのどのレベルにおいても生じる。
■**聞き取り**（Listening）
耳にしたことの意味を解釈するために，耳にしていることに注意を傾けること。
■**擬声語の；擬音語の；オノマトペ**（Onomatopoeic）
「チックタック」のように，その語の発音と，その語が表象している事物の出す音が似ている**語**。
■**基礎的対人コミュニケーションスキル**（Basic interpersonal communication skills：BICS）
通常，3歳ごろまでに達成される**言語とコミュニケーション**の発達水準。それには，基本的で適切な**文法**と大きな**語彙**を備えた（ただし，その用法はコンテクストに依存している）基礎的対人**コミュニケーション**スキルが含まれる。
■**驚愕反射**（Startlet response）
突然の音や大きな音に対して赤ちゃんが見せる反射反応で，驚きの（目と身体を突然動かす）反応のことをいう。
■**強勢**（Stress）
あるひとつの**音節**を強めて発音すること。強勢のおかれた音節は高いエネルギーで産出されるので，強勢のおかれない音節よりも，大きく，**ピッチ**を高くして，長く発音される。英語では，強勢は，意味の違いを表わすシグナルとして使われる。
■**共同注意**（Joint attention）
2名以上の相互作用パートナー間で，注意の焦点を確立，維持すること。
■**近似語**（Word approximation）
大人の**発音**の特徴を保有しているが，音のつなげ方が大人のとは異なるつなげ方で発音された**語**。たとえば，'cat' → 'tak'，'at'，'ak'。
■**筋ジストロフィー症（デュシャンヌ型）**（Muscular dystrophy（Duchenne type））
早期幼児期に発症する神経筋肉の変性障害で，その特徴は，筋の萎縮が進行することである。なお，筋の萎縮は，骨盤と体幹から始まり，後には，**構音器官**に影響を及ぼす。
■**クーイング，ガーグリング**（Cooing, Gurgling）
8週目ごろから始まる音声発達の段階。
■**屈折**（Inflection）
英語の場合には，ある語の文法的意味を変化させる語尾の部分のことをいう。たとえば，**複数**の'-s'，**過去時制**の'-ed'。
■**形式**（Form）
言語の形式とは，言語の構造のことをいう。つまり，音声の組み合わせや**語**の組み合わせの根底にある規則のことをいう。
■**形態素**（Morpheme）
拘束形態素と**自由形態素**を参照。
■**形態論**（Morphology）
形態素の使い方と，**語**を構成**形態素**に分解する仕方を支配している基底規則に関する研究。
■**形容詞**（Adjective）
名詞の意味を限定したり，修飾するのに使われる語。たとえば，<u>大きい</u>帽子。

■結合音（Blend）
(子音に関して）ふたつ以上の**子音**の連鎖。たとえば，'trip' の 'tr'。

■結合音縮小（Blend reduction）
パターンの単純化の一種で，子音の**結合音**を1個の**子音**に縮小すること。たとえば，'dress' → 'des'，'stamp' → 'tam'。

■原言語（Protowords）
言語学習者が行なう個人特有の音声パターンの安定的，意図的な使用のこと。これは，了解可能な本当の（recognizable）**語**の使用が始まる前に行なわれる。

■言語（Language）
ある特定の集団の人々の間に共通する**語**，および，それらの組み合わせ規則と使用規則。

■言語音（Speech sounds）
話し言葉（speech）に使われる音，つまり，**子音**と**母音**。

■言語学（Linguistic）
言語に関すること，または，**言語**研究。

■言語障害（Language disorder）
言語発達の通常外のパターン。

■言語処理（Linguistic processing）
言語を受容したり言語を作る際に含まれている心的処理。音声言語理解（verbal comprehension）と音声言語表出（verbal expression）に必要とされる。

■現在時制（Present tense）
今起こっているできごとを表わすための文法構造。

■語；単語（Word）
意味をもつひとつの**言語**単位（ただし，**拘束形態素**は除く）。

■語彙（Vocabulary）
話者が心の中に蓄えている（store）**語**の集まり（**受容語彙**と**表出語彙**についても参照）。

■語彙スパート（Vocabulary spurt）
新しい**語**が獲得されたり使用されたりするスピードが急激に増加することによって特徴づけられる段階。

■構音；調音（Articulation）
構音器官を動かして**言語音**（speech sound）を作り出すこと。

■構音器官；調音器官（Articulators）
発話（speech）を発音するときに関係する口の諸器官を一般的にさし示す用語。つまり，唇，舌，口蓋，軟口蓋，喉頭，顎。

■構音パターン；調音パターン（Articulatory pattern）
一つひとつの語をどのように発音するかについて，心の中に貯蔵されている命令の集合。また，**語**の「運動プログラム」をさし示すこともある。

■口蓋裂（Cleft palate）
口唇裂と口蓋裂は，子宮内でこれらの構造が融合するのに失敗すると起こる。**中耳**の問題が合併していることがよく見受けられ，通常，**話し言葉**（speech）の発達が障害される。子どもによっては，**言語**発達がかなり遅れることがある。

■構成遊び（Constructional play）
積み木でタワーを作るなどのような何かを組み立てることが含まれている遊び。

■拘束形態素（Bound morpheme）
意味をもった最小の**言語**単位で，文法機能を果たすもの。それは，単独では使えず，常に他の**形態素**と結合して使われる。たとえば，'cats' における**複数**の '-s'。

■喉頭（Larynx）
喉頭を参照。

■喉頭（Voice box (larynx)）
喉（のど）の器官で，軟骨に囲まれ，靭帯，膜組織，筋肉が合わさってできている。それは，**咽頭**（pharynx）の真下，気管の最上端，食道の前にあって，咽頭と気管を結びつけている。また，喉頭の中には声帯がある。喉頭の第一次機能は，外から肺にほこりが侵入するのを防ぐことにある。

■口部運動（Oromotor）
口の中の筋肉の動きのことをいう。

■声（Voice）
　音を参照。
■コード切り替え；コードスイッチング（Code switching）
　二言語使用の話し言葉の一特徴で，話し手が両方の言語から取った要素を，会話内の複数のターン（番）に混ぜてしまうこと。
■コード混switch；コードミキシング（Code mixing）
　二言語使用の話し言葉の一特徴で，話し手が両方の言語から取った要素をひとつの発話に混ぜてしまうこと。
■呼吸システム（Respiratory system）
　肺嚢，気管のような，呼吸に関係する構造〔訳注：呼吸とは，吸気（inspiration）と呼気（expiration）を交互に繰り返すことをいう〕。
■語結合（Combine words）
　独立した複数の単語をいっしょに結合して短い句を作ること。たとえば，'mummy' ＋ 'drink' → 'mummy drink'。
■語頭音節の重複（Initial syllable repduplication）
　パターンの単純化の一種で，たとえば，'dolly' → 'dodo' のように，最初の音節を反復することによって行なわれる。
■語末子音省略（Final consonant deletion）
　パターンの単純化の一種で，たとえば，'bath' → 'ba'，'cup' → 'cu' のように，語末の子音を省略することによって行なわれる。
■コミュニケーション（Communication）
　ある人から別の人へメッセージを伝達すること。
■コミュニケーション機能（Communicative functions）
　コミュニケーションの用法のこと。たとえば，請求したり，コメントしたりなど。
■固有感覚受容器の（Proprioceptive）
　固有感覚受容器，つまり筋肉，腱，関節からの情報の受容に関連していう。これらは，姿勢，動作に関する情報を提供する。
■語用論（Pragmatics）
　社会的文脈や会話の中での言語使用を支配している規則や，その規則に関する研究。

| さ行 |

■サイン（Sign）
　言語的な意味をもつ手によるジェスチャー。
■サイン言語（Sign language）
　規則に支配された手話言語システムで，独自の語彙と，文法，それらの使い方を支配している規則をもっている。
■削減的二言語使用（Subtractive bilingualism）
　二言語使用の話者において，一方の言語が突如もう一方の言語に切り替わった時に，前に学習したほうの言語の言語能力（competence）が失われること。
■三語句（Three-word phrases）
　'mummy drink tea' のような，3個の語で構成された句。
■三語段階（Three-word stage）
　たとえば，'mummy' ＋ 'drink' ＋ 'tea' → 'mummy drink tea' のように，子どもが3個の語を組み合わせることができる言語発達段階のことをいう。また，子どもの理解レベルについてもいう。つまり，どのような発話（utterance）であっても，その子どもが聞いて理解できる語の数が3個である段階をいう。
■産褥期うつ病（Postnatal depression）
　出産後数週間以内に起こる母親のうつ病。
■子音（Consonants）
　声道を通過する気流を何らかの方法で遮断することによって作り出された言語音（speech sound）。子音を記述するひとつのやり方は，それらの構音点を使って記述するやり方である。構音点は，声道のどこに収縮が生じているかを表わしている。
■子音調和（Consonant harmony）
　パターンの単純化の一種で，たとえば，'tiger' → 'giger'，'bottle' → 'bobble' のように，異なる複数の

子音を単一の子音のように発音することによって行なわれる。

■**ジェスチャー（Gesture）**
　身振りを参照。

■**視覚フィードバック（Visual feedback）**
　個人が見ているものをとおして手に入れることのできるフィードバック。

■**指示対象（Referent）**
　語や句がさし示している「事物」や「質」。

■**時制（Tense）**
　動詞の文法形式で，その動詞が表わす行為が行なわれる時間を示している（**現在時制**，**過去時制**，**未来アスペクト**も参照）。

■**質量名詞（Mass nouns）**
　何らかの種類の集まったものや集合のことをさし示す**名詞**。たとえば，「ミルク」，「空」などで，それらは数えることができない。「集合名詞」と呼ばれることもある（**可算名詞**も参照）。

■**自閉症（Autism）**
　言語の障害，社会的相互作用の障害，想像活動の障害によって特徴づけられる神経発達障害。

■**自閉症スペクトラム障害（Autistic spectrum disorders）**
　自閉症は非常に幅広い症状で現われる。その機能の水準は，非常に高いものから非常に低いものまでの幅がある。したがって，スペクトラムのようになっている（**自閉症**を参照）。

■**字母の（Alphabetic）**
　文字のシステムのことをいう。

■**ジャーゴン（Jargon）**
　喃語期の後期段階に付けられた名前。この段階は，典型的には，異なる音声を含んでいる。また，それは，認識可能な**イントネーション**パターンをもっている。また，時によっては，本当の**語**を含んでいることもある。

■**弱音節省略（Weak syllable deletion）**
　パターンの単純化の一種で，たとえば，'yoghurt' → 'yog'，'biscuit' → 'bis' のように，強勢のない（または弱強勢）**音節**を省略すること。

■**自由形態素（Free morpheme）**
　形態素とは，言語の意味をもった最小単位のことをいう。自由**形態素**とは，たとえば，'cat'（猫）のように，単独で使うことができる形態素のことをいう。

■**従属節（Subordinate clause）**
　文の一部で，**動詞**を含んでいるもの。ただし，従属節はそれだけで単独で使うことはできない。たとえば，'I need you to play hide and seek.（隠れん坊をするにはあなたが必要だ）'。

■**修復（Repair）**
　会話修復を参照。

■**出力（Output）**
　コミュニケーションについて考える際には，ある個人の表出した**発話**（speech），**言語**，**コミュニケーション**のことをさし示している。

■**受動的二言語使用者（Passive bilinguals）**
　一方の言語については受動的理解力を保有しているが，コミュニケーションでは，もう一方の言語をよりアクティブに使っている**二言語使用**者。

■**受動文；受け身文（Passive sentences）**
　受動文では，「行為者」（つまり，行為を実行するもの）と「受動者」（つまり，行為を受けるもの）の位置は逆に入れ替わる。たとえば，次のような文になる。'The man（行為者） hit the dog（受動者）'に替わる 'The dog（受動者） was hit by the man（行為者）' という文は，何について話されているかについての焦点が微妙に移動している。

■**受容言語（Receptive language）**
　個人が受け取る，つまり聞いたり見たりする**言語**。これは，個人が表出する言語と対立するものである。

■**受容語彙（Receptive vocabulary）**
　話し手が理解することのできる**語**の集まり。

■**順次言語学習（Sequential language acquisition）**
　二言語使用の**言語獲得パターン**で，ある**言語**を獲得した後にもうひとつの**言語**を獲得していくパターンのこと。

■**障害（Disorder）**

発達の障害。**話し言葉**の障害と**言語**の障害が含まれる。これは，発達パターンが通常と異なることをいう。
■少数派言語（Minority language）
　共同体の多数派の人々によって話されている**言語**とは異なる家庭言語や伝承言語のような，少数の民族共同体のメンバーに話されている**言語**。
■象徴遊び（Symbolic play）
　シンボル遊びを参照。
■情緒的虐待（Emotional abuse）
　情緒的に有害な処遇を持続的または過酷に与えたり拒絶することによって子どもに引き起こされる行動発達や情緒発達に重篤な有害効果（Department of Health, 1999）。
■情緒的変数（Affective variables）
　学習者が学習している**言語**に関してどのように感じているかに関係する諸要因のこと。それらは，（とくに，**二言語獲得の場合**）言語の獲得に影響を及ぼす。
■情動調整（Emotional regulation）
　自分の情動の覚醒水準をコントロールし調節する能力。
■小児てんかん（Childhood epilepsy）
　てんかん発作は，脳機能不全を示すものであり，通常，脳の構造的異常または生理学的異常から起こる。行動面の変化，意識面の変化，**運動**活動の障害が見られる。推定値では，5歳以下の子どもの3〜7％が1回以上の発作を起こしている可能性があり，これらの子どもの5％が将来**てんかん**へと発展する可能性があると予想されている（Lees & Urwin, 1991）。
■小脳の（Cerebellar）
　小脳についていう。小脳は，脳の部位で，**発話**に必要な高速で精密な**運動**コントロールを行なううえで非常に重要な役目をしている。またそれは，**感覚**インパルスと**運動**インパルスを調節する機能を果たしている。脳の多くの他の部位に接続する聴覚，視覚，触覚のセンターとしても機能している。
■触覚（Tactile）
　触れた感覚のことをいう。
■自律神経性の音声（Vegetative sounds）
　生後8週までの子どもが産出する音声で，たとえば，吐息，げっぷ，泣き声などの音声。
■神経学的微徴状（Soft neurological signs）
　ソフト・ニューロロジカル・サインを参照。
■神経的；神経学的（Neurological）
　神経システムの正常な機能または障害に関係する。
■身体言語（Body language）
　身体をコミュニケーションに使うこと。たとえば，話し手のほうに身を乗り出すことは，話し手とその話の内容に興味をもっていることを表わす。
■身体的虐待（Physical abuse）
　「危害が加えられた，あるいは，故意に危害を予防しなかったという明確な認識や正当な疑いが存する状況において，子どもに身体的な危害を加えること。たとえば，故意に毒物を投与するといったような行為が含まれる」（Department of Health, 1999）。
■心的処理（Mental processing）
　心の中で，知識を獲得したり（attaining），保持したり，考察したり，使用する方法。
■シンボル遊び；象徴遊び（Symbolic play）
　ある物を表わす代用物として別の物を使用することが含まれている遊び。たとえば，ボール紙の箱をボートのように使う遊び。
■シンボル理解（Symbolic understanding）
　他の物に代わってそれを表わしている物がシンボルであるということを理解していること。たとえば，人形も，人の絵も，本物の人に代わって，それを表わしているということが理解できていること。
■水頭症（Hydrocephalus）
　髄液の正常な循環が閉塞されることによって髄液が頭蓋内に過剰に貯留される状態のことをいう。排液管を作る外科手術を行なうことによって，頭蓋内の圧力が脳に障害をもたらさないようにする。
■生産的二言語使用（Productive bilinguals）
　二言語堪能型二言語使用者を参照。
■声帯（Vocal folds）

喉頭内にある一対の伸縮性のある筋肉の帯。それを振動させて，呼気とともに**音声**（voice）を出す。

■**性的虐待（Sexual abuse）**
「まだ独立していない，発達的に未熟な子どもや青年を，まだ彼らが本当に理解していない，そして彼らがインフォームド・コンセントを与えられていない性的活動に巻き込むこと，あるいは，家族の役割に関する社会的タブーを踏みにじること」（Department of Health, 1999）。

■**声道（Vocal tract）**
喉頭の上方に位置する気流の通路で，音声共鳴体（vocal resonator）の用をなす。声道には，**咽頭**（pharynx），口腔（oral cavity），鼻腔（nasal cavity），副鼻腔（sinus）が含まれる。

■**接続詞（Conjunctions）**
文と文を結びつけたり，文内の句と句を結びつける**語**。たとえば，'but'，'and'，'because'。

■**前意図的コミュニケーション（Preintentional communication）**
コミュニケーション発達の段階で，**意図的なコミュニケーション**が発生する以前の段階。この段階では，子どもの**コミュニケーション**はまだ目標指向的でない。

■**前舌化（Fronting）**
処理の単純化の一種で，通常は口腔の後方で作られている音声（たとえば，'k'，'g'）を，（'t'，'d' のように）口腔の前方で作ること。

■**前置詞（Preposition）**
場所を表わす**語**。たとえば，'in the box'，'under the table'。

■**ソフト・ニューロロジカル・サイン；神経学的微症状（Soft neurological signs）**
注意障害，**運動**面の不器用，**知覚**の欠陥，左右の問題などの症状。そうしたことの証拠となる脳の障害は見あたらないが，**微細脳機能障害**とつながりがある。なお，微細機能障害は，脳の機能に何らかの問題があり，機能が不安定である。

━━
┃た行┃
━━

■**ターン交替；ターン・テイキング（Turn-taking）**
会話で，ふたり以上の人の間でターン（番）を交替すること。

■**代名詞（Pronoun）**
名詞の代わりに使われる**語**。たとえば，'he'，'she'。

■**対立的使用（Contrastive use）**
（言語音に関して）言語音をシステマティックに使用して，意味の差異を示すことをいう。たとえば，'p' と 'b' を対立的に使用することによって，'pie'（パイ）と 'buy'（バイ）の意味の差異（「パイ」対「買う」）を信号化する。

■**ダウン症（Down's syndrrome）**
染色体異常によって引き起こされる症候で，種々の身体的問題や，発達の**遅れ**をともなっている。発達パターンには個人差がある。

■**多数派言語（Majoritry language）**
共同体のより多くの人々によって話されている**言語**。**二言語使用**について考察する際に使われる。

■**脱文脈化された言語（Decontextualized language）**
直接目の前にあるコンテクストに頼ることなく，その意味を理解することができたり，聞き手や読み手にとって新しい情報をコミュニケートすることのできる**言語**。

■**Wh疑問（'Wh'-question）**
疑問を表わす**語**，'who'，'what'，'where'，'when'，'which'，'how'，'why' のどれかで始まる質問で，応答として，'yes' や 'no' ではなくて，特定の情報を返すことを必要とするもの。たとえば，'What did you eat for breakfast?'（朝食に何を食べましたか）のような質問。

■**単一言語システム（Unitary language system）**
二言語使用の獲得においては，2つの**言語**（language）の言語処理（linguistic processing）が単一言語システムの範囲内で行なわれるとする説〔訳注：これは分離言語システムと対立する概念である〕。

■**単一チャンネルの（Single-chanelled）**
注意発達の次のような段階をさし示すのに使う。この段階の子どもは，ひとつの時にはひとつのモダリティーについてだけ注意を注ぐことができる。つまり，この段階の子どもは絵を見ることはできたとしても，それと同時に，話しかけられた**言葉**（spoken language）を**聞く**ことはできない。

■**単語（Word）**

語を参照。
■**談話**（Discourse）
 1個の文を越えて広がっているひとつづきの話し**言葉**または書き**言葉**。本書では，**脱文脈化された話し言葉**（spoken language）をさし示すのに使う。
■**知覚**（Perception）
 経験を意味づけるために，脳によって行なわれる**感覚**情報の分析と解釈。
■**知覚処理**（Perceptual processing）
 脳によって行なわれる感覚情報の修正と分類で，**感覚**情報を記憶や期待と照合比較することも含まれる。
■**遅滞**（Delay）
 遅れを参照。
■**注意**（Attention）
 話しかけられた**言葉**などのような刺激に注意を向ける能力。
■**中耳**（Middle ear）
 耳の一部で，音波を内耳に機械的に伝える耳小骨などがある。
■**中耳炎**（Otitis media）
 バクテリアやビールス感染によって起こる**中耳**の炎症。**中耳**内に分泌液が貯留することと関係している（通常は空気によって満たされている）。それによって，音波が耳小骨を介して**内耳**に伝搬されるのが障害される。分泌液は再吸収されるが，その後，感染によって再発する。中耳炎は，**変動性難聴**（fluctuating hearing loss）になることがある〔訳注：変動性難聴は，進行性難聴（progressive hearing loss）と対立する難聴で，症状がよくなったり悪くなったりする難聴である〕。
■**調音**（Articulation）
 構音を参照。
■**調音器官**（Articulator）
 構音器官を参照。
■**調音パターン**（Articulatory pattern）
 構音パターンを参照。
■**聴覚処理**（Auditory processing）
 聞き取った情報を処理すること。
■**聴覚の**（Auditory）
 聞くことに関係すること。
■**聴覚フィードバック**（Auditory feedback）
 （発話に関して）自分自身の発した**発話**（speech）を聞き取るプロセスのこと。その情報は，もしも間違いが検出された時に，**発話出力**（speech output）を訂正するのに使われる。
■**重複**（Reduplication）
 パターンの単純化の一種で，たとえば，'Rowan' → 'Roro' のように，**語**の第1**音節**を反復すること。
■**聴力障害**（Hearing impairment）
 一般の人に比べて，聴力損失レベルが高くなっている状態のことをいう。これによって，話し**言葉**（spoken language）の獲得が障害される。
■**貯蔵言語音**（Speech sound store）
 話し**言葉**（speech）を処理する際にアクセスされる，個人の心の中に蓄えられている**言語音**（speech sound）。
■**貯蔵語彙**（Vocabulary store）
 語彙を参照。
■**定型句**（Formulaic phrases）
 決まり文句のこと。**定型句**を使っている子どもは，定型句の構成要素となっている**語**を理解していないかもしれないし使えないかもしれない。定型句の使用は，通常コンテクストに拘束されている。たとえば，'my turn'（ぼくの番），'tidy-up time'（お片づけ）など。
■**テクスト**（Text）
 ひとつの文を超た複数の文を含むひとつづきの書き**言葉**（written language）。ここでは，**脱文脈化された書き言葉**をさし示すのに使われている。
■**電報体発話**（Telegraphic speech）
 'mummy drink'，'mummy drink tea' のような，2，3個のキーワード（カギ語）で構成された句を表わす名称。

■等位接続（Coordination）
'and' や 'because' などの**接続詞**を使って，独立したふたつの**発話**をひとつに連結すること。
■頭韻（Alliteration）
同じ音で始まる**単語**が複数個，密接につながったもの。たとえば，「しろい，しかくいシート」。
■統語（Syntax）
文の構成（formation）を支配している規則。
■動詞（Verbs）
行為や，物事が起こったこと（occurence），存在している状態（mode of being）などを表わす**単語**。たとえば，'eat'（食べる），'remember'（思い出す）など。
■同時言語獲得（Simultaneouse language acquisition）
（**二言語使用**についていう）**二言語使用**の**言語獲得**パターンで，ふたつの言語が同時に，つまり，生まれた時から獲得されること。
■特異的言語障害（Specific language impairment：SLI）
通常とは異なる**言語発達**パターンを含む障害で，原因が学習面や環境面，情緒面の困難にないと考えられているもの。
■トピック；話題（Topic）
会話の主題となっていることがら。

な行

■内耳（Inner ear）
耳の最も内側の部位で，聴覚（蝸牛）と平衡のための器官を含む。それは，**感覚伝導路**をとおして**聴覚**情報を脳へ伝達する。
■ナラティヴ（Narrative）
物語を参照。
■喃語（Babbling）
話し言葉（speech）の発達に先だって出現する音声で，多くの場合は楽しくはしゃいでいる時に産出される。それには，**子音**と**母音**を様々に組み合わせたものが含まれている。
■軟口蓋（Soft palate）
口蓋の後方筋肉部位。
■二言語使用（Bilingualism）
2つの**言語**のことをいう（二言語使用の意味については第5章に詳しく論じられている）。
■二言語堪能型二言語使用者（Balanced bilinguals）
両方の言語が同じように堪能な**二言語使用者**。**生産的二言語使用者**（productive bilinguals）とも呼ばれている（**受動的二言語使用者**も参照）。
■二語句（Two-word phrases）
'mummy drink' のような，2個の**語**からなる句。
■二語段階（Two-word stage）
たとえば，'mummy' + 'drink' → 'mummy drink' のように，子どもが2個の**語**を組み合わせることができる**言語**発達段階のこと。また，子どもの理解レベルについてもいう。つまり，どのような**発話**（utterance）であっても，その子どもが聞いて理解できる**語**の数が2個であることをいう。
■二語レベル（Two-word level）
二語段階を参照。
■入力（Input）
個人が感覚をとおして受け取る，**話し言葉**，**言語**，**コミュニケーション**などを含む外部環境刺激のことをいう。
■認知学習言語適性（Cognitive academic language proficiency：CALP）
高水準の**脱文脈化された言語**（子どもが学校に入学すると教室で使われる機会が増える言語）の理解と使用，書き言葉の発達，さらには，**語**，**文**，**テクスト**の意味を取り出すことを目的として**言語**の諸側面に気づくことの発達を含む言語スキルの水準のことをいう（**基礎的対人コミュニケーションスキル**も参照）。
■ネグレクト（Neglect）
「子どもに対する継続的または過酷な無視（たとえば，寒さや飢餓などのような類の危険にさらす）。それは，子どもの健康や発達に，非器質的な成長障害を含む重大な障害をもたらす」（Department of Health, 1999）。
■脳性まひ（Cerebral palsy）

先天的な障害で，**運動**の力と協応が障害され，脳の未成熟による障害と関係している。障害の現われ方は，障害された脳の部位によって異なる。この障害に関連する問題としては，**話し言葉**の**運動動作**の問題，**視覚**と聴覚の問題，**知覚**または**感覚**障害，認知発達と**てんかん**の問題などがある。
■脳損傷（Head injury）
　外部からの外傷（貫通性の頭部傷害）または内部からの外傷（閉鎖性頭部傷害）によって起こるもの。
■能動文（Active sentence）
　能動文では，「行為者」（行為を実行する者）と「受動者」（行為を受ける者）の位置は通常の語順に従う。たとえば，「その男（行為者）が犬（受動者）をたたいた」のような文。この文では，「行為者」が文の主語となり，「受動者」が目的語となっている（**受動文**も参照）。

|は行|

■パターンの単純化（Simplification pattern）
　発音に影響を及ぼす規則的なプロセス。このプロセスによって，**語**の一部やいくつかの音が省略されたり，発音しにくい音の代わりにやさしい音が使われること。
■発音（Pronunciation）
　語の構音の仕方のことをいう。年少の子どもは，**発音**が未熟である。方言アクセントは**発音**が違っている。
■発声（Vocalization）
　音声（vocal sound）。
■発声遊び；音声遊び（Vocal play）
　赤ちゃんがいろいろな音（sound）を産出する3か月から6か月の間の発達段階。
■発声の（Vocal）
　音声のを参照。
■発話（Utterance）
　話者が産出した音声と**語**。
■発話処理（Speech processing）
　発話（speech）の理解と産出に含まれているすべてのスキル。
■場面緘黙（Selectively mute）
　限られた特定（select）の場面になると話さない個人のことをいう。
■反射的（Reflexive）
　内的な刺激や外的な刺激の結果として生じる高速な反応のことをいう。
■非音声言語（Nonverbal）
　非言語的を参照。
■非言語的（Nonlinguistic）
　顔の表情，声の調子（トーン）などのような**言語**（linguistic）シグナルを含んでいないコミュニケーション情報。
■非言語方略（Nonlinguistic strategies）
　言われたことを理解するのを手助けするために子どもが使う方略で，**言語理解**には頼らない方略。たとえば，大人の注視や指さしのような**非音声言語**（nonverbal）情報によって行なわれる。
■微細脳機能障害（Minimal brain dysfunction）
　ソフト・ニューロロジカル・サインを参照。
■ピッチ（Pitch）
　音の高さを参照。
■否定（Negatives）
　否定の形式を表現する文法構造で，たとえば，非存在，消失，非生起，否認，拒絶，否定，禁止などを表わす。
■表出言語（Expressive language）
　話し手が産出した**言語**のことで，理解言語と対立するものである。
■表出語彙（Expressive vocabulary）
　話し手が使う**単語**の集まり。
■表象遊び（Representational play）
　実物をその通常の文脈外で使うことが含まれている遊び。たとえば，遊びの中で，ブラシを髪にあてる。
■表象音（Representational sounds）
　たとえば，「モー」「ブルーンブルーン」のように，音を表現（represent）する音声。

■非流暢性（Dysfluent）
言い始めの間違い，言いよどみ，繰り返しによって特徴づけられ，話し手や聞き手に苦痛を与える**話し言葉**（speech）．

■フィードバック（Feedback）
出力を修正するのを手助けする，パフォーマンスに関する情報のこと．自分自身の発した**発話**（speech）に関する**フィードバック**は，話し手がメッセージをより上手に伝達するために，発話を修正するのを手助けする．

■複数（Plural）
複数性を表わす文法構造．たとえば，'cats' の '-s'．

■複文（Complex sentences）
より進んだ文法構造を使用することによって，ふたつ以上の考えを結びつけてひとつの**発話**にした文．

■ふり遊び（Pretend play）
ふり（make-believe）場面を含んでいる遊びで，役割遊びが含まれる．

■文法（Grammar）
意味を表現するために，ある**言語**に存在している規則で，**語**と語を組み合わせたり，**語**の構成要素と構成要素を組み合わせたりするための規則．

■文脈依存有声化（Context sensitive voicing）
パターンの単純化の一種で，声帯を活動させて，たとえば，'tea' → 'dea'，'cup' → 'gup' のように，**語**のある特定の位置（たとえば，語頭位置）のすべての音を**有声音**として発音すること．

■分離言語システム（Differentiated language systems）
二言語使用の獲得においては，言語処理（linguistic processing）がふたつの**言語**（language）システムに分離独立していると考える説〔訳注：これは単一言語システムと対立する概念である〕．

■閉鎖音化（Stopping）
プロセスの単純化の一種で，ふつうだと連続的な気流にのせて作られる音（たとえば，'f' や 'v'）を「閉鎖音」として産出すること．なお，閉鎖音は，空気を急激に口の中で作って破裂させて作られる．

■変動性難聴（Fluctuating hearing loss）
中耳炎を参照．

■母音（Vowels）
気流を完全に遮断してしまわないようにして作られ，**声道**の形によって決定される**言語音**（speech sound）のこと．

■方言（Dialect）
言語の**文法**，熟語，**語彙**に見られる地域的差異．

|ま行|

■マザリーズ（Motherese）
大人が赤ちゃんや年少幼児に向かって話しかける時によく使う話し言葉のスタイル．文法が単純化され，**ピッチ**（音の高さ）幅が大げさで，**語彙**が具体的であるといった特徴をもっている（育児語，「子どもに向けた言葉」とよばれることもある）．

■末梢処理（Peripheral processing）
感覚情報の最初の処理で，理解に到達するための深い処理に先立って行なわれる．

■身振り；ジェスチャー（Gesture）
手や他の身体部位を使って作られるコミュニケーション動作．

■未来アスペクト（Future aspect）
未来に起こるであろうできごとを表現するための文法構造のこと．たとえば，'I'm going to eat this apple'．

■明確化請求（Clarification request）
話し手が何を言おうとしているかが聞き手によくわからない時，聞き手は，時によって明確にするように要求を行なう．

■名詞（Noun）
人，場所，事物を同定するのに使われる**語**．

■メタ言語的気づき（Metalinguistic awareness）
言語の構造や機能，性質について考えたり，考察する能力．**音韻**への気づきも含む．

■物語；ナラティヴ（Narrative）
脱文脈化された**言語**で，聞き手や読み手にとって新しい情報からなる現実のできごとや虚構のできごとについ

て話す時に使われる言語。
■**物の永続性**(Object permanence)
生後1年目の後半に発達する能力で，対象物がもはや視野内になくなったとしても存在しつづけるということが理解できること。

┤や行├

■**優位言語**(Dominance)
二言語使用の話し手がより高い言語能力で使うことのできる**言語**のことをいう。
■**抑揚**(Intonation)
イントネーションを参照。

┤ら行├

■**理解方略**(Comprehensin strategies)
非言語方略を参照。

┤わ行├

■**話題**(Topic)
トピックを参照。
■**わたり音化**(Gliding)
処理の単純化の一種で，'l' を 'y' と発音したり，'r' を 'w' と発音したりすることをいう。

参考文献

AFASIC (1993) *Alone and Anxious: Parents' experiences of the services offered to children with speech and language impairments*, London: AFASIC.

Allen, M., Kertoy, M., Sherblom, J. and Pettit, J. (1994) 'Children's narrative productions: A comparison of personal event and fictional states', *Applied Psycholinguistics*, 15: 149–176.

American Psychiatric Association (1994) *Diagnostic and Statistical Manual of Mental Disorders*, 4th edn (DSM-IV), Washington, DC: American Psychiatric Associaton.

Anderson, R. T. (1998) 'Examining language loss in bilingual children', *The Multicultural Electronic Journal of Communication Disorders (MEJCD)*, 1: 1.

Ashmead, D. H. and Lipsitt, L.P. (1977) 'Newborn heart rate responsiveness to human voices', paper presented at the Meetings of the Society for Research in Child Development, Detroit.

Baker, C. (1996) 'Perceptions of bilinguals', *European Journal of Intercultural Studies*, 7 (1): 45–50.

Bancroft, D. (1995) 'Categorization, Concepts and Reasoning', in V. Lee and P. D. Gupta (eds), *Children's Cognitive and Language Development*, Oxford: Blackwell Publishers Ltd.

Baron-Cohen, S. (1999) *Mind blindness*, Cambridge, MA: The MIT Press.

Baron-Cohen, S., Leslie, A. M. and Frith, U. (1985) 'Does the autistic child have a "theory of mind"?', *Cognition*, 21: 37–46.

Barr, R., Hopkins, B. and Green, J. (2000) *Crying as a Sign, a Symptom and a Signal*, Cambridge: Mac Keith Press.

Bates, E. (1976) *Language and Context: The Acquisition of Pragmatics*, New York: Academic Press.

Bates, E. (1979) *The Emergence of Symbols: Cognition and communication in infancy*, New York: Academic Press.

Bates, E., Camaioni, L. and Volterra, V. (1975) 'The acquisition of performatives prior to speech', *Merrill-Palmer Quarterly*, 21: 205–224.

Bates, E. and Goodman, J. (1997) 'On the inseparability of grammar and the lexicon: Evidence from acquisition, aphasia and real time processing', *Language and Cognitive Processes*, 12 (5/6): 507–584.

Bates, E., Marchman, V. A., Thal, D. and Fenson, L. (1994) 'Developmental and stylistic variation in the composition of early vocabulary', *Journal of Child Language*, 21 (1): 85–123.

Bates, E., Thal, D., Finlay, B. and Clancy, B. (in press) 'Early Language Development and its Neural Correlates', to appear in I. Rapin and S. Segalowitz (eds), *Handbook of Neuropsychology, Vol. 6, Child Neurology*, 2nd edn, Amsterdam: Elsevier.

Battle, D. (2001) *Communication Disorders in Multicultural Populations*, Burlington, MA: Butterworth-Heinemann.

Bell, J. (1998) 'How I view children's television: Fiends or friends?' *Speech and Language Therapy in Practice*, Autumn: 26.

Bench, J. (1992) *Communication Skills in Hearing-Impaired Children*, London: Whurr Publishers Ltd.

Bernstein, B. (1975) *Class, Codes and Control*, London: Routledge and Kegan Paul.

Bernstein Ratner, N. (1989) 'Atypical Language Development', in J. Berko Gleason (ed.), *The Development of Language*, 2nd edn, Columbus: Merrill.

Bialystok, E. and Herman, J. (1999) 'Does bilingualism matter for early literacy?', *Bilingualism, Language and Cognition*, 2 (1): 35–44.

Bibbings, A. (1994) 'Carers and Professionals – the Carer's Viewpoint', in A. Leathard (ed.), *Going Inter-professional – Working together for health and welfare*, London: Routledge.

Billeaud, F. (1992) *Communication Disorders of Infants and Toddlers*, Burlington, MA: Butterworth-Heinemann.

Bishop, D. (1989) 'Autism, Asperger's syndrome and semantic-pragmatic disorder: Where are the boundaries?' *British Journal of Disorders of Communication*, 24: 107–121.

Bishop, D. and Leonard, L. (eds) (2001) *Speech and Language Impairments in Children*, New York: Psychology Press.

Bloom, L. (1993) *The Transition from Infancy to Language*, Cambridge, UK: Cambridge University Press.

Bloom, L. and Lahey, M. (1978) *Language Development and Language Disorders*, New York: John Wiley and Sons, Inc.

Boehm, A. E. (1976) *Boehm Resource Guide for Basic Concept Teaching*, New York: Psychological Corporation.

Boehm, A. E. (2000) *Boehm Test of Basic Concepts*, 3rd edn (Boehm-3), New York: Psychological Corporation.

Borden, J. and Harris, S. K. (1984) *Speech Science Primer*, 2nd edn, London: Williams and Wilkins.

Bosma, J. F., Truby, H. M. and Lind, J. (1965) 'Cry Sounds of the Newborn Infant', in J. Lind (ed.), *Newborn Infant Cry*, Acta Paediatrica Scandinavica, Supplement 163, Uppsala: Almquist and Wiksells.

Brinton, B. and Fujuki, M. (1989) *Pragmatic Assessment and Intervention with Language Impaired Children*, Maryland: Aspen Publishers, Inc.

Brown, R. (1973) *A First Language – The early stages*, London: George Allen and Unwin Ltd.

Bruner, J., Jolly, A. and Sylva, K. (1985) *Play: Its role in development and evolution*, Middlesex: Penguin.

Bruner, J. (1990) *Acts of Meaning*, Cambridge, MA: Harvard University Press.

Buckley, S. (2000) *Down syndrome issues and information. Speech and language development for individuals with Down syndrome – an overview*, Southsea: Down Syndrome Educational Trust.

Butterworth, G. (1991) 'The Ontogeny and Phylogeny of Joint Visual Attention', in A. Whiten (ed.), *Natural Theories of Mind*, Oxford: Blackwell.

Butterworth, G. and Jarrett, N. (1991) 'What minds have in common is space: Spatial mechanisms serving joint visual attention in infancy', *British Journal of Developmental Psychology*, 9: 55–72.

Bzoch, M. and League, R. (1991) *Receptive-Expressive Emergent Language Scales*, 2nd edn, Austin: PRO-ED, Inc.

Cantwell, D. and Baker, L. (1987) *Developmental Speech and Language Disorders*, New York: Guilford Press.

Carlsson-Paige, N. and Levin, D. (1990) *Who's Calling the Shots: How to respond to children's fascination with war play and war toys*, Gabriola Island, British Columbia: New Society Publishers.

Carpenter, M., Nagell, K. and Tomasello, M. (1998) 'Social cognition, joint attention and communicative competence from nine to fifteen months', in *Monographs of the Society for Research in Child Development*, 4: 255.

Catts, H. and Vartiainen, T. (1993) *Sounds Abound*, Moline: Illinois: LinguiSystems, Inc.

Chace, N. (2000) *Burdened Children*, London: Sage.

Chambers, W. & R. Ltd (1998) *The Chambers Dictionary*, Edinburgh: Chambers Harrap Publishers Ltd.

Chiat, S. (1986) 'Personal Pronouns', in Fletcher, M. and Garman, M. (eds), *Language Acquisition*, 2nd edn, Newcastle upon Tyne: Cambridge University Press.

Cline, T. and Baldwin, S. (1994) *Selective Mutism in Children*, London: Whurr Publishers Ltd.

Cohen, D. (1993) *The Development of Play*, 2nd edn, London: Routledge.

Cohen, N. (2001) 'Language impairment and psychopathology in infants, children and adolescents', *Developmental Clinical Psychology and Psychiatry Paper 45*, London: Sage.

Coleby, M. (1995) 'The school-aged siblings of children with disabilities', *Developmental Medicine and Child Neurology*, 37: 415–426.

Cooke, J. and Williams, D. (1985) *Working with Children's Language*, Oxford, UK: Winslow Press Ltd.

Cooper, J., Moodley, M. and Reynell, J. (1978) *Helping Language Development*, London: Edward Arnold Limited.

Crary, M. (1993) *Developmental Motor Speech Disorders*, London: Whurr.

Crutchely, A. (1999) 'Bilingual children with SLI attending language units: Getting the bigger picture', *Child Language Teaching and Therapy*, 15 (3): 201–217.

Crystal, D. (1986) 'Prosodic Development', in M. Fletcher and M. Garman (eds), *Language Acquisition*, 2nd edn, Newcastle upon Tyne: Cambridge University Press.

Crystal, D. (1988) *Introduction to Language Pathology*, London: Whurr Publishers Ltd.

Culp, R., Watkins, R., Lawrence, H., Letts, D., Kelly, D. and Rice, M. (1991) 'Maltreated children's language and speech development: Abused, neglected, and abused and neglected', *First Language*, 11: 377–389.

Cumine, V., Leach, J. and Stevenson, G. (1998) *Asperger Syndrome: A practical guide for teachers*, London: David Fulton Publishers.

Cummins, J. (1984) *Bilingualism and Special Education: Issues in assessment and pedagogy*, San Diego: College Hill Press.

Cunningham, C. and Davis, H. (1985) *Working With Parents: Frameworks for collaboration*, Milton Keynes: Open University Press.

De Casper, A. and Fifer, W. (1980) 'Of human bonding: Newborns prefer their mothers' voices', *Science*, 208: 1174–1176.

Della-Corte, M., Benedict, H. and Klein, D. (1983) 'The Linguistic Environment', in D. Ingram (ed.), *First Language Acquisition* (1989), Cambridge, UK: Cambridge University Press.

Department of Education and Science (1988) *The Cox Report: National Curriculum Council Proposals of the Secretary of State for Education and Science and the Secretary of Wales*, London: The Stationery Office.

Department of Health (1999) *Working Together to Safeguard Children*, London: The Stationery Office.
DePompei, R. and Blosser, J. (1994) *Paediatric Traumatic Brain Injury*, San Diego, CA: Singular Publishing Group, Inc.
Dickinson, D., Wolf, M. and Stotsky, S. (1989) 'Words Move: The interwoven development of oral and written language', in J. Berko Gleason (ed.), *The Development of Language*, 2nd edn, Columbus: Merrill Publishing Company.
Dore, J. (1979) 'Conversational Acts and the Acquisition of Language', in E. Ochs and B. Schiefelin (eds), *Developmental Pragmatics*, New York: Academic Press.
Dore, J., Franklin, M. B., Miller, R. T. and Ramer, A. L. H. (1976) 'Transitional phenomena in early language acquisition', *Journal of Child Language*, 3: 343–350.
Drury, R. (2000) 'Bilingual children in the nursery: A case study of Samia at home and at school', *European Early Childhood Education Research Journal*, 8 (1): 43–59.
Duncan, D. (1989) *Working with Bilingual Language Disability*, New York: Chapman & Hall.
Dunseath, A. (1998) 'How I view children's television: Dynamic viewing', *Speech and Language Therapy in Practice*, Autumn: 27.
Edwards, J. (1979) *Language and Disadvantage*, London: Edward Arnold.
Egeland, B., Sroufe, A. and Erickson, M. (1983) 'The developmental consequence of different patterns of maltreatment', *Child Abuse and Neglect* 7: 459–469.
Emde, R. N., Gaensbauer, T. J. and Harmon, R. J. (1976) 'Emotional expression in infancy: A biobehavioural study', *Psychological Issues*, 10 (37).
Enderby, P. and Phillip, R. (1986) 'Speech and language handicap: Towards knowing the size of the problem', *British Journal of Disorders of Communication*, 21: 151–165.
Fantz, R. L. (1963) 'Pattern vision in newborn infants', *Science*, 140: 296–297.
Fawcett, A. J. and Nicholson, R. I. (1999) 'Performance of dyslexic children on cerebellar and cognitive tests', *Journal of Motor Behaviour*, 31 (1): 68–78.
Ferguson, C. (1977) 'Baby Talk as a Simplified Register', in C. Snow and C. Ferguson (eds), *Talking to Children*, Cambridge, UK: Cambridge University Press.
Ferguson, C. A. (1978) 'Learning to Pronounce: The earliest stages of phonological development in the child', in F. D. Minifie and L.L. Lloyd (eds), *Communication and Cognitive Abilities – Early behavioural assessment*, Baltimore: University Park Press.
Filipek, P. and Prizant, B. M. (1999) 'The screening and diagnosis of autistic spectrum disorders', *Journal of Autism and Developmental Disorders*, 29: 439–484.
Filipek, P. and Prizant, B. M. (2000) 'Practice parameter: Screening and diagnosis of autism', *Neurology*, 55: 468–479.
Folger, I. P. and Chapman, R. S. (1977) 'A pragmatic analysis of spontaneous imitations', *Journal of Child Language*, 5: 25–38.
Fox, L., Long, S. and Langlois, A. (1988) 'Patterns of language comprehension: Deficit in abused and neglected children', *Journal of Speech and Hearing Disorders*, 53: 239–245.
Freeark, K., Frank, S., Wagner, E., Lopez, M., Olmstead, C. and Girard, R. (1991) 'Otitis media, language development, and parental verbal stimulation', in *Journal of Paediatric Psychology*, 17 (2): 173–185.
Friedlander, B. (1970) 'Receptive language development in infancy', *Merrill Palmer Quarterly*, 16: 7–51.
Frith, U., Morton, J. and Leslie, A. M. (1991) 'The cognitive basis of a biological disorder: Autism', *Trends in Neuroscience*, 14: 433–438.
Garman, M. (1990) *Psycholinguistics*, Cambridge, UK: Cambridge University Press.

Garnica, O. (1977) 'Some Prosodic and Paralinguistic Features of Speech to Young Children', in C. S. Snow and C. A. Ferguson (eds), *Talking to Children*, Cambridge, UK: Cambridge University Press.

Garton, A. (1992) *Social Interaction and the Development of Language and Cognition*, Hove: Lawrence Erlbaum Associates.

Garvey, C. (1977) *Play*, 2nd edn, London: Fontana Press.

Genesee, F. (1993) 'Bilingual Language Development in Preschool Children', in D. Bishop and K. Mogford (eds), *Language Development in Exceptional Circumstances*, Hove: Lawrence Erlbaum Associates.

Girolametto, L., Steig Pearce, P. and Weitzman, E. (1996a) 'The effects of focused stimulation for promoting vocabulary in young children with delays: A pilot study', *Journal of Children's Communication Development*, 17 (2): 39–49.

Girolametto, L., Steig Pearce, P. and Weitzman, E. (1996b) 'Interactive focused stimulation for toddlers with expressive vocabulary delays', *Journal of Speech and Hearing Research*, 39: 1274–1283.

Gleitman, L. R., Newport, E. L. and Gleitman, H. (1984) 'The current status of the motherese hypothesis', *Journal of Child Language*, 11: 43–79.

Gloglowska, M. (2001) *Time to Talk*, London: Whurr Publishers Ltd.

Goldstein, S. and Goldstein, M. (1992) *Hyperactivity – Why won't my child pay attention? A complete guide to Attention Deficit Disorder for parents, teachers and community agencies*, New York: Wiley.

Gross, R. (1992) *Psychology: The science of mind and behaviour*, 2nd edn, London: Hodder and Stoughton.

Grunwell, P. (1987) *Clinical Phonology*, 2nd edn, London: Chapman and Hall.

Haggard, M. (1992) 'Screening children's hearing', *British Journal of Audiology*, 26: 209–215.

Hakuta, K. (1990) 'Bilingualism and bilingual education: A research perspective', *NCBE Focus: Occasional Papers in Bilingual Education*, 1. Online. Available HTTP: <http://www.ncbe.gwu.edu/ncbepubs/focus/focus1.htm>. Accessed 14 October 2001.

Hakuta, K. and D'Andrea, C. (1990) 'Some properties of bilingual maintenance and loss in Mexican background high school students', unpublished manuscript, School of Education, Stanford University.

Hall, D. (1989) 'Screening for Hearing Impairment', in D. Hall, *Health for all Children* (1996), Department of Health.

Hall, D. (1996) *Health for all Children: Report of the third joint working party on child health*, 3rd edn, Department of Health.

Halliday, M. A. K. (1994) 'The Place of Dialogue in Children's Construction of Meaning', in R. B. Ruddel, M. R. Ruddell and H. Singer (eds), *Theoretical Processes and Models of Reading*, 4th edn, Newark, NJ: International Reading Association.

Happé, F. (1994) *Autism: An introduction to psychological theory*, Hove: Psychology Press.

Harding, C. G. (1983) 'Acting with Intention: A framework for examining the development of intention', in L. Feagans, C. Garvey and R. Golinkoff (eds), *The Origins and Growth of Communication*, Norwood, NJ: Ablex.

Harris, P. (1989) *Children and Emotion*, Oxford, UK: Basil Blackwell Ltd.

Haynes, W. O. (1998) 'Single-Word Communication: A Period of Transitions', in W. O. Haynes and B. B. Shulman (eds) *Communication Development: Foundations, processes and clinical applications*, Baltimore: Williams and Wilkins

Healy, J. (1998) 'Understanding TV's effects on the developing brain', *American Academy of Pediatrics*, May. Online. Available HTTP: <http://www.aap.org/advocacy/chm98nws.htm>. Accessed 25 July 2002.

Hetherington, E. M. and Parke, R. D. (1986) *Child Psychology: A contemporary viewpoint*, New York: McGraw-Hill Inc.

Hewlett, N. (1990) 'Processes of Development and Production', in P. Grunwell (ed.), *Developmental Speech Disorders*, London: Churchill Livingstone.

HMSO (1989) *The Children Act*, London: HMSO.

Imich, A. (1998) 'Selective mutism: The implications of current research for the practice of educational psychologists', *Educational Psychology in Practice*, 4 (1): 52–59.

Ingram, D. (1989) 'The period of simple sentences: Phonological and semantic acquisition', in *First Language Acquisition*, Cambridge, UK: Cambridge University Press.

Jaffe, J., Stern, D. and Perry, C. (1973) '"Conversational" coupling of gaze behaviour in prelinguistic human development', *Journal of Psycholinguistic Research*, 2: 321–330.

Jeffree, D. M., McConkey, R. and Hewson, S. (1985) *Let Me Play*, London: Souvenir Press (Educational and Academic) Ltd.

Johnson, C. E. (1983) 'The Development of Children's Interrogatives: From Formulas to Rules', unpublished thesis, The University of British Columbia.

Johnson, M. (2000) 'Verbal Reasoning Skills Assessment', unpublished assessment, East Kent Community NHS Trust Speech and Language Therapy Service.

Johnson, M. and Wintgens, A. (2001) *The Selective Mutism Resource Manual*, Bicester: Speechmark Publishing.

Juan-Garau, M. and Perez-Vidal, C. (2001) 'Mixing and pragmatic parental strategies in early bilingual acquisition', *Journal of Child Language*, 28: 59–86.

Kahn, A. (2000) *Craniofacial Anomalies*, San Diego, CA: Singular Publishing Group, Inc.

Kamhi, A. (1989) 'Language Disorders in Children', in M. Leahy (ed.), *Disorders of Communication: the Science of intervention*, London: Taylor and Francis.

Kingsley, E. P. (undated) 'Welcome to Holland', *Family Support Institute Newsletter*, Vancouver.

Kolb, B. and Wishaw, I. (1990) *Fundamentals of Human Neuropsychology*, 3rd edn, New York: W. H. Freeman and Company.

Krashen, S. (1981) *Second Language Acquisition and Second Language Learning*, Oxford: Pergamon.

Kugiumutzakis, G. (1993) 'Intersubjective Vocal Imitation in Early Mother–Infant Imitation', in J. Nadel and L. Camaioni (eds), *New Perspectives in Early Communicative Development*, London: Routledge.

Labov, W. (1972) *Language in the Inner City*, Pennsylvania: United Press.

Lambert, H. W. (1975) 'Culture and Language as Factors in Learning and Education', in A. Wolfgang (ed.), *Education of Immigrant Students*, Toronto: OISE Press.

Lancaster, G. and Pope, L. (1996) *Working with Children's Phonology*, Bicester: Winslow Press.

Langdon, H. W. and Cheng, L. L. (1992) *Hispanic Children and Adults with Communication Disorders: Assessment and intervention*, Maryland: Aspen Publishers, Inc.

Lansdown, R. (1980) *More than Sympathy: The everyday needs of sick and handicapped children and their families*, London: Tavistock Publications.

Law, J. and Conway, J. (1990) *Child Abuse and Neglect: The effect on communication development – a review of the literature*, London: AFASIC.

Law, J., Parkinson, A. and Tamnhe, R. (eds) (1999) *Communication Difficulties in Childhood: A practical guide*, Oxford: Radcliffe Medical Press.

Leach, P. (1997*) Your Baby and Child*, London: Penguin.

Lees, J. and Neville, B. (1993) *Children with Acquired Aphasias*, London: Whurr Publishers Ltd.
Lees, J. and Urwin, S. (1991) *Children with Language Disorders*, London: Whurr.
Lester, B. and Zachariah Boukydis, C. (1985) *Infant Crying: Theoretical and research perspectives*, New York: Plenum Publishing Corporation.
Levin, D. (1998) *Remote Control Childhood? Combating the hazards of media culture*, Washington, DC: NAEYC.
Liles, B. (1993) 'Narrative discourse in children with language disorders and children with normal language: A critical review of the literature', *Journal of Speech and Hearing Research*, 36: 868–882.
Lippi-Green, R. (1994) 'Accent, standard and language ideology, and discriminatory pretext in court', *Language in Society*, 23: 163–198.
Lock, A. (1993) 'Human Language Development and Object Manipulation: Their relation in ontogeny and its possible relevance for phylogenetic questions', in K. R. Gibson and T. Ingold (eds), *Tools, Language and Cognition in Human Evolution*, Cambridge: Cambridge University Press.
Locke, J. L. (1983) *Phonological Acquisition and Change*, New York: Academic Press.
Locke, J. L. (1993) *The Child's Path to Spoken Language*, Cambridge, MA: Harvard University Press.
Lorenz, S. (1998) *Children with Down's Syndrome: A guide for teachers and learning support assistants in mainstream primary and secondary schools*, Cambridge, UK: David Fulton Publishers.
Love, R. and Webb, W. (1992) *Neurology for the Speech-Language Pathologist*, 2nd edn, Boston: Butterworth-Heinemann.
Luria, A. R. (1961) *The Role of Speech in the Regulation of Normal and Abnormal Behaviour*, Oxford: Pergamon Press.
Maccoby, E. E. (1980) *Social Development: Psychological growth and the parent–child relationship*, New York: Harcourt Brace Jovanovich, Inc.
McDonald, L. and Pien, D. (1982) 'Maternal conversational behaviour as a function of interactional intent', *Journal of Child Language*, 9: 337–358.
Madhani, N. (1994) 'Working with Speech and Language Impaired Children from Linguistic Minority Communities', in D. Martin (ed.), *Services to Bilingual Children with Speech and Language Difficulties: Proceedings of the 25th anniversary AFASIC conference*, AFASIC, Doppler Press: Brentwood.
Malavé, L. M. (1997) 'Parent characteristics: Influence in the development of bilingualism in young children', *NYSABE Journal*, 12: 15–42.
Mandler, J., Bauer, P. and McDonagh, L. (1991) 'Separating the sheep from the goats', *Cognitive Psychology*, 23: 263–298.
Marinac, J. V. and Ozanne, A. E. (1999) 'Comprehension strategies: The bridge between literal and discourse understanding', *Child Language Teaching and Therapy*, 15 (3): 233–246.
Martin, D. (1994) 'Introduction' to services to bilingual children with speech and language difficulties: Proceedings of the 25th anniversary AFASIC conference, AFASIC, Brentwood: Doppler Press.
Mathieson, B., Skuse, D., Wolke, D. and Reilly, S. (1989) 'Oral-motor dysfunction and failure to thrive among inner city infants', *Developmental Medicine and Child Neurology*, 31: 293–302.
Meltzoff, A. N. and Moore, M. K. (1983) 'Newborn infants imitate adult facial gestures', *Child Development*, 54: 702–709.

Menn, L. (1989) 'Phonological Development: Learning Sounds and Sound Patterns', in J. Berko Gleason (ed.), *The Development of Language*, 2nd edn, Columbus: Merrill Publishing Company.

Miller, N. (1978) 'The bilingual child in the speech therapy clinic', *British Journal of Disorders of Communication*, 13 (1): 17–30.

Milloy, N. and Morgan-Barry, R. (1990) 'Developmental Neurological Disorders', in P. Grunwell (ed.), *Developmental Speech Disorders*, London: Churchill Livingstone.

Milroy, L. (2001) 'The Social Categories of Race and Class: Language ideology and sociolinguistics', in N. Coupland, S. Sarangi and C. N. Candlin (eds), *Sociolinguistics and Social Theory*, Harlow: Pearson Education Ltd.

Mogford, K. (1993) 'Language Development in Twins', in D. Bishop and K. Mogford (eds), *Language Development in Exceptional Circumstances*, Hove: Lawrence Erlbaum Associates Limited.

Mogford, K. and Bishop, D. (1993a) 'Language Development in Unexceptional Circumstances', in D. Bishop and K. Mogford (eds), *Language Development in Exceptional Circumstances*, Hove: Lawrence Erlbaum Associates Limited.

Mogford, K. and Bishop, D. (1993b) 'Five Questions about Language Acquisition Considered in the Light of Exceptional Circumstances', in D. Bishop and K. Mogford (eds), *Language Development in Exceptional Circumstances*, Hove: Lawrence Erlbaum Associates Limited.

Murdoch, B. (ed.) (1990) *Acquired Neurological Speech and Language Disorders in Childhood*, London: Taylor and Francis.

Murray, L. (1992) 'The impact of postnatal depression on infant development', *Journal of Child Psychology and Psychiatry*, 33: 543–561.

Murray, L. (2001) 'How postnatal depression can affect children and their families', Community Practitioners' and Health Visitors' Association (CPHVA) Conference Proceedings, October, 20–23.

Murray, L. and Andrews, L. (2000) *The Social Baby: Understanding babies' communication from birth*, London: CP Publishing.

Myers Pease, D., Berko Gleason, J. and Alexander Pan, B. (1989) 'Gaining Meaning: Semantic development', in J. Berko Gleason (ed.), *The Development of Language*, 2nd edn, Columbus: Merrill Publishing Company.

Newport, E. L. (1976) 'Motherese: The speech of mothers to young children', in N. Castellan, D. Pisoni and G. Potts (eds), *Cognitive Theory*, Vol 2, Hillsdale, NJ: Erlbaum.

NHS Centre for Reviews and Dissemination, University of York (1998) 'Preschool hearing, speech, language and vision screening', *Effective Health Care*, 4 (2): 1–12.

Northern, J. L. and Downs, M. P. (1991) *Hearing in Children*, 4th edn, Baltimore: Williams and Wilkins.

Olson, G. M. and Sherman, T. (1983) 'Attention, Learning and Memory in Infants', in P. H. Mussen (eds), *Handbook of Child Psychology*, 4th edn, New York: Wiley.

Pan, B. and Snow, C. E. (1999) 'The Development of Conversational and Discourse Skills', in M. Barrett (ed.), *The Development of Language*, London: UCL Press.

Paul, R. (1995) *Language Disorders from Infancy through Adolescence: Assessment and intervention*, New York: Elsevier.

Paul, R. and Miller, J. (1995) *The Clinical Assessment of Language Comprehension*, Baltimore: Brookes Publishing.

Porter, L. and McKenzie, S. (2000) *Professional Collaboration with Parents of Children with Disabilities*, London: Whurr Publishers Ltd.

Prizant, B. (2001) 'Autism spectrum disorders: The SCERTS model for enhancing communicative and socio-emotional competence – from early intervention to the early school years', seminar presented at I-CAN centre, London, June.

Prizant, B. and Wetherby, A. (1990) 'Toward an integrated view of early language and communication development and socioemotional development', *Topics in Language Disorders*, 10: 1–16.

Reddy, V. (1999) 'Prelinguistic Communication', in M. Barrett (ed.), *The Development of Language*, London: UCL Press.

Rettig, M. (1995) 'Play and cultural diversity', *The Journal of Educational Issue of Language Minority Students*, 15. Online. Available HTTP: <http://www.ncbe.gwu.edu/miscpubs/jeilms/vol15/playandc.htm>. Accessed 14 May 2000.

Reynell, J. (1980) *Language Development and Assessment*, Lancaster: MTP Press Limited.

Robinson, R. J. (1987) 'The Causes of Language Disorder: Introduction and overview', *Proceedings of the First International Symposium of Specific Speech and Language Disorders in Children, Reading*, London: AFASIC.

Roeper, T. (1982) 'Grammatical Principles of First Language Acquisition: Theory and Evidence', in E. Wanner and L. R. Gleitman (eds), *Language Acquisition: The state of the art*, Cambridge, UK: Cambridge University Press.

Rogers-Adkinson, D. and Griffith, P. (eds) *Communication Disorders and Children with Psychiatric and Behavioural Disorders*, San Diego, CA: Singular Publishing Group, Inc.

Rondal, J. A. (1993) 'Down's Syndrome', in D. Bishop and K. Mogford (eds), *Language Development in Exceptional Circumstances*, Hove: Lawrence Erlbaum Associates Limited.

Ruddy, M. and Bornstein, M. (1988) 'Cognitive correlates of infant attention and maternal stimuli over the first year of life', *Child Development*, 82: 53–183.

Sancho, J., Hughes, E., Davis, A. and Haggard, M. (1988) 'Epidemiological Basis for Screening Hearing', in B. Mc Cormick (ed.), *Paediatric Audiology 0–5 years*, London: Whurr Publishers Ltd.

Sheridan, M. D. (1997) *From Birth to Five Years: Children's Developmental Progress*, 4th edn, London: Routledge.

Shipley, K. and McAfee J. (1998) *Assessment in Speech-Language Pathology: A resource manual*, 2nd edn, London: Singular Publishing Group.

Snow, C. E. (1977) 'The development of conversations between mothers and babies', *Journal of Child Language*, 4: 1–22.

Snow, C.E. (1986) 'Conversations with Children', in P. Fletcher and M. Garman (eds), *Language Acquisition*, 2nd edn, Newcastle upon Tyne: Cambridge University Press.

Sroufe, L. A., Waters, E. and Matas, L. (1974) 'Contextual Determinants of Infant Affectional Response', in M. Lewis and L. Rosenblum (eds), *Origins of Fear*, New York: Wiley.

Stackhouse, J. and Wells, B. (1997) *Children's Speech and Literacy Difficulties*, London: Whurr Publishers Ltd.

Stark, R. E. (1986) 'Prespeech Segmental Feature Development', in P. Fletcher and M. Garman (eds), *Language Acquisition*, 2nd edn, Newcastle upon Tyne: Cambridge University Press.

Stark, R. E., Rose, S. N. and McLagen, M. (1975) 'Features of infant sounds: The first eight weeks of life', *Journal of Child Language*, 2: 205–221.

Starkweather, W. (1987) *Fluency and Stuttering*, Englewood Cliffs, NJ: Prentice Hall.

Stern, D. N., Spieker, S. and MacKain, K. (1982) 'Intonation contours as signals in maternal speech to prelinguistic infants', *Developmental Psychology*, 18: 727–735.

Stock Kranowitz, C. (1998) *The Out-of-Sync Child: Recognizing and coping with sensory integration dysfunction*, New York: Berkeley Publishing Group.

Sure Start Unit (2002) *Making a Difference for Children and Families*, London, DfES (Department for Education and Science) Publications.
Tager-Flusberg, H. (1989) 'Putting Words Together: Morphology and syntax in the preschool years', in J. Berko Gleason (ed.), *The Development of Language*, 2nd edn, Columbus: Merrill Publishing Company.
Tallal, P., Miller, S. and Fitch, R. (1993) 'Neurological basis of speech: A case for the pre-eminence of temporal processing', in *Temporal information processing in the nervous system: Special reference to dyslexia and dysphasia, Annals of the New York Academy of Sciences*, 682: 27–47.
Taylor, L. (1998) 'How I view children's television: Working with parents', *Speech and Language Therapy in Practice*, Autumn: 24–25.
Tomasello, M. and Brooks, P. J. (1999) 'Early Syntactic Development: A construction grammar approach', in M. Barrett (ed.), *The Development of Language*, London: UCL Press.
Tomasello, M. and Farrar, M. J. (1986) 'Joint attention and early language', *Child Development*, 57: 1454–1463.
Tomasello, M. and Todd, J. (1983) 'Joint attention and lexical acquisition style', *First Language*, 4: 197–212.
Tomblin, J., Morris, H. L. and Spriestersbach, D. C. (eds) (2000) *Diagnosis in Speech-Language Pathology*, 2nd edn, San Diego, CA: Singular Publishing Group, Inc.
Trachtenberg, S. W. and Batshaw, M. L. (1997) 'Caring and Coping: The family of a child with disabilities', in M. L. Batshaw (ed.), *Children with Disabilities*, 4th edn, Baltimore: Paul H. Brookes Publishing Co.
Trevarthen, C. (1977) 'Descriptive analyses of infant communicative behaviour', in H. R. Schaffer (ed.), *Studies in mother-infant interaction*, London: Academic Press.
Trevarthen, C. (1980) 'The foundations of intersubjectivity: Development of inter-personal and cooperative understanding in infants', in D. Olson (ed.), *The Social Foundations of Language and Thought: Essays in Honor of Jerome S. Bruner*, New York: Norton.
Trudgill, P. (1975) *Accent, Dialect and the School*, London: Edward Arnold.
Volterra, V. and Taeschner, T. (1978) 'The acquisition and development of language by bilingual children', *Journal of Child Language*, 5: 311–326.
Warren-Leubecker, A. and Bohannon III, J. N. (1989) 'Pragmatics: Language in social contexts', in J. Berko Gleason (ed.), *The Development of Language*, Columbus: Merrill Publishing Company.
Watson, C. (1995) 'Helping families from other cultures decide on how to talk to their child with language delays', *Wig Wag magazine*, Hanen Centre, Ontario, Winter.
Watson, C. (1998) 'Heightening the emphasis on language by blending focused stimulation with the 3A approach in the Hanen Program', *Wig Wag magazine*, Hanen Centre, Ontario, Winter.
Watson, C. and Cummins, J. (1999) 'Some things to know about children acquiring two languages', *Wig Wag magazine*, Hanen Centre, Ontario, March.
Watters, L. (1998) 'How I view children's television: Valuable videos', *Speech and Language Therapy in Practice*, Autumn: 27–28.
Weitzman, E. (1996) 'A modified Hanen program for toddlers with specific language impairment: Results of a two-year study', *Wig Wag magazine*, Hanen Centre, Ontario, Winter.
Weitzman, E. (1998) 'A summary of a fascinating book about the origins of intellectual disparity', Book review of *Meaningful Differences in the Everyday Experiences of Young*

American Children by Betty Hart and Todd Risley (1995, published by Paul Brookes), in *Wig Wag magazine*, The Hanen Centre, Ontario, Winter.

Wellman, H. M. (1993) 'Early Understanding of Mind: The normal case', in S. Baron-Cohen, H. Tager-Flusberg and D. Cohen (eds), *Understanding Other Minds: Perspectives from autism*, Oxford, UK: Oxford University Press.

Westby, C. E. (1998) 'Social-Emotional Bases of Communication Development', in W. O. Haynes and B. B. Shulman (eds), *Communication Development: Foundations, processes and clinical applications*, Baltimore: Lippincott Williams and Wilkins.

Wetherby, Al, and Prizant, B. (1989) 'The expression of communicative intent: Assessment guidelines', *Seminars on Speech and Language*, 10: 77–91.

Wetherby, Al, and Prizant, B. (1993) 'Communication in Preschool Autistic Children', in E. Shopler, M. van Bourgondien and M. Bristol (eds), *Preschool Issues in Autism*, New York: Plenum.

Wing, L. and Gould, J. (1979) 'Severe impairments of social interaction and associated abnormalities in children: Epidemiology and classification', *Journal of Autism and Childhood Schizophrenia*, 9: 11–29.

Wong Fillmore, L. (1979) 'Individual Differences in Second Language Acquisition', in C. J. Fillmore, W. S. Wang and D. K. Kempler (eds), *Individual Differences in Language Ability and Language Behaviour*, New York: Academic Press.

事項索引

あ
アイ・コンタクト　44
アクセントのない音節の削除　139
暗黙の知識　16, 200

い
息継ぎ　26
育児語　25
異言語間　ii
1語発話　145
意図的コミュニケーション　37
異文化間　ii
意味特徴仮説　158
意味の微調整　27
意味論　6, 28
意味論的発達　70
イントネーション　6

え
's' 以外の融合縮小　140
's' の融合縮小　140

お
音韻への気づき　138, 182, 209, 233
音韻論　4, 28
音韻論的体系　96
音韻論的発達　96
音感語　57
音響シグナル　14

か
ガーグリング　54, 60
概念的知識　35
概念的なカテゴリー　35
解剖学的構造　52, 60
会話の修復　87, 123, 124
学習障害　230
可算名詞　176
過小外延　72, 73
過剰外延　72, 73, 75
過剰使用　136
過剰般化　136, 159, 176

か（続）
仮説検証　71
カテゴリー的知識　35
感音性難聴　236, 250
感覚入力情報　15
環境的要因　21, 29
関係節　162
感情的世界　2

き
擬音（オノマトペ）　70
機能的性質　35
機能的統合　55
脚韻への気づき　138
虐待　223-225, 239, 253
驚愕反応　32
共同参照　39
共同参照の確立　39
共同注意　33, 45, 64, 80, 100, 221
協同的なごっこ遊び　109

く
クーイング　54, 60
空間語　114

け
形態素　131
形態論　5, 28
結語音縮小　96
原言語　57
言語コミュニケーション　3
言語コミュニケーションスキル　i
言語喪失　204, 210, 212
言語聴覚士　v, 257, 264, 267, 270, 273
言語的手段　2
言語的ターンテイキング　84
言語的注釈　109
言語のルール　25

こ
語彙の爆発的増加　78, 89-91, 101
声のピッチ　26
コード化　10, 15
心の読み取り　228, 229
語順規則　130

誇張表現　26
語頭音節の重複　96
言葉を長めに言う　26
語末子音省略　96
語末の規則　130
語末子音の削除　139
コミュニケーション　224
コミュニケーション障害　229
コミュニケーションスキル　i
コミュニケーションの難しさ　225
語用論　6, 28
語連鎖　66

さ
3語期　118
3語句　95, 131, 132, 143

し
子音一致　139
子音調和　96
ジェスチャー　3
視覚障害　237, 239
視覚的注意　106
視覚フィードバック　16, 21
志向性　44
自己修復　88
自己定義的性質　91
指示対象　70
指示対象物　69
自閉症圏障害　243, 266
ジャーゴン　56-58, 60, 89, 95, 97
社会的遊び　111
社会的交換　39
社会的コミュニケーション障害　230
社会的世界　2
社会的相互作用　22, 42, 80
社会的動機　59
社会的微笑　44
弱音節省略　96
従属節　165
障害の3組　229
少数派言語　189-191, 198, 203, 204, 210, 212, 213
象徴機能　66

情緒的絆　242
情報処理　12
触覚フィードバック　21
自律神経性の音声　53, 60
身体的虐待　223
心的辞書　194
心的状態　228
心的処理　12
心的能力　229
シンボル遊び　107
シンボル理解　65

せ
制限されたコード　24, 25
精緻化　86
精緻化されたコード　24, 25
性的虐待　223
声道器官　9
前意図的コミュニケーション　37
穿通傷害　234

そ
相互作用　29
喪失感　244
想像遊び　107, 109, 119, 145, 229
双方向コミュニケーション　12

た
多数派言語　189, 190, 202, 211-214
単一チャンネル　63, 64

ち
注意欠陥障害　156
調音器官　8
聴覚障害　235, 237, 239, 250, 260, 263
聴覚処理過程　28
聴覚的処理　14
聴覚的注意　106
聴覚的メッセージ　3
聴覚フィードバック　16, 21

て
電報体発話　93

と
等位接続　163
統語論　5, 28
特異的言語障害　232

な
内的要因　22, 29
喃語　55, 62, 88, 95, 97, 101-103, 145, 185
喃語期　101
喃語模倣ゲーム　55

に
2言語獲得　191
2言語同時獲得　191, 194, 196
2語句　92, 145
2語レベル　92
認知障害　230, 232

ね
ネグレクト（無視）　223-225, 239

は
排除的バイリンガリズム　203
バイリンガリズム　187, 188, 191, 194, 206-208, 210, 213, 215
バイリンガル　187-199, 202-215, 221, 224
パターン単純化　95, 137-139, 142
発達的な非流暢性　141
場面緘黙　226, 227
パントマイム　109

ひ
非可算名詞　176
非言語コミュニケーションスキル　i
非言語的手段　2
非言語的方略　68
微細脳損傷　234
表出言語　22
表象遊び　66
非流暢性　177
非流暢性発話　232

ふ
文法スキル　130
文法的規則　16
文法的ルールを獲得　26
文法標識　131
文脈依存の有声化　96, 139

へ
閉鎖音　140
閉鎖音化　140
変動性難聴　236

ほ
方向転換　119
母語喪失　203
ボディ・ランゲージ　3

ま
摩擦音　140
マザリーズ　25, 222
マザリーズ仮説　25, 26

も
物の永続性　34, 91
モノリンガリズム　189
モノリンガル　187, 193, 194, 197, 204, 207-209, 213-215

や
役割遊び　112, 119, 149
役割交代（ターンテイキング）　42, 82, 84, 100

ゆ
有意味語　35
有声化　10

よ
抑揚パターン　56

あとがき

　国際化が急速に進む21世紀においては，文化の異なる人々との間で，個を明確に発揮すると同時に相手と協調しながら創造的にコミュニケートしたり，ものの見方や考え方や価値観の異なる他者と一緒になり，真摯にディスカッションすることをとおして，複雑で多様な問題を創造的に解決していかねばならない機会や状況がふえる。文部科学省もこうした時代動向を踏まえ，「新しい時代を拓く心を育む」ための「コミュニケーション教育」の重要性を指摘している。

　しかし，従来の日本の学校教育では，ひとつのテーマを巡って公の場で創造的に意見を戦わせるディスカッション行為を重要視してこなかったために，「コミュニケーションスキル」を適切に育む学習環境作りや教育的営みが十分でなかったといえる。いや，「言外の意味や意図を察する」こと，や「個の主張よりも全体の和を尊重する」ところに価値を置く日本文化そのものが，「公の場で創造的に意見を戦わせるディスカッション行為や技量」そのものを軽視してきた感があるといってよい。また，人間は，「はじめから人間として生まれてくるのではなく，人間になる可能性をもってヒトとして生まれ，他者との関わり，すなわち，他者とのコミュニケーションをとおして，社会的ルールやいろいろなものの見方や考え方や価値観や規範を身につけ，初めて人間になるのである」ということを，あまりにも自明のこととして受けとめ，「コミュニケーションの成り立ちや発達的意義」に細心の注意を払うことなく，その結果，幼児期からの「コミュニケーションスキル育成」に向けて，真剣に学習環境作りや教育的はたらきかけ（営み）に努力してこなかったともいえる。

　ところが，いま日本の教育界や社会において，様々な人々（子どもどうし，子どもと親，子どもと教師，教師と親，親と親）との間のディス・コミュニケーション（たとえば，家庭内対話の欠如やコミュニケーションの欠如やズレなど）が原因で，深刻な教育的・社会的病理現象が蔓延していることから，「コミュニケーション教育」の重要性が叫ばれ，根本から新たな問い直し，見直しが起こっている。根本からの問い直し，それは「コミュニケーションを支える

人間関係とは？」「コミュニケーションスキルはいかに発達していくのか？　その発達の道筋は？」「コミュニケーションスキルを育むには，どのような家庭環境や学習環境が適切か？」「適切にコミュニケーションスキルを育むには，いかなる教育的営みが不可欠か？　親や教師はどうのように関わるべきか？」「コミュニケーション障害になる可能性の前兆をいかに適切に早くキャッチするか？」「コミュニケーション発達の診断基準とは？」など，指摘すればきりがない。

　コミュニケーションとは，広義には，「言語的ないし非言語的道具を使って，自分が頭の中に抱いている抽象的な思考内容や心の中に感じている気持ちや意図や要求や願望などを，相手に伝え，それらのコピーを相手の頭の中や心の中に創り出す行為」である。伝えるのは，形のあるものではなく，頭や心の中にある気持ちや考え，思いやりといった形も重みもないものであるだけに，具体的な物を手渡すというような単純な行為ではなく，非常に難しい。ここでは，形も重みもない非具象的な内容を，知覚できる「しるし」に置き換えて，相手に伝える（手渡す）という知的営みないしは努力が必要になる。知覚できる"しるし"にあたるのが，耳から入る音声や，目から入る身振りや動作や文字である。この音声や文字を，うまく組み合わせたり組み立てたりして，自分の内面世界の気持ちや考えや意図を置き換えたものが，言葉となって，表に現われるのである。

　このように，コミュニケーションの過程では，心の中や頭の中にある非具象的な内容を，直接そのまま，相手に伝えることができないために，知覚できる「しるし」に置き換える知的作業を必要とするのであるが，実は，この「置き換え作業」そのもの，さらには「置き換えられたそのもの」をどのように理解するかがキーポイントであり，コミュニケーション成立の是非を決定づける重要なカギを担っているといってよい。その理由はこうである。

　第一には，話し手が，言葉や身振りに置き換えて伝えようとしているものは，話し手が心や頭の中に抱いている気持ちや考えのすべてではない。言葉や身振りにすべてをうまく置き換えることができずに，一部は抜け落ちているかもしれない。それだけに，聞き手は，話し手の言葉や身振りのみに依拠し，話し手の気持ちや考えを理解しようとするのではなく，それに加えて，話し手の「言

外の意味や意図」を汲み取る努力をしなければならない。もし，聞き手が，話し手の表面的な身振りや音声や文字情報にのみに頼ってしまうと，誤解を招いてしまう危険性が大であるということだ。聞き手が，話し手の気持ちや考えや意図に限りなく近づくためには，話し手の「言外の意味や意図」を汲み取ったり，文脈やその場の雰囲気の基底に流れている背景情報を読みとることがきわめて重要となる。

　聞き手が，この話し手の「言外の意味や意図」を汲み取ったり，場の雰囲気の中に埋没している情報を洞察するためには，ひとつのテーマを巡って，話し手と聞き手の双方に，「伝えたい・わかりたい」という気持ちが沸き上がっていなければならない。この「分かち合う，共有しよう」という人間的関わりの姿勢，態度そのものの基本は，新生児からの親との深い信頼関係に支えられた人間的関わりの中で育まれていくものであり，コミュニケーション成立にとって最も基礎的なものであり，きわめて重要な役割を担っている。話し手が「置き換え作業」を行ない，伝えようとするものを聞き手が理解する過程では，この「分かち合う，共有しよう」という，言外の意図や意味を汲み取るまさに協同構成による洞察が求められるのである。「伝える」という行為は，話し手から聞き手への一方向的な情報の流れの過程ではなく，双方向的な意図の探索的行為ないしは探索的過程ということになる。

　第二の理由は，心や頭の中で思い描いているものを知覚できる「しるし」にする時の「置き換え作業」で使用する「道具」（言語的，非言語的）に秘めている意味が，話し手と聞き手との間で，必ずしも同じではないということである。話し手や聞き手が使用する「置き換え作業道具」は，その人がそれまでの生活世界や人間関係や社会的・文化的な規範の中で，その人なりに個人的に作り上げてきているきわめて個人的色彩の強いルールであったり，あるいは社会的に共有されてきているルールであったりする。したがって，もし話し手が使用する「置き換え作業道具」の中で表現しようとしているもの（「これでこれを伝える」ものと自己判断している「ものさし」の基準）と聞き手が話し手の「置き換え作業道具」の中から読みとるもの（内容を推し図る「ものさし」の基準）とが異なっているとするならば，たとえそこにコミュニケートしようとする意図はあっても，その内容は十分に伝わらないことになる。とくに，個人

的色彩の強いルールに基づき話し手が伝えようとしている場合には，話し手と聞き手との間の「ものさしの基準のズレ」が顕著になりやすい。たとえば，社会的に共有されている客観性の高い言語や言葉による「置き換え作業道具」を使用できない発達段階にある子どもが話し手である場合には，きわめて主観性の高い（個人的色彩の強い）身振り動作による非言語的な「置き換え作業道具」が主な手段になる。それだけに，聞き手としての大人は，この「ものさし」の違いを強く念頭に置きながら，子どもの立場に降りて，そこに表現されている意味を把握するように細心の注意を払わねばならない。換言するならば，大人の「ものさし」を先行させ，その「ものさし」で話し手としての子どもが身振り動作で伝えようとしている内容を一方的に理解，解釈するのではなく，大人の「ものさし」はひとまず差し控え，子どもの「ものさし」を探すために，その場の状況に自分をまるごと投げ出してみるという関わりの姿勢が大切になる。

　第三の理由は，話し手が作り上げた「置き換え作業道具」から，話し手が伝えようとしている内面的なものを聞き手が十分に理解するためには，聞き手は，話し手と「時間軸および体験軸」を共有する手がかりを，話し手の頭の中や心の中という閉じた世界の中にのみ探し求めるのではなく，話し手とテーマ（話題）と聞き手とが一体となって創り出す「3項関係」の中に探し求める姿勢ないしは認知的枠組みをもつ必要がある。話し手が伝えようとしているものは，最初から，すべて，話し手の心の中や頭の中に理路整然として準備されているわけではない。状況や場面によっては，話し手と聞き手の関わりという新たな関係性や状況の中で，話し手の中に創出されてくるものもある。コミュニケーションの過程そのものは，本来，このように動的な性質をもつものであり，いわば「生き物のように」絶えず揺れ動き，関係性の中でいろいろと変化，流転していくものである。特に，気分が気まぐれであり，自分の気分によって自由奔放に創作しながらコミュニケートする傾向の強い幼児期の子どもとの間のコミュニケーション過程では，この点に十分注意しておかねばならない。時間軸からいうと，現在の事象なのか，過去の事象なのか，未来の事象なのか，また体験軸からいうと，自分が実際に体験した内容なのか，空想世界を物語っているのか，願望を伝えようとしているのかなど，その手がかりを，「いま・ここの世界」でのホットな情動体験を共有しながら，その子と一体となって「共に

生きる」姿勢や人間的関わりの中に求めていくことが重要になる。そのためには，その子どものそれまでの生活経歴を踏まえ，その子どもの癖までを包み込んだ全体的なふるまいに，注意を払うことが必要である。

　このように，コミュニケーションの成り立ちやその難しさを考えれば考えるほど，またその基本的な態度や姿勢が幼児期の家庭の中での親との関わりの中で形成されていくことを考えれば考えるほど，子どもを教育する者にとっては，コミュニケーションスキルの発達過程の特徴についての知識を十分に身につけることがきわめて大切になる。「どの発達段階においては，どのような特徴あるコミュニケーションの仕方をするのか」「ある発達段階においてコミュニケーションの仕方につまずくと，その後の発達にどのような影響を及ぼすのか」「どのような指標によって，子どもが順調にコミュニケーションスキルを習得しつつあると判断できるのか，各発達段階における発達診断基準とは，どのようなものか」「身振り動作という非言語コミュニケーションから言語コミュニケーションへ発達していく過程において，どのような特徴的な変化が見られるか」など。

　教育する側の者が，子どものコミュニケーションスキルの発達について，こうした問いに答えられるような知識を十分に身につけながら，子どもの立場に降りて，子どもの特徴にあわせて，子どもと一緒に「分かち合う」姿勢で子どもに関わり合うとするならば，子どもの情緒世界は安定し，周囲の者に積極的に関わっていく子どもの社会性は培われ，優れて幸福感を味わえる日常生活を過ごすことができるに違いない。いや，安定した社会生活が保証されるのみでなく，主体的に問題解決過程に積極的に関わる「意味追求の姿勢」も養われ，結果的には，子どもの中に「相手を思いやる心」や「学習する力」や「生きる力」や「思考する力」も育っていくに違いない。

　私は，前述した時代動向や社会背景を踏まえて，かつ，人間の発達過程におけるコミュニケーション教育の重要性に鑑み，適切な書を何とか世に送りたいと，日頃から考えていた。現在，文部科学省からの科学研究費の援助を受けて，この問いに応えようと基礎的な研究を行なっているが，その中で，「ものの見方や考え方の人々との間で創造的なディスカッションができるためには，幼児期において，コミュニケーションに関わる基本的な態度や価値が，どの程度で

きあがっているか否かが決定的に重要となる」という知見を得ている。その詳細な知見については、いずれ、研究成果がまとまった時点で、一冊の本にまとめて公にするつもりである。

　しかし、現時点で、幼児期のコミュニケーションが、その後の発達のうえにいかに重要な意味をもっているかを、あるいはその発達過程の特徴を、世の多くの親や教育者に、うまく伝えるような適切な書物がないか探していた。その矢先に、偶然にも、"Children's communication skills: From birth to five years" (2003) という本を入手した。この本は、小児科専門の言語聴覚士であるベリンダ・バックレイ (B.Buckley) によるものであるが、一読してみると、新生児や幼児期（0歳児から5歳児までを中心に）の子どもの中に見られるコミュニケーション発達の重要な段階 (key stage) を詳しく説明する明確な枠組みが、素人にも非常にわかりやすく示されていることがわかった。バックレイは、「どのような要因が人間のコミュニケーションを構成しているのか？」「ある発達段階で期待されているコミュニケーションスキルとはどのようなものか？」について、子どもに何らかの関わりをもつ専門家の認識を高めることを主な目的にしてこの本を著したという。バックレイのこの本を著した目的が、私が現在心の中に思い描いていた気持ちとも偶然に一致したことから、この本を是非とも翻訳し、世の多くの親や教育者に役立てたいと、思い立った次第である。

　この本は、現実生活の中での具体事例をあげながら、（1）言語、非言語コミュニケーションスキルの正常な発達、（2）コミュニケーションスキルが発達するうえでの遊びの重要性、（3）それぞれの発達段階に見られるコミュニケーションの難しさ（問題）、（4）バイリンガリズム、認知、初期の文字発達、（5）コミュニケーションに障害をもつ子どもの両親との関わり方、について、膨大な数の研究成果の知見をうまく根拠づけながら、説得的にわかりやすく説明してある。

　また子どもに関わる専門家、すなわち、健康、教育、社会的ケアに携わっている幅広い専門家、健康支援、一般的な実践家、コミュニティーナース、教育心理学者、幼児教育者、言語聴覚士などが、いろいろな状況や場面で適切に利用しやすいように、いろいろな工夫がなされている。各章の終わりには、その

大切な内容をまとめた要約があり，それぞれの年齢段階で特有なスキルとはどのようなものかを表わした基本的スキル（Key skills）の表，さらには（治療的）手助けが必要ではないかと危惧される時の警告サイン（Warning signs）が，一目でわかるように示してある。コミュニケーションの基本的態度やスキルを獲得していくうえで，きわめて重要な発達段階にある0歳児から5歳児までを対象に，あらゆる角度から詳細に，それぞれの発達段階の特徴を描き出してある。その意味では，子どもの教育や治療に関わる専門家によっては，「コミュニケーションスキル発達と診断」を手軽に知るうえでのバイブル的な役割を果たす本ではないかと判断している。幼児期のコミュニケーションスキル発達に関する体系的な書物が日本においては見あたらないことを考えるならば，この訳本が一人でも多くの専門家の目にふれ，子どものコミュニケーションスキル育成のうえで，何らかの手助けになれば翻訳者として望外の喜びである。

　翻訳の作業を進めるにあたっては，各章に割り振りされた訳者が下訳をまず行ない，その下訳を，監訳者である丸野が全体を読みとおしたうえで，全体的視点から修正を行ないながら推敲を図るという工程で行なっていった。したがって，もし文章表現上に不適切な箇所があったり，意味不明な箇所があったとするならば，その責任のすべては，各章の担当者にあるのではなく，監訳者の丸野にあるということになる。なお，ここで注意に喚起しておきたいことがある。それは，第4章の一部は日本語の獲得に関してあまり関係がないのでカットした。また文脈によって，理解をうながすために，「日本語の場合には」ということで例をあげているということである。

　最後になったが，この翻訳本を世に出すにあたっては，北大路書房の関一明，原田康信氏にたいへんお世話になった。作業が滞りがちな監訳者の丸野が，短期間の内に作業を遂行できたのも，各章の担当者の協力はもちろんのこと，それ以上に，両氏の心暖かい励ましと適切なモニタリングがあったからこそであると，心から感謝申し上げる。

2004年2月
丸野　俊一

● 監訳者紹介 ●

丸野　俊一（まるの　しゅんいち）

1948年　鹿児島県に生まれる
1975年　九州大学大学院教育学研究科博士課程途中退学
現　在　九州大学人間環境学研究院（教育学博士），九州大学理事・副学長，
　　　　基幹教育院長

主書
心理学の世界（編著）有斐閣　1994年
討論で学習を深めるには（編訳）ナカニシヤ出版　1996年
心理学の中の論争［1］認知心理学における論争（編著）ナカニシヤ出版　1998年
子どもが「こころ」に気づくとき（編著）ミネルヴァ書房　1998年

● 訳者一覧（翻訳順）●

■ 森　　陽二郎／帝京平成大学大学院臨床心理学研究科　────　はじめに，序章
■ 園田　　美保／鹿児島女子短期大学　──────────────　第1章
■ 苅田　　知則／愛媛大学　────────────────────　第2章
■ 綿巻　　　徹／県立長崎シーボルト大学　───────　第3章，用語一覧
■ 高木　　和子／立命館大学　───────────────────　第4章
■ 高田　　　薫／東洋英和女学院大学　─────────────　第4章
■ 赤松　　信彦／同志社大学　───────────────────　第5章
■ 藤田　　　文／大分県立芸術文化短期大学　──────────　第6章
■ 中野　　良哉／高知リハビリテーション学院　──────────　第7章

0歳～5歳児までの
コミュニケーションスキルの発達と診断
　　　子ども・親・専門家をつなぐ

2004年3月20日　初版第1刷発行	定価はカバーに表示	
2016年3月10日　初版第6刷発行	してあります。	

　　　　　　　著　　者　　B. バックレイ
　　　　　　　監 訳 者　　丸　野　俊　一
　　　　　　　発 行 所　　㈱北大路書房
　　　　　　　〒603-8303　京都市北区紫野十二坊町12-8
　　　　　　　　　　　　電　話　(075) 431-0361 (代)
　　　　　　　　　　　　F A X　(075) 431-9393
　　　　　　　　　　　　振　替　01050-4-2083

　　Ⓒ 2004　制作　ラインアート日向　印刷・製本　創栄図書印刷（株）
　　　　　検印省略　落丁・乱丁本はお取り替えいたします。
　　　　　　　　　ISBN978-4-7628-2363-3　　Printed in Japan